中国旅游发展年度报告书系
Annual Development Report of China's Tourism

中国旅游集团化发展报告2022

——政策促进、产业创新与旅游复苏

ANNUAL REPORT OF CHINA TOURISM GROUPS DEVELOPMENT 2022

中国旅游研究院 编著

北京·旅游教育出版社

图书在版编目（CIP）数据

中国旅游集团化发展报告. 2022 : 政策促进、产业创新与旅游复苏 / 中国旅游研究院编著. -- 北京 : 旅游教育出版社, 2023.5

ISBN 978-7-5637-4566-1

Ⅰ. ①中… Ⅱ. ①中… Ⅲ. ①旅游企业—研究报告—中国—2022 Ⅳ. ①F592.61

中国国家版本馆CIP数据核字(2023)第092814号

中国旅游集团化发展报告2022

——政策促进、产业创新与旅游复苏

中国旅游研究院 编著

责任编辑	何 玲
出版单位	旅游教育出版社
地　　址	北京市朝阳区定福庄南里1号
邮　　编	100024
发行电话	（010）65778403 65728372 65767462（传真）
本社网址	www.tepcb.com
E - mail	tepfx@163.com
排版单位	北京旅教文化传播有限公司
印刷单位	北京中科印刷有限公司
经销单位	新华书店
开　　本	787毫米 ×1092毫米 1/16
印　　张	13.75
字　　数	192千字
版　　次	2023年5月第1版
印　　次	2023年5月第1次印刷
定　　价	66.00元

（图书如有装订差错请与发行部联系）

《中国旅游集团化发展报告 2022》
编委会

主　任： 戴　斌

副主任： 李仲广　唐晓云

编　委（按姓氏音序排列）：

戴　斌　何琼峰　李仲广　马仪亮　宋子千
唐晓云　吴丰林　吴　普　杨宏浩　杨劲松

《中国旅游集团化发展报告 2022》
编写组

主　　编： 戴　斌

执行主编： 李仲广

执行副主编： 马仪亮　杨丽琼

编辑部成员： 唐晓云　宋子千　何琼峰　杨宏浩　战冬梅
张　杨　赵一静　李　吟　张雯影　曹　洋
胡咏君　李　强　莫　愁　龙旭梅　朱昊赟
张秋实　李　惠　叶　瑶

前 言

PREFACE

经批准，2022中国旅游集团化发展论坛于12月11—12日以线下线上相结合方式召开，主会场设在北京和上海，各大旅游集团设分会场，论坛主题为“政策促进、产业创新与旅游复苏”。

本届论坛由中国旅游研究院和中国旅游协会共同主办，开元旅业集团和祥源控股集团协办，中国旅游研究院官方视频号、人民日报官方视频号、中新社国是直通车、央视频、文旅中国视频号，以及百度、腾讯、网易等视频平台同步直播。文化和旅游部主要领导，中国工商银行、中央企业、港澳和地方旅游集团、上市公司、互联网平台高管团队和创业创新项目代表，高校和科研机构的专家学者，文化和旅游系统负责同志，中央和地方主要新闻媒体代表参加了本届论坛，线上收看20余万人次。

12日上午的议程由中国旅游研究院院长戴斌主持。

在开幕式环节，文化和旅游部党组书记、部长胡和平发表主题讲话，中国旅游协会会长段强，全国工商联副主席、香港信德集团董事长何超琼分别做了开幕致辞。

胡和平部长指出，2020年以来，我国旅游发展面临前所未有的困境和挑战。以习近平同志为核心的党中央高度重视旅游业纾困解难恢复发展，多次做出重要指示批示，国务院出台一系列普惠性纾困政策、针对性帮扶举措，为旅游行业度过凛凛寒冬雪中送炭。在党中央的坚强领导下，文化和旅游系统迎难而上，既严格落实疫情防控各项要求，又创新推出旅游新产品、新服务、新模式，努力满足人民精神文化需求，稳住行业发展基本盘。党的二十大对新时代推进文化和旅游融合发展提出了新的更高的要求。下一阶段，要继续深入推动大众旅游、加快培育智慧旅游、探索发展绿色旅游、积极倡导文明旅游、大力推进文旅深度融合，构筑现代旅游业体系，努力让旅游成为推动经济发展的重要引擎、坚定文化自信的生动课堂、展示中国形象的重要窗口。

段强会长表示，从近期的政策调整来看，旅游业很快将进入复苏向上的新通道。过去三年，面对前所未有的压力与挑战，旅游业界与政府相向而行，坚持以文塑旅、以旅彰文，推进文化和旅游深度融合；坚持科技创新、跨界融合，推动旅游业创新发展；坚持投资拉动、创新驱动，推进旅游业高质量发展。

何超琼女士认为，中国一直是世界旅游经济中的重要组成部分，中国旅游业的复苏是全世界都热切期待的。中国旅游业在复苏的同时，也要争取与国际旅游经济的贡献相对等的话语权。面对国内外新形势、新挑战，各旅游集团要团结起来，配合国家政策方针，整装待发，迎接即将到来的复苏大潮。

主题演讲环节，中国旅游集团党委书记、董事长陈寅，华侨城集团党委书记、董事长张振高，长隆集团董事长苏志刚、中国工商银行副行长张文武、携程集团首席执行官孙洁、开元旅业集团董事长兼总裁陈灿荣、祥源控股集团董事长俞发祥、广州岭南商旅投资集团董事长梁凌峰、首旅集团总经理白凡等围绕大会主题分别以“聚焦服务　开拓创新　增强信心　持续推进旅游集团高质量发展”“打造一流企业，赋能美好生活”“长隆集团的创新实践”“推进金融服务创新，助力文旅产业高质量发展”“踔厉奋发　助力旅游业振兴”“旅游度假业态创新与实践”“四位一体　系统科学，构筑祥源大文旅资产运管新模式”“多措并举加快文商旅产业创新　蓄能增势迎接旅游业复苏振兴”“疫情下文旅行业的业态创新与产业融合”等为题发表了主旨演讲。

高端对话环节，戴斌院长与企业家代表，陕西旅游集团董事长周冰、上海春秋国际旅行社总裁王炜、马蜂窝创始人陈罡、锦江旅游控股董事长郑蓓、海昌海洋公园执行董事兼执行总裁张建斌、四川省旅游投资集团董事长任丁、贵州旅游投资控股集团董事长徐昊，围绕“产业创新和旅游复苏”这一主题进行了深入研讨并形成共识：新时代的旅游集团坚持思想引领、价值创造和产品研发，为国家旅游发展战略和人民的旅游权益而努力奋斗。

12 日下午的议程由中国旅游研究院数据分析所所长何琼峰主持。

受戴斌院长和课题组委托，何琼峰所长发布了本届论坛主报告《政策促进、产业创新与旅游复苏——中国旅游集团化发展报告（2022）》。报告分为旅游经济形势与产业竞争格局、政策促进与企业纾困、产业创新与旅游复苏三个部分，研究表明：疫情以来，以旅游集团 20 强为代表的旅游企业与国家战略相向而行，始终做国家战略的拥护者、执行者，坚持以满足人民对美好生活的需要为创新出发点。在产品研发、市场拓展、数字化转型、人才培养等方面创造了令人瞩目的成就。旅游业者不抱怨、不放弃，更不躺平，万千旅游企业共同推动旅游业韧性复苏。

中国旅游研究院总统计师马仪亮主持了主论坛一“市场变化与投资策略”。

景域驴妈妈集团董事长洪清华、拈花湾文旅董事长吴国平分别发表题为“创新投资模式，培育全新动能”和“量身定做　量体裁衣　量力而行”的主题演讲。黄山旅游集团总裁陶平、赣州旅游投资集团董事长许志辉、凯撒集团董事长陈小兵、四季文旅控股集团董事长金健、广州公交集团客轮有限公司党委书记范志林、大连博涛文化董事长肖迪参与了圆桌研讨。

中国旅游研究院产业所所长杨宏浩主持了主论坛二“产品研发与项目开发”。

杭州商旅集团（运河集团）董事长陆晓亮、明宇商旅股份有限公司高级副总裁张磊分别发表题为“新时代城市文旅产品研发与项目开发——以大运河国家文化公园（杭州段）为例”和“创造高效益产品，推动高质量发展”的主题演讲。华住集团总裁刘欣欣、同程旅游集团总经理吴剑、江西旅游集团董事长曾少雄、宁波市文旅集团总经理郑海江、绿地酒旅集团总经理李瑞忠、石基集团大中华区运营副总裁胡世永参与了圆桌研讨。

中国旅游研究院副院长唐晓云主持了主论坛三“旅游集团与目的地建设”。

中青旅董事长倪阳平、南京旅游集团党委副书记奚建平分别发表题为“深刻理解中国式现代化，把握旅游业发展新机遇”和“创身边之‘微’妙，赋生活以‘美’好”的主题演讲。山东文旅集团总经理丁艺、山西文旅集团董事长王文保、新疆文化旅游投资集团董事长王宏江、北京丰台文化旅游集团董事长杨蕊、深大智能董事长汪早荣、成都中科大旗软件股份有限公司董事长周道华参加了圆桌研讨。

论坛闭幕环节，中国旅游研究院院长戴斌发表了主题演讲《旅游集团要有战略引领力，更要有产品创新力》，公布了2022年度中国旅游集团20强名单。

目录

CONTENTS

在 2022 中国旅游集团化发展论坛上的视频讲话

（2022 年 12 月 12 日　北京）

文化和旅游部党组书记、部长　胡和平

很高兴参加中国旅游研究院、中国旅游协会主办的 2022 中国旅游集团化发展论坛，与大家共同探讨“政策促进、产业创新与旅游复苏”话题。我代表文化和旅游部，向论坛举办表示热烈祝贺！向各位嘉宾表示诚挚欢迎！向关心支持旅游发展的各界朋友、奋战在行业一线的从业者们表示衷心感谢！

2020 年以来，在世界变局加剧、新冠疫情冲击和国内经济下行等多重因素影响下，我国旅游发展面临前所未有的困境和挑战。以习近平同志为核心的党中央高度重视旅游行业纾困解难、恢复发展，习近平总书记多次做出重要指示批示，国务院出台一系列普惠性纾困政策、针对性帮扶举措，为旅游行业度过凛凛寒冬雪中送炭。在党中央坚强领导下，文化和旅游系统迎难而上，全面落实“疫情要防住、经济要稳住、发展要安全”的要求，统筹推进疫情防控和行业恢复发展，既严格落实疫情防控各项要求、有效防止疫情通过旅游活动传播扩散，又创新推出旅游新产品新服务新模式、有序开展适应疫情防控常态化要求的旅游活动，努力满足人民精神文化需求、稳住行业发展基本盘，取得十分显著的成效。特别是随着优化落实疫情防控二十条、新十条的推出和落实，疫情防控将更加科学精准，旅游活动受疫情影响将持续降低。二十条措施出台后，文化和旅游部印发通知，优化跨省旅游经营活动，有力提振了消费者和市场信心。新十条出台，我们将进一步优化相关政策，努力将疫情对旅游活动的影响降到最低、为旅游行业恢复发展创造良好环境。我相信，有政策端各项有效举措的推出，有供给侧优质旅游产品和服务的提供，有需求侧人民精神文化需求的增长，只要我们齐心协力，旅游就一定能恢复生机、焕发活力、再创辉煌！

当前，全党全国上下正在深入学习宣传贯彻党的二十大精神。党的二十大是在全党全国各族人民迈上全面建设社会主义现代化国家新征程、向第二个百年奋斗目标进军的关键时刻召开的一次十分重要的大会。习近平总书记所做报告，将文化建设摆在突出位置，对推进文化自信自强、铸就社会主义文化新辉煌做出全面部署，从多个方面对做好旅游工作提出重要要求，强调“构建优质高效的服务业新体系”“加快发展数字经济”，强调“推动绿色发展，促进人与自然和谐共生”，强调“坚持以文塑旅、以旅彰文，推进文化和旅游深度融合发展”。党的二十大报告在“融合”之前增加“深度”二字，表明中央对新时代推进文化和旅游融合发展提出新的更高要求，我们将深化思想认识、厘清逻辑关系，推动文化和旅游在更广范围、更深层次、更高水平上实现深度融合发展。我们要深入学习贯彻党的二十大精神，以高质量发展为目标，以改革创新为动力，以推动文旅深度融合发展为重要抓手，加快完善现代旅游业体系，持续丰富优质旅游产品和服务供给，更好满足人民美好生活需要，努力让旅游成为推动经济发展的重要引擎、坚定文化自信的生动课堂、展示中国形象的重要窗口。

第一，要深入推动大众旅游。旅游是典型的幸福产业，是人民生活水平提高的重要标志。满足人民对美好生活的向往，是发展旅游的出发点和落脚点。要积极适应全面建成小康社会之后，人民旅游意愿更加强烈、旅游需求更加多元的新形势，始终坚持旅游为民理念，深入推进旅游业供给侧结构性改革，同时注重需求侧管理，不断丰富旅游业态、创新旅游产品、优化旅游服务，更好满足大众旅游时代人民特色化、多层次、分众化的旅游需求，提升人民获得感、幸福感。

第二，要加快培育智慧旅游。信息技术的飞速发展，极大地丰富和改变了人们的生产生活方式，同样对旅游活动产生了深刻影响、为旅游发展插上了科技翅膀。要适应信息化发展大趋势，用好 5G、大数据、云计算、人工智能等新技术，以科技创新、数字化变革催生新发展动能，加快推进以数字化、网络化、智能化为特征的智慧旅游发展，推动旅游“上云、用数、赋智”，加强旅游智慧管理、智慧服务，丰富智慧应用场景，让广大游客享受更优质、更便捷、更有精度、更有温度的服务。

第三，要探索发展绿色旅游。秀丽的风景、优美的环境是发展旅游的重要资源。绿水青山转化为金山银山，旅游是最直接、最有效的渠道。前不久，我到浙江安吉余村调研。余村通过发展绿色旅游，变“卖石头”为“卖风景”，走出一条生态美、产业兴、百姓富的可持续发展之路。2021 年 12 月，余村和安徽西递村共同入选了联合国旅游组织“最佳旅游乡村”。这是践行习近平总书记“绿水青山就是金山银山”重要论断的最佳案例。在发展旅游过程中，要积极践行绿色发展理念，无论是市场主体开发旅游产品、规划旅游线路，还是广大游客进行旅游活动、从业人员开展旅游经营，都要把保护生态、爱护环境作为基本前提，充分考虑旅游资源的生态承载力、自然修复力，探索发展集约资源、保护环境、节能低碳、主客共享的绿色旅游，实现生态保护和旅游发展相统一，把青山、绿水、蓝天、净土留给子孙后代，让绿色成为旅游最鲜亮、最动人的底色。

第四，要积极倡导文明旅游。旅游是社会主义精神文明建设的重要窗口，也是提高社会文明程度的生动课堂。要用好红色旅游、乡村旅游、文化旅游、研学旅游等载体，开展爱国主义、历史文化、科普知识等方面的教育，让人们在与自然、人文的邂逅中陶冶情操、启迪智慧、滋养心灵。要深入开展旅游行业文明创建、文明实践，提高从业人员文明素质和服务水平，规范行业行为、树立行业新风。要持续开展文明旅游公益宣传、教育引导和志愿服务，强化公民文明出游意识，深入整治旅游不文明各种顽疾陋习，让文明旅游入眼、入耳、入心、入行，推动形成文明、健康、绿色旅游新风尚。

第五，要大力推进文旅深度融合。文化和旅游密不可分，有着天然的内在联系：文化是旅游的灵魂，旅游是文化的载体，二者高度契合、相辅相成。要把握文化和旅游发展规律，坚持以文塑旅、以旅彰文，坚持优势互补、相得益彰，推动文旅深度融合发展，让“诗”和“远方”实现更好联结、共创美好生活。要坚持以文塑旅，盘活丰厚文化资源、引入文化创意元素，用文化丰富旅游内涵、提升旅游品位，让旅游成为难忘的精神之旅、文化之旅。要坚持以旅彰文，通过旅游推动中华优秀传统文化“活”起来、革命文化和红色基因传下去、社会主义先进文化弘扬开，用旅游带动文化传播、推动文化繁荣。要找准契合处、联结点，形成兼具文化和旅游特色的新产品、新服务、新业态，为文化和旅游高质量发展注入新动力。

今后，文化和旅游部将一如既往、全力以赴支持旅游企业做优、做强、做大。希望旅游企业始终保持“弄潮儿向涛头立”的勇气，勇于开拓创新、敢于先行先试，全面推进旅游产品创新、技术创新、服务创新、管理创新，不断拓展旅游发展新空间，为旅游高质量发展做出新贡献！希望各位参会代表积极建言献策、贡献智慧！

最后，预祝论坛圆满成功！

旅游集团要有战略引领力，更要有产品创新力

——2022中国旅游集团化发展论坛闭幕演讲

中国旅游研究院院长　戴　斌

回顾过去四十多年的旅游业发展进程，关键词是政府主导、资源开发、平台构建和业态创新。进入大众旅游全面发展新阶段，主基调是品质化和多样性、新动能和潮产品。新时代旅游工作重点是大众旅游、智慧旅游、绿色旅游、文明旅游、文化和旅游的深度融合，旅游集团要有战略引领力，更要有产品创新力。

一、中国式现代化进程中的旅游业新思维

习近平总书记在党的二十大报告中明确提出："从现在起，中国共产党的中心任务就是团结带领全国各族人民全面建成社会主义现代化强国、实现第二个百年奋斗目标，以中国式现代化全面推进中华民族伟大复兴"。坚持以文塑旅，以旅彰文，推进文化和旅游深度融合，是当前和今后一个时期旅游工作的重点，也是旅游市场主体发育和旅游产业高质量发展的理论基础和精神动能。

改革开放四十多年来，党和国家对旅游业战略的摆位不断提升，过去五年和新时代十年以国民消费为基础的大众旅游、科技进步和文化赋能，基础设施和公共服务的投资，加上"大众创业、万众创新"的政策支持，我国旅游市场主体快速走过了发育、成长和壮大的过程。回头来看，没有大众旅游的人民性和智慧旅游的现代化，携程、去哪儿、同程、途牛、马蜂窝、美团、大众点评等在线旅行商，春秋、众信、凯撒等民营旅行社，七天、如家、汉庭等经济型酒店，长隆、方特、海昌海洋公园、横店影视城等主题公园和度假区，黄山、张家界、丽江、周庄等自然和文化遗产类上市公司，还有众多的中央和地方国

有旅游集团的资源整合和战略重组，是不可想象的。过去三年，我们过多地关注疫情防控和企业纾困的短期政策，现在是关注旅游市场基本盘和旅游产业中长期发展趋势的时候了。从《"十四五"旅游业发展规划》等政策文件和规划文本来看，新时期旅游工作将着眼于需求侧管理，逐步将重心转移到城市，重点放在农村。同时也会更加强调供给侧结构性改革，培育和壮大各类旅游市场主体，持续推进旅游业高质量发展。旅游是经济属性强、市场化程度高的产业，必须尊重市场规律，给市场主体和企业家留出更大的发展空间。现在看来，政府在旅游领域的声音还是太大，行政的力量还是太强，市场主体的竞争力和企业家的创新引领力还没有得到充分发挥，这也是很多地方出现低效项目和闲置资产的深层原因。建设现代旅游业体系，推进旅游业高质量发展，我们需要更多强大竞争力和社会影响力的旅游市场主体，特别是国际竞争力的旅游集团，需要更多在市场打拼中成长起来的企业家。

包括旅游集团 20 强在内的成千上万的市场主体为旅游产业发展做出巨大贡献，受到各级政府重视和社会关注的同时，也承受了来自政府、业界和消费者的多重审视。这些审视正在倒逼我们重新思考自己在新时代旅游发展战略体系中的角色、地位和使命，重新规划自己的价值取向和发展方向。2009 年 12 月，首届中国旅游集团化发展论坛在深圳华侨城召开，旅游集团开始以独立的姿态登上中国旅游产业创新发展的时代舞台，成为建设旅游强国的强大力量。我们更加认识到：旅游集团从来都不是独立的小圈子，而是相互支撑和相互作用的旅游经济体系的关键节点，是联系旅游产业上下游、合作伙伴与竞争对手、经济社会发展方方面面的商业组织。

在旅游经济和产业生态体系中，旅游集团和上市公司是市场经济发展的必然结果，也是市场活力的必要支撑。与其他市场主体一样，旅游集团既有谋求寡占和垄断的一面，也有推动创新和促进竞争的一面。旅游领域同样面临如何发挥资本的积极作用，同时抑制其消极作用的现实课题。坚持底线思维，为资本画出红线的同时，也要毫不动摇地支持和引导资本规范、健康、有序地发展，毫不动摇地鼓励、支持、引导非公有制经济发展，依法保护各类旅游市场主体的合法权益。现在各省市的旅游发展大会都希望能邀请到旅游集团 20 强的企业家，区域发展规划也注重听取企业家的意见。这是好事，说明培育了 14 年的旅游集团 20 强品牌得到了广泛认可，但是不能仅仅停留在领导会见、论坛发言、招商引资的层面。要真正做到政治上信任，发展上鼓励，就要让企业投资有钱赚，发展有预期，社会有地位。

二、旅游复苏进程中的旅游集团新任务

旅游集团要重建市场复苏和产业振兴的信心，引领各类市场主体创新前行。疫情终将过去，胜利一定会到来，而且正在到来。从根本上看，对抗经济下行压力，不是财政是否发力，货币是否宽松，而是自然的经济生态系统是否可以保持持续繁荣的内生动力。① 如果把旅游业比作海洋生态，我们既要看到"一鲸落而万物生"，还要看见"海洋雪（marine snow）"和"鲸鱼泵（whale pump）"的。② 要保持旅游产业体系绵延不绝的内生动力，兼具虹吸能力和外溢效益的企业集团就是必不可少的物种，其存在本身并不会从根本上抑制竞争。相反，在寻找竞争优势的过程中，旅游集团、大型上市公司和头部企业还会通过供应采购、服务外包、内部创业孵化以及走向产业资本或者金融资本属性的对外投资，进而对中小微型企业和个体工商户进行交易驱动型增长。在旅游经济进入复苏增长的新阶段，旅游集团的战略规划和市场创新，包括企业家和领导者的言论，都应当与中央部署和国家战略相向而行，最大限度彰显旅游市场复苏的信心和产业振兴的能力。旅之大者，为国为民，沧海横流，方显英雄本色，本就是旅游集团该有的样子。

旅游集团不能寻求垄断地位，而要培育可持续发展的竞争优势。竞争中立是市场经济国家经济立法的基本理念③。2022年，《中共中央 国务院关于加快建设全国统一大市场的意见》标志着竞争中立已经从理念导入转入市场实践。从

---

① 英国金融时报署名文章《薇娅被罚，并非鲸落下》，转引自中国新闻社《外报动态》2022 年第 1 期。

② 原文中的"鲸落"源于西谚"一鲸落而万物生"，比喻行业巨头的退场犹如鲸鱼倒下，可以滋养中小生物。其实，鲸鱼活着的时候，同样是海洋生态系统不可缺失的一环。写到这里，我想到清代诗人龚自珍的《己亥五首・其五》，"落红不是无情物，化作春泥更护花"。古今中外、文理经法，倒多有相顾莞尔之处。

在海洋生态系统中，养料的有无是一个关键限制因素。条件好的地方，植物和动物生活在海洋表层的水中，它们死后的尸骸作为"海洋雪（marine snow）"不断下沉。若不是鲸鱼的作用，大洋的很多地方依旧是广袤的蓝色沙漠。体积庞大的鲸鱼下潜进食、上浮排便都会带来周边海水的大幅波动并增加周围海水的营养成分，这种被称为"鲸鱼泵（whale pump）"的鲸排便行为是维持大洋养分充足的一个重要过程。见［英］大卫・爱登堡著，林华译，《我们星球上的生命——我一生的目击证词与未来憧憬》，中信出版集团，2021 年 6 月第 1 版。

③ 又称"竞争中性"，从全球范围的国内立法、区域共同体立法、国际软法和多边经贸规则的文本来看，主要包括国有企业公司化改革、税收中立、信贷中立、监督中立、债务和补贴中立、公共采购中立、透明度、反垄断等内容。本段内容参考了《中国经济社会论坛》2022 年第 5 期封面文章《坚持竞争中立，营造各类市场主体公平竞争的市场环境》，作者：张茅。

近几年国家反垄断调查和执法结果来看，行政执法机构对大企业利用市场力量实施强制“二选一”，自我优待、收取不合理费用、大数据“杀熟”、哄抬物价等行为被严肃处理，明确表达了维护中小微型企业和消费者合法权益的价值取向。当前和今后一个时期，国家将进一步强化经营者集中的反垄断审查，更加关注大企业通过收购初创企业、消灭竞争对手、扼杀技术创新的“猎杀式收购”，包括旅游集团、上市公司和 OTA 等大型平台企业，必须也只能把更大的资源和精力投入到技术创新上来。

在市场经济条件下，旅游企业也会出现“集团恐惧症”，比如一些“互联网 + 旅游”的创业团队经常要回答风险投资者的灵魂拷问：如果阿里、腾讯、携程进入这个赛道，你怎么办？我想和各位企业分享三个基本观点。一是市场竞争甚至是生死存亡的残酷竞争本是市场经济的常态，也是创业创新的魅力所在。温室里长不出参天大树，只有在国际国内旅游市场的大风大浪里反复试练，才可能成长为世界一流的旅游集团。二是国家的反垄断法律体系越来越完善，政府的宏观调控和微观监管能力越来越现代化，独占、寡占和滥用市场权力的空间越来越小。旅游集团做大了，就不能只盯着旅游系统和旅游行业的小圈子，更要着眼于作为市场主体的共性，在法治和规则的框架内规划可持续发展新路径。三是从业态创新和项目创业的历史来看，那些专精特新的小微型企业终将成功应对大集团的在位优势，并在长期竞争中突围而出，成为新的头部企业。这也是我多次强调的观点：旅游业没有天然的嫡系部队，也没有永远的主力军。谁为国民大众的旅游权利而奋斗，谁就是旅游业的嫡系部队；谁能够真正推进文化和旅游深度融合和高质量发展，谁就是旅游业的主力军。

旅游集团要做科技创新的带头人和数字化转型的引领者，持续推进旅游创业创新。党的十八大以来，我国制造业增加值连续 12 年保持世界第一，超过 60 个国民经济大类已经广泛开展数字化转型工作，并由生产、管理等单点应用走向横跨产业链、供应链的全环节深度变革。[①] 数字化转型正在为企业带来更高的生产运营效率、更快的市场响应速度和更大的价值创造。在车联网领域，从“辅助泊车”到“自动驾驶”，从“无人物流”到“自动送餐车”，一直在对自驾旅游的出行方式、实体空间和消费场景进行更新改造。随着“科技冬奥”的创新成果进入商业应用阶段，游客可以通过 VR（虚拟现实技术）设备零门槛体

① 王政，韩鑫．强链补链　数字转型［N］．人民日报，2022-03-21.

验雪橇、高山滑雪等专业运动项目，从而扩大旅游消费的科技供给。本届论坛发布的“潮品牌新势力—— 2022 中国旅游创业创新案例”，特别是澳门新濠国际的特别案例和竞鹅电竞酒店等 30 个精选案例，可以说是新生代旅游力量的一次集中展示。希望各大旅游集团领导人从中看见旅游业生生不息的未来，也看见传统业态危机四伏的当下。在推进技术、人才、资金等各类要素向主业集中的同时，加速推进科技创新和数字化转型，积极布局战略性新兴业务。

旅游集团要与小微型企业共建新型旅游产业生态，包括上游的供给商和下游的分销商，也包括景区度假区和旅游休闲综合体周边的个体工商户。习近平总书记指出，“现代化经济体系，是由社会经济活动各个环节、各个层面、各个领域的相互关系和内在联系构成的一个有机整体”。小微型企业和个体工商户是现代旅游生态体系不可或缺，也不可替代的有机组成部分。截止到2022年6月，我国共有实有市场主体 1.61 亿户，其中私营企业 0.46 亿户，个体工商户 1.08 亿户，占市场主体总量的 95% 以上，贡献了 50% 以上的税收，60% 以上的国内生产总值，70% 以上的技术创新成果，80% 以上的城镇劳动就业，即我们常说的“56789”。为什么迪士尼选择上海，环球选择北京，海昌、长隆、银基也选择了大都市？除了高频次的本地休闲消费，完善的供应和分销体系，以及都市内生的高素质专业群体推动的创业创新等都是关键要素。如何帮助小微市场主体和个体工商户渡过难关，需要多样政策精准滴灌，也需要旅游集团和平台企业与国家战略相向而行，发挥更大的作用。从这个意义上讲，帮助小微型企业，也是在帮助旅游集团、上市公司和大企业。现在很多大集团和平台公司都成立了自己的研究机构，当然可以通过数据报告提升所在集团和平台的影响力，也可以关注公共政策，但是最应当扮演的角色应当是旅游集团发展的瞭望哨和参谋部。我们还将在明年的旅游科学年会上与企业家和业界朋友重点讨论这个话题。

旅游集团要统筹入境、出境和国内旅游市场，利用国际国内两种资源，高水平建设世界一流企业。早在 2011 年，第三届中国旅游集团化发展论坛就围绕“旅游集团的国际化发展”主题进行了充分研讨并形成共识：用好境内境外两个市场和资本、技术、管理多种资源，是旅游集团国际化成长的商业逻辑，也是旅游强国建设的必由之路。高速增长的中国公民出境旅游市场和海外消费，更为旅游集团国际化增添了信心和力量。先后在纽约证券交易所、纳斯达克、香港证券交易所上市的如家、七天、华住、亚朵、携程、去哪儿、开元，并购海外资产或者与国际投资机构战略合作的锦江、海昌等旅游集团已经积累了跨国经营的经验和人力资源储备。更多具备条件的旅游集团正以塑造全球影响力、世界知名度的服务品牌为目标，构建务实高效的跨国公司管理体系。为实现世界一流旅游集团的建设目标，我们就不能只把目光聚焦于国内，而是要增强面向全球的资源配置和整合能力，将我国超大规模市场优势转化为国际竞争优势。要下决心培育一批旅行服务、旅游住宿、旅游景区和度假区、旅游演艺和文化娱乐领域具有全球产业链供应链的“链主”企业。进一步强化企业社会责任，构建员工收入、游客满意度、社区和企业发展动态平衡的创新体系，为共商共建共荣的世界旅游共同体贡献中国智慧和中国经验。

三、世界一流旅游集团建设进程中的产品创新

产品创新是坚持以人民为中心的发展理念，推进文化和旅游深度融合的必然要求。每家企业创立之初，都是为了解决消费者和生产者某个具体痛点，并以产品或服务的形式成为交易对象。在市场经济条件下，正是旅游产品丰度的指数级增长推动了旅游业的繁荣和高质量发展。如果没有好的产品，再好的理念也无法落地，文化和旅游深度整合也将无从依托。从近三年的情况来看，那些逆势增长的公司时刻都在关注面向终端的产品和游客感知的服务。从世界商业史的视角看，所有伟大的公司都是面向消费终端的公司。关注产品得客源，得客源者得天下。世界一流企业从来都不是哪个机构发个牌子评出来的，而是消费者用脚投票投出来的，是市场竞争出来的。

产品创新要求旅游集团更加关注需求变迁，将更多资源配置到产品研发上来。没有游客认可的产品作支撑，业务条线和事业群就会只停留在概念层面。多年以来，受益于对外开放、经济增长和消费扩张等一波又一波的红利，包括旅游集团在内的多数市场主体卖的是自然和历史文化资源，而不是真正的旅游产品。时代变了，是旅游者在定义旅游业，而不是旅游业在定义旅游者，这句话的内涵是消费需求在推动产品创新和产业进步。从这个意义上讲，优秀的企业家一定是卓越的产品经理，产品创新是旅游人的 DNA，要渗透到血液中。新时代的旅游集团必须重构核心产品的市场竞争力，用创新产品去满足需求，用高品质服务去引领市场。消费是理解旅游经济的钥匙，市场是旅游集团的生存基础，只有高效率地满足需求，才能真正地引领市场。

产品创新要求旅游集团重构愿景与使命，努力成为满足人民美好生活需要的旅游休闲运营商。无论是国企还是民企，旅游集团都要在商言商，靠产品和业绩说话，不能有大企业病，更不能总想着自己是什么级别和什么规模的企业，甚至去谋求商业机构不该谋求的权力。企业是面向市场的，不了解游客的消费需求、无法持续迭代产品的企业是长不大、也长不了的，勉强活下来，也是徒有其名罢了。要多看看国内外的小微型企业，特别是小巨人、独角兽、瞪羚等创业型企业在做什么。也许它们现在还是工业企业、农业企业、互联网企业、传媒和时尚机构，但是只要他们开始为旅游者提供旅游行程服务和目的地生活保障，它们就会成为旅游集团的友商或者竞争者。面对来自科技、文化、艺术、设计等领域跨界而来的创新力量，请放手让年轻人做他们想做的事，让听见枪声的人当前线指挥官吧。企业家不是培养出来的，产品不是冥想出来的，都是残酷竞争的结果。希望更多旅游集团的领导者和企业家能够成为最优秀的产品经理，让更多现象级产品承载旅游人的商业梦想。

现在，我代表中国旅游研究院课题组宣布2022年中国旅游集团20强名单[①]，他们是：中国旅游集团、华侨城集团、首旅集团、中青旅控股、美团网、河北旅游投资集团、山西省文化旅游投资控股集团、锦江国际（集团）、复星旅游文化集团、携程集团、华住集团、上海春秋国际旅行社（集团）、上海景域驴妈妈集团、南京旅游集团、同程旅行集团、浙江省旅游投资集团、杭州商旅（运河集团）、开元旅业集团、祥源控股集团、安徽省旅游集团、黄山旅游集团、福建省旅游发展集团、山东文旅集团、江西旅游集团、湖北省文化旅游集团、广州岭南商旅投资集团、四川省旅游投资集团、明宇实业集团、陕西旅游集团。

致敬，国家旅游业第一方阵！

为了人民的旅游权利和美好生活，前进！

---

① 从2009年开始，中国旅游研究院与中国旅游协会联合发起旅游集团专项调查，迄今已连续开展14年。根据企业申报、诚信背书的原则，按照营业收入单一指标确定入围名单。由于存在营业额相同的可能，每年最终入围的旅游集团在20~30名之间。入围后的旅游集团20强排名按先中央后地方的原则排列，中央企业根据国务院国资委对央企排序；地方企业根据注册地，按国家统计局公布统计数据时地方先后顺序排列；同一省市按照先国有后民营，同地同类企业按营业收入规模排列。

政策促进、产业创新与旅游复苏

——中国旅游集团化发展报告（2022）

主编、统稿：戴　斌
调研写作：胡咏君　朱昊赟　曹　洋　张雯影　战冬梅　叶　瑶
分组指导：李仲广　唐晓云　杨宏浩
数据支持：马仪亮　何琼峰
文献支持：宋子千　龙旭梅

第一部分 旅游经济形势与产业竞争格局

受宏观经济“需求收缩、供给冲击、预期转弱”三重压力及新冠疫情影响，2022 年我国旅游经济运行呈现稳开、低走、缓升、下探态势，年底仍处于深度萧条转向波动回升的轨道。受疫情防控第九版和二十条的影响，居民出游意愿有所回升，但是旅游消费的时间、空间和预算收缩明显，都市休闲和近程旅游带动了高频次、低客单价旅游休闲消费，进而促进了旅游产品迭代和业态创新方向。产业景气仍处于下行探底通道，投资信心疲弱，旅游业正面临历史上最严峻的挑战。更加精准的助企纾困政策，加速集聚的文化、艺术和科技新动能开始重构旅游业新格局。

一、历时三年的新冠疫情导致市场全面收缩，高频的都市休闲和近程旅游支撑了旅游经济基本盘

2022 年是过去三年受疫情影响最深、旅游市场景气最弱的一年。新冠疫情全面影响了入境、出境和国内三大旅游市场。根据国内旅游抽样调查统计结果，2022 年前三季度，国内旅游总人次 20.94 亿，比上年同期减少 5.95 亿，同比下降 22.1%，国内旅游收入（旅游总消费）1.72 万亿元，同比下降 27.2%，分别恢复至 2019 年同期的 46%、40%。刚刚过去的国庆节假期，全国国内旅游人数 4.22 亿人次，同比减少 18.2%，国内旅游收入 2872.1 亿元，同比减少 26.2%。全年旅游经济稳开、低走、缓升、下探，局地疫情与市场回暖的“跷跷板”效应明显。疫情后旅游业呈现底部较深、右侧上升波动趋缓的 U 形走势，总体上仍然处于深度萧条转向波动复苏的阶段。游客平均出游半径 118.7 千米，同比下降 16.0%；游客在目的地的平均游憩半径 9.6 千米，同比下降 26.5%。这意味着出游人次减少的同时，出游距离和目的地游憩半径也在下降，旅游消费进一步收缩。

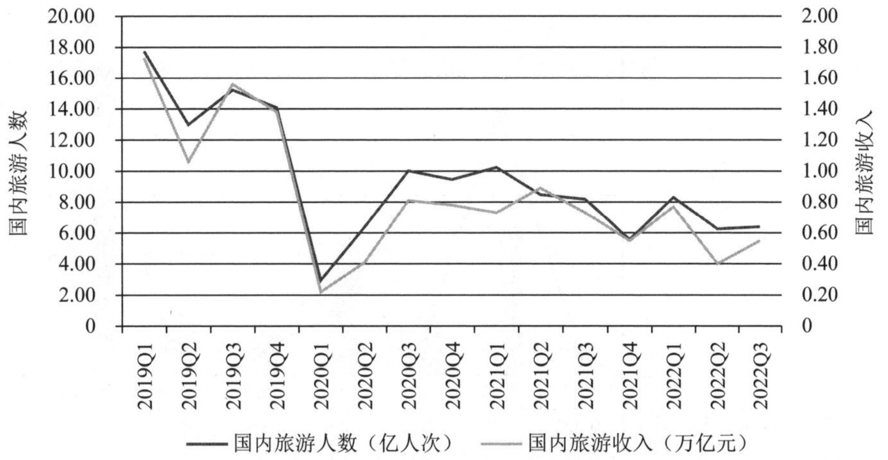

图 1　2019Q1—2022Q3 国内旅游市场主要指标①

常态出游和假日旅游全面收缩，本地休闲和周边出行构成了旅游市场基本盘。全年元旦、春节、清明、五一、端午、中秋、国庆七个假期，全国国内旅游人数同比分别下降 5.3%、2.0%、26.2%、30.2%、10.7%、16.7% 和 18.2%，累计恢复至疫前同期的 61.0%；实现国内旅游收入分别同比减少 6.6%、3.9%、30.9%、42.9%、12.2%、22.8% 和 26.2%，累计恢复至疫前同期的 50.5%。中国旅游研究院监测显示，2022 年国庆节假日期间选择跨省游和省内跨市游的游客比例分别下降了 14.4 个和 9.5 个百分点。前往城郊公园、城市周边乡村、城市公园的游客占比居于前三位，分别达 23.8%、22.6% 和 16.8%。受疫情散发和谨慎心理影响，广东、江苏、山东、河南、四川、湖南、湖北、河北、浙江、安徽等传统客源地和人口大省，有本地游客和内生消费的支撑，游客接待量居前。相对于远程、低频的观光旅游目的地，近程、高频的休闲客源地更有可能成为产品迭代和业态创新地区，也为市场复苏和产业振兴提供了稳定的市场基础。

① 数据来源于中国旅游研究院旅游经济运行监测与预警课题组。如无特殊说明，第一部分的图例数据来源同此。

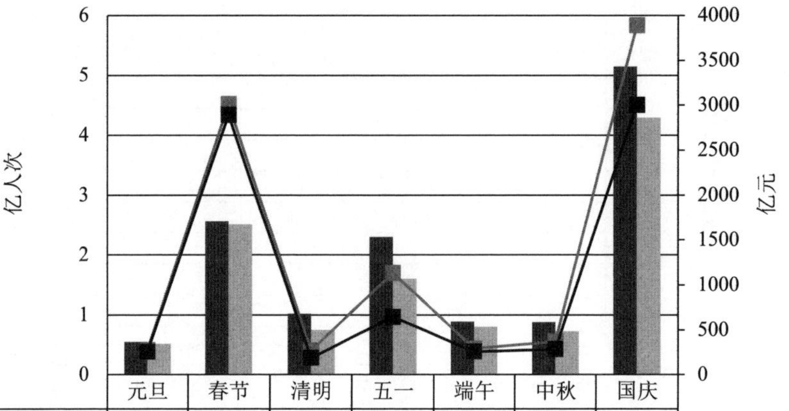

	元旦	春节	清明	五一	端午	中秋	国庆
2021年出游人数（亿人次）	0.55	2.56	1.02	2.3	0.89	0.88	5.15
2022年出游人数（亿人次）	0.52	2.51	0.75	1.6	0.8	0.73	4.29
2021年旅游收入（亿元）	273.1	3011	271.7	1132.3	294.3	371.49	3890.61
2022年旅游收入（亿元）	255.09	2891.98	187.8	646.8	258.2	286.8	3003.55

图 2　2021—2022 年节假日数据变化

大众旅游消费的基本盘仍在，国民旅游需求和消费行为变了。文化和旅游部数据中心专项调查数据显示，我国城镇居民出游意愿从 2020 年上半年短暂下降后，2020 年下半年就快速恢复到疫前 85% 的高位水平。2022 年 6 月底行程卡摘星消息公布后，去哪儿等 OTA 平台上机票搜索量在 30 分钟内上升 60%，酒店搜索量翻番，火车票搜索量上涨达 1.5 倍。不管是居民出游意愿，还是局部地区出现旅游反弹的现象，都说明大众旅游和国民休闲的基本需求没有改变。出游距离、目的地停留时间、旅行方式和消费结构等微观数据及其变化表明：在疫情和消费升级双重影响下，游客更加注重安全、品质和个性化，游客的目的地选择、出游方式、消费结构和核心诉求正在发生根本性变化。调查显示，多达 83.5% 的游客会主动错峰出游，选择新兴目的地和景区游玩。年轻人不再跟着意见领袖（KOL）去热门旅游城市或者景区打卡，而是选择温冷地区开展“反向旅游”。从出游方式看，大众旅游时代旅行社为游客安排一切，在今天已是 95 后入场的小康旅游新时代，游前攻略、游中自助、游后分享已成为自助游群体的标配。随着新中产、新圈层、新青年等消费客群在不断崛起，抖音、小红书等新媒体传播渠道成为主流，体验消费、品牌消费、社交消费也在崛起。

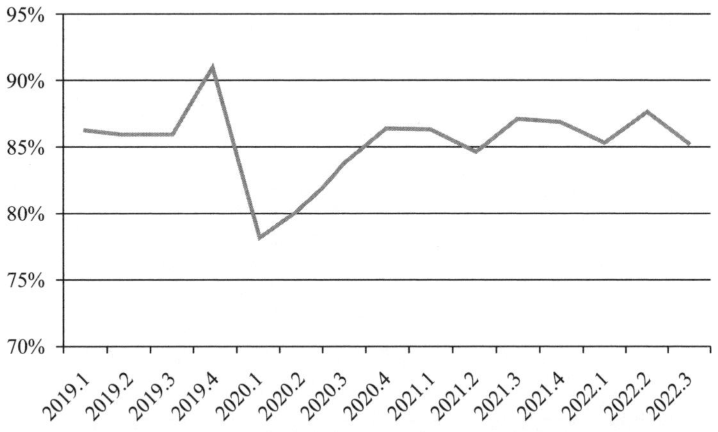

图 3　2019Q1—2022Q3 居民出游意愿

社群经济、亲子旅游和家庭旅游等新需求兴起，推动市场主体创新和新业态发育。2022 年国庆节假日期间，以亲近自然为动机的游客为 13.5%，由 2021 年第一位下降为第四位。而以亲子研学、家庭休闲和文化体验为动机的游客跃居前三，分别占比 33.1%、30.0% 和 16.7%。北京环球影城度假区开业一年来，家庭游、亲子游、社群化的比重都在增长。每逢节假日或周末，垂钓、摄影、木作、街舞、电竞、看星、观鸟，还有哈雷摩托车、马拉松、慢跑，以及同学、战友、工友相关活动，都可能成为包括旅游在内的社群经济的基础。无论是入园旅游者还是本地休闲者，都会在旅行居停的某个环节或者场景有团体活动的需求，并为以场景体验为指向的产品创新带来机遇，让基于情感、社交和价值观的再团队化成为可能。

二、旅游产业景气仍然处于下行探底通道，文旅融合、科技创新和更加精准的助企纾困政策构筑了旅游业复苏向上的基本盘

2022 年前三季度，旅游经济运行综合指数（CTA-TEP）分别为 95.6、97.8、85.6，环比分别下降 3.3、上升 2.2、下降 12.2，继续处于景气荣枯线（100）之下。值得注意的是，旅游企业的信心指数虽然仍在荣枯线下，但是同比有所上升。党的二十大后，优化新冠疫情防控工作的二十条措施出台和更加精准防控的政策预期，释放了生产生活复归正常的预期信号，旅游经济筑底回

升的通道已经开启。

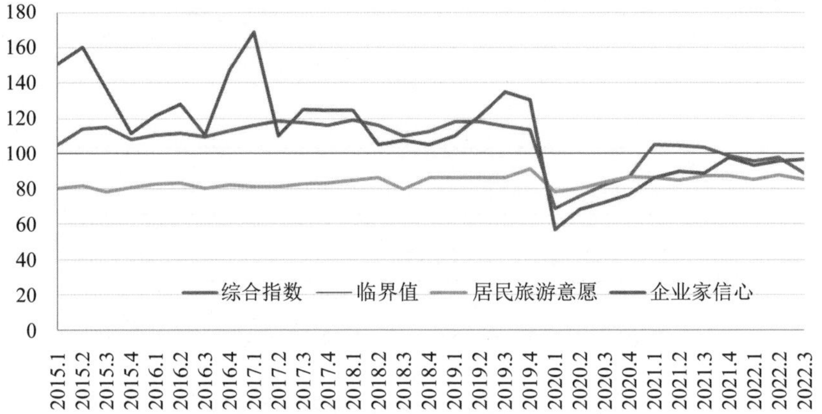

图 4　2015Q1—2022Q3 旅游经济运行综合指数（CTA-TEP）

企业家信心持续受创，旅游投资和运营指数尚未走出底部盘整期。中国旅游研究院专项调查显示，2022 年前三季度旅游投资机构和市场主体特别是民营企业、中小微型企业获得感普遍不足。43.67% 的受访者表示前三季度本企业经营业绩有所下降，其中 80% 的旅行社经营业绩进一步下滑。26.06% 的受访者对全年旅游经济持悲观预期，持乐观预期者占 32.66%，41.28% 的受访企业持观望和等待的心态。一旦业者因为看不到希望而选择躺平，甚至连声音都消失了，我们将不得不面对旅游业历史上最黑的黑暗。

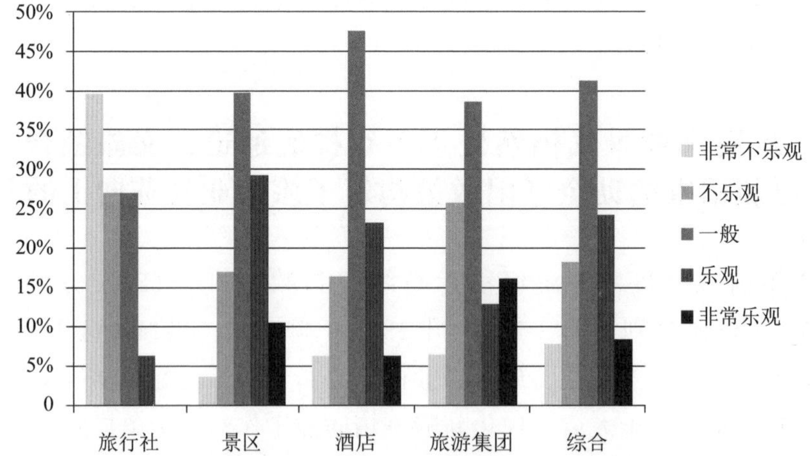

图 5　受访企业对全年旅游经济形势的判断

疫情以来，游客满意水平并没有受到影响，从 2019 年进入“满意”（80—85）区间后，2020 年、2021 年、2022 年前三季度游客满意度分别为 80.95、82.47、80.63，一直处于基本满意区间。

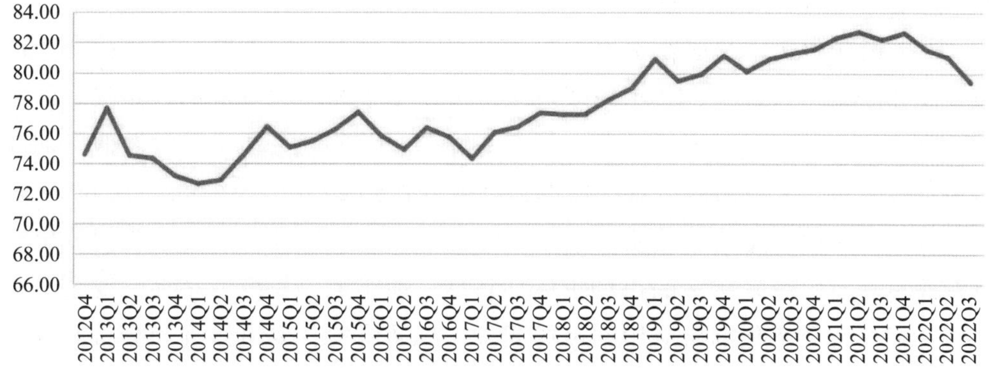

图 6　2012Q4—2022Q3 全国游客满意度综合指数

越来越多有创新意识的市场主体开始成为本地休闲旅游者的供应商，引领新一轮旅游融合创新。一些服务本地居民生活的互联网平台开始进入旅游休闲市场，比如高德、百度、腾讯等地图商，滴滴、神州、首汽等网约车平台，美团、哈啰等共享单车都在提供目的地小交通服务的同时，不同程度地介入商家推介和消费场景关联。B 站、抖音、小红书等新媒体，以及众多自带流量的垂直媒体和自媒体，早已成为旅游生态的有机组成部分。比如澳门的永利、新濠、美高梅面向本地居民推出了一日游和特价住宿产品。

越来越多的旅游企业寻求轻资产运营，并取得了可喜进展。海昌海洋公园出售旗下主题公园股权，依托核心资产，聚力轻资产业务，提供文旅休闲服务及解决方案，打造以海洋文化为特色的生活娱乐平台型公司。宋城演艺打破“主题公园 + 文化演艺”的重资产商业模式运营，引入“互联网 +”，以新兴技术助力新业务板块的高效运行。曲江文旅以“历史文化旅游景区集成运营”为主轴，对外开展智力输出与管理输出。

休闲空间和旅游业态的聚合重生产生了新的动能。更多的市场主体既服务于本地居民的衣食住行，也服务于外来游客的居停游乐。旅游活动对当地生活环境、生活方式的深度挖掘，旅游企业对生活周边近处旅游资源的再定位，创新了本地休闲空间和旅游业态，稳定了假日旅游消费市场。南京旅游集团介入后的聚宝山郊野公园，从传统的市民公园转型为包括马术、电竞、无动力乐园在内的时尚生活聚集区。良业科技打造的北京亮马河风情水岸和配套的朝阳咖啡节，在为公司培育面向 C 端的水上夜游产品线的同时，也为北京的世界旅游城市构建了面向当代生活的亮丽风景线。

科技创新和现代制造业不仅为当代旅游业注入了全新动能，也直接介入产品研发和场景营造过程，并重新塑造旅游市场竞争和产业发展的大格局。云旅游、数字化、元宇宙成为旅游业态创新关键词。专项调查显示，游客假日期间体验科技旅游、太空旅游、虚拟游的比例分别达到 27.0%、16.5%、12.6%。自驾、自助、小团、露营、徒步、登山、赏花、非遗、研学、美食成为假日旅游消费的新亮点。越来越多的市场主体如环球、迪士尼、长隆、华住、亚朵、广之旅，正在将数字化策略应用到市场调查、产品研发、渠道管理和会员服务等企业管理的实践环节中。大众文化、公共艺术与旅游业的融合并没有因为疫情而停滞，而是呈加速发展的趋势，游客和市场主体的获得感得到了进一步提升。艺术创作和演出团体深度介入旅游经济体系，在丰富优秀文艺作品和优质旅游产品供给的同时，极大拓展了旅游投资和业态创新的现实空间。四季文旅的四季艺术汇秉承“艺术属于人民”的理念，通过免费展陈的方式让公共空间成为主客共享的都市会客厅。苏州的江南小剧场、南京的国民小剧场与传统的评弹场馆和现代的沉浸式演出空间共同升华了公共文化和现代艺术氛围，生动诠释了当代旅游发展“从戏剧场到菜市场，重新发现旅行的美好”和主客共享美好生活新空间。

三、面临从业人员流失、资金流动性不足的现实困境，产品创新与灵活就业成为旅游业自救的新路径

基于疫情的不确定预期及旅游企业资金存量不足等因素影响，旅游行业整体投资更加谨慎。2022 年是疫情以来旅游企业亏损最为严重的一年。根据上市公司财报，上半年在 47 家旅游上市企业中有 38 家亏损，仅有 9 家实现盈利。即便本年度前三季度，服务业增加值同比增长 2.3%，比上半年加快 0.5 个百分点，但服务业生产指数同比只增长 0.1%，说明市场仍持观望态度，投资力度恢复有限。一方面传统旅游集团在本年度收紧了投资规模，向小而精的产品项目给予更多的资金倾斜。旅游集团开始重视文化引领、科技创新、融合发展，以

增量投资带动存量优化。通过设备设施的更新改造、旅游产品的迭代升级为后续旅游市场的全面恢复蓄力。中旅集团基于自身的线路和人员优势，推出了各国驻华外交官欣赏美丽中国山水、感悟悠久中华文明的“发现中国之旅”系列活动。春秋旅行继“建筑可阅读、城市微旅游”之后，将视野进一步瞄准了城市露营休闲市场，推出“春野秋梦”项目。陕旅集团在依托特色文旅资源优势的基础上，将延安市“圣地河谷•金延安”红色文化园区、宝鸡周原景区周公庙等一批文旅资源进行重新规划，投资推出新时代廉洁文化建设的传播品牌。

受限于旅游行业低位徘徊的发展现状，我国旅游企业就业人数下降明显，旅游人才流失严重。企查查平台数据显示，2021 年 11 月至 2022 年 10 月，我国企业名称或经营范围含“旅行”的相关企业注销数量达到 10 306 家。企业注销必然带来人员的流失。文化和旅游部发布的 2019 年度和 2021 年度的全国旅行社统计调查报告数据显示，截止到 2021 年底，旅行社从业人员减少 13.7 万人（见表 1）。疫情之下旅游企业预期变化导致雇用正规就业人员更加谨慎，灵活就业成为疫情下稳就业的重要渠道。中央及国务院各部委多次发文要求“多渠道支持灵活就业发展”，这些政策和指导意见都不断释放出灵活就业未来发展的巨大空间。当前疫情全球蔓延也进一步激发灵活就业在我国保就业、稳就业、促就业方面的巨大潜力。平台用工、众包用工、社群经济就业、共享用工等新就业形态成为旅游人员进行灵活就业的主要途径，“无接触配送”“隔离经济”“直播带货”等异军突起的就业方式也在疫情防控及解决旅游人员灵活就业方面发挥了较为突出的作用。

表 1　2019 年与 2021 年旅游从业者人数对比

年份	旅行社数量	从业人员人数	大专以上学历人数	签订劳动合同的导游数
2019年（A）	38 943	415 941	282 214	121 710
2021年（B）	42 432	278 772	192 628	94 332
变化（C） C=B–A	+3489	–137 169	–89 586	–27 378

四、逆境中的企业家信心持续转化为迎难而上的决心和推动旅游业创新发展的动能，在沧海横流中彰显英雄本色

当前，我国旅游产业信心有待提振，产业景气仍待提升，需要谨防市场主体内卷、躺平的内生风险，以及政策获得感不足所引发的舆情风险。从旅游意愿、企业信心、产业景气等监测指标和访谈报告来看，各类旅游企业特别是民营企业的政策获得感还有待强化，投资不足、复工不复业、企业倒闭和员工失业的综合风险在积聚。服务业生产指数累计同比已连续三个月负增长，固定资产投资增速也明显放缓，民间固定资产投资下降尤其明显，7 月已从年初的 11.4% 大幅下滑到 2.7%。要谨防政府一厢情愿敲锣打鼓，企业躺平卖惨的风险，也要谨防各地政府以疫情防控的名义把国内游变成省内游，省内游变市内游的内卷风险，还要谨防游客不消费、企业不投资，政府却忙着开大会、发文件所引发的舆情风险。

市场不相信眼泪，创新也是强者的游戏，那些在疫情下不放弃、在变局中不逃避的旅游企业家，正在不断地探索市场新需求、发现和挖掘新机遇中，带领旅游企业创造新的发展。事实上，过去二十年，无论是旅游住宿领域的七天、如家、汉庭等经济型酒店，还是旅游服务领域的携程、去哪儿、马蜂窝、驴妈妈，包括长隆、银基、海昌海洋公园，旅游领域中每一次创业创新都伴随着企业家对市场范围的再定义。在三年疫情影响下，面对前所未有的压力和挑战，越来越多的旅游业者认识到：旅游业经济属性强、市场化程度高，面对前所未有的挑战，躺平不可取，躺赢不可能。只有锚定旅游新需求、培育产业新动能，才能以产品研发、业态创新和系统化改革推动旅游韧性复苏和可持续发展。

综合居民出游意愿、游客预订指数、企业家信心指数等先行指标及专家研判，预计 2022 年全年国内旅游人数和旅游收入分别为 27.79 亿人次和 2.35 万亿元，同比下降 14.38% 和 18.85%，恢复至 2019 年的 43.48%、41.85%。鉴于渐次放开的疫情防控政策及逐步恢复的经济形势，预计 2023 年下半年国内旅游有望进入上升通道，出境旅游市场有望步入渐进式、结构性复苏进程，并带动商务、留学、科技、教育和探亲访友市场先行重启。

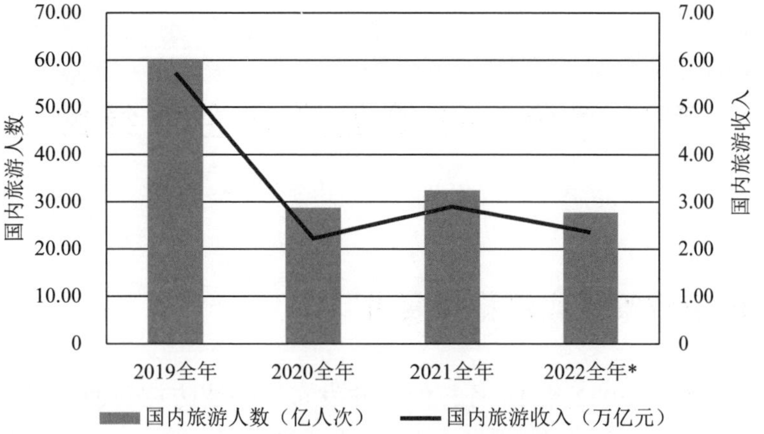

图 7　2019—2022 年国内旅游市场主要指标

* 表示预估数据。

第二部分　政策促进与企业纾困

一、国家政策托底保稳促复苏

2020 年 1 月至 2022 年 10 月，国家共发布了疫情防控和助企纾困的政策文件 110 份。2020 年、2021 年、2022 年，中央发文 13 份、9 份、33 份，文化和旅游部联合其他部委或者单独发文 14 份、14 份、23 份。发文机构从国务院到其各部委如国家发展和改革委员会、财政部、人力资源和社会保障部、住房和城乡建设部、工业和信息化部、文化和旅游部，彰显了政府助企纾困和扶持企业发展的坚定决心。

稳市场主体是 2020 年政策托底的关键目标。2020 年所发布的政策文件，关键词包括免征增值税、税费优惠、旅游服务质量保证金、住房公积金、担保、贷款、失业保险、复产、金融服务等（如图 8 所示），以及针对旅行社、在线旅行商（OTA）实施退费免税等政策，帮助企业“活下去”。

图 8　2020 年国家纾困政策关键词云图

国务院常务会议多次针对如何帮助旅游企业在内的服务业领域特殊困难行业“纾困帮扶”提出相关要求。中央政府政策目标是普惠的，而非特殊的；行政的，而非市场的。2020 年疫情发生后，相关部门两个月间先后下发了《关于应对疫情影响加大对个体工商户扶持力度的指导意见》（国市监注〔2020〕38

号）、《关于阶段性降低企业用电成本 支持企业复工复产的通知》（发改价格〔2020〕258 号）等十余项政策，解决企业的生存问题。2020 年 3 月 14 日文化和旅游部发文恢复省内游，7 月 14 日恢复跨省游。

保就业是 2021 年政策稳定的主要目标。2021 年疫情防控趋于常态化，市场在有序复苏和零星封控中反复。为了更好地推进企业发展，缓解企业经营压力，政策出台致力于保企业收入、稳员工就业。当年政策关键词包括稳岗扩岗、社会保险、人员培训、个人所得税、住房公积金、增值税、免征税等字样频繁出现（如图 9 所示）。

图 9　2021 年中央纾困政策关键词云图

2021 年，受多地疫情影响，国务院联防联控机制对跨省游采取了有条件“熔断机制”，旅游业复苏进程受阻，旅行社、线上旅行商、旅游景区和度假区、酒店和民宿等旅游企业自然减员增多和收入下降明显。为此，中央进一步强化保就业的政策供给，《关于实施小微企业和个体工商户所得税优惠政策的公告》《关于延续实施部分减负稳岗扩就业政策措施的通知》《关于进一步加大对中小企业纾困帮扶力度的通知》等措施持续跟进，多方布局，协同推动对企业和员工的救济扶助。2021 年全年，中央财政安排奖补资金 30 亿元；为市场融资主体减轻担保费用超 100 亿元；拨付创业担保贷款贴息和奖补资金 63.36 亿元，同比增长 65.9%。截至 2021 年 12 月末，普惠小微贷款余额 19.22 万亿元，同比增长 27.3%，比各项贷款增速高 15.7 个百分点。

扩消费是 2022 年政策托举的重要支撑。经历了两年的疫情攻坚，不管是政府、企业，还是消费者，都已经做足了准备迎接曙光的到来。2022 年政策文件的关键词多了消费券、消费业态、营销宣传、零售、产业链、科技赋能等有希望的词汇（如图 10 所示），从扩大消费潜力、助力项目支持、加强科技赋能等方面为旅游业转型高质量发展给予了强劲的信心。

图 10　2022 年中央纾困政策关键词云图

新一轮纾困政策强调精准性、实操性和落地性，减税降费政策力度进一步加大，有效减轻了企业经营成本；金融工具更加丰富、精准，加强帮助市场主体资金周转流通的力度。国务院、各部委联合相继发布了《关于促进服务业领域困难行业恢复发展的若干政策的通知》（发改财金〔2022〕0271 号）、《关于印发加力帮扶中小微企业纾困解难若干措施的通知》（工信部企业函〔2022〕103 号）、《国务院办公厅关于进一步优化营商环境降低市场主体制度性交易成本的意见》（国办发〔2022〕30 号）等上位政策，重点帮扶困难行业和中小微企业，从减税降费、降低融资成本、加大纾困资金支持、加强生产要素保障、支持中小微企业稳岗扩岗、保障中小企业款项支付以及扩大市场需求、加大政府采购支持、阶段性缓缴费用、减免市场主体房屋租金等全方面激励包括旅游业在内的国民经济拓展市场。以上举措落地效果颇为明显，随着地方专项债发行使用加快，政策性金融工具资金有效投放，市场主体生存危机得到一定缓解。

加强对典型案例的宣传推广，引导和扶持创新求变的企业，帮助有潜力的企业渡过难关。为了促进消费有序恢复，国务院办公厅印发了《关于进一步释放消费潜力　促进消费持续恢复的意见》（国办发〔2022〕9 号），其中，针对促进旅游消费，提出了创新消费业态和模式、强化专项旅游项目发展（红色旅游、休闲度假旅游、旅游演艺、冰雪旅游等）、优化完善疫情防控措施、鼓励跨区联动、推进消费试点示范、落实带薪休假等方案，为增强国内旅游市场活力综合施策。政策体系的加强和完善，极大地促进了企业满意度的提升。

二、地方制度创新优化环境促振兴

中央政策需要地方政府配套行政资源加以贯彻落实，在旅游主管部门和各地政府的共同努力下，国务院文件《关于促进服务业领域困难行业恢复发展的若干政策》为市场主体带来了更多的获得感和满意度。2022 年 4 月，中国旅游研究院针对该政策在旅游企业中的知晓度、覆盖面、有效性和获得感，对 146 家旅行社、57 家景区、52 家酒店和 44 家民宿开展调研，评估宣贯落实情况。调研结果表明，近五成企业对纾困政策较为满意，而地方政府是政策贯彻和效果提升的关键节点。研究表明：政府出台配套措施、厅局指导具体的地区，旅游企业的获得感就越强。仅简单转发文件的地区，旅游企业的获得感就相对较低。广东省为了企业能够更好地理解多部门政策和掌握申报流程，由政策研究室负责统一解读和指导，为政策的直达企业和宣贯落实提供了有效支撑，广受企业好评。而旅游企业积极了解并主动利用国家和地方出台的减负政策（延期缴纳社保和税款、房租补贴、“投贷奖”等）和金融政策，有效化解企业资金流动性危机，也增进了企业对政策和部门的理解与共识，形成与中央相向而行的思想动能。2022 年以来，多地景区免门票政策出台，以小博大，加强良性竞争作用，倒逼其他景区做出调整和改变，推动旅游产品供给质量的有效提升，强化市场活力。广大旅游企业受惠于此，政策获得感提高，这些自下而上的反馈正呼应了中央政策的合理性和可实施性。

开展区域性重大旅游活动，扩大旅游基础设施和公共服务领域的投资，是地方政府帮助市场主体的务实举措。2022 年，尽管遭遇疫情以来最窘迫的情势，不少地方依然循例举办了旅游发展大会。11 月 19—20 日，湖南省在张家界市召开了首届旅游发展大会。作为大会配套活动的“2022 湖南文旅产业投融资大会”，推出湖南省重点文旅招商项目 302 个，总投资约 6040 亿元；签约省级重大招商引资项目 85 个，投资总额 1147.17 亿元；全省重点文旅产业项目融资放款签约 348.5 亿元。

三、旅游部门专项政策行政作为促复苏

文化和旅游部在统筹疫情防控和复工复产方面做了大量卓有成效的工作，2020 年《旅行社有序恢复经营疫情防控措施指南》，2021 年《文化和旅游部关

于加强政策扶持进一步支持旅行社发展的通知》（文旅市场发〔2021〕60号）、《文化和旅游部办公厅关于用好旅游服务质量保证金政策进一步支持旅行社恢复发展的通知》（办市场发〔2021〕195号），2022年《文化和旅游部办公厅关于抓好促进旅游业恢复发展纾困扶持政策贯彻落实工作的通知》（办产业发〔2022〕55号）、《文化和旅游部办公厅关于进一步调整暂退旅游服务质量保证金相关政策的通知》（文旅发电〔2022〕61号）、《文化和旅游部办公厅关于稳定市场主体开展"延期办"工作的通知》（办市场发〔2022〕104号）、《关于金融支持文化和旅游行业恢复发展的通知》等文件，对于稳定市场信心，汇聚产业动能起到了关键支撑。

2021年2月，文化和旅游部发布《文化和旅游部办公厅关于进一步用好地方政府专项债券推进文化和旅游领域重大项目建设的通知》（办产业发〔2021〕23号）、2022年发布《关于抓好促进旅游业恢复发展纾困扶持政策贯彻落实工作的通知》（办产业发〔2022〕55号）等政策文件，开展了"2022年文化和旅游企业服务月"以聚焦纾困扶持政策贯彻落实、优化助企惠企服务，组织各地集中推出一批形式多样、有针对性、能见实效的服务活动和惠企举措。

文化和旅游部联合国家各部委制定纾困政策，也为政策的落实做好顶层设计。2022年文化和旅游部与国家十四部委联合出台的《关于促进服务业领域困难行业恢复发展的若干政策》（发改财金〔2022〕271号），通过"10+7+N"项措施帮扶服务业企业；与发改委等十四部委联合发布的《关于推动露营旅游休闲健康有序发展的指导意见》，旨在克服层层加码，扩大优质文旅资源供给，释放旅游市场与消费；2021年联合国家开发银行出台的《文化和旅游部　国家开发银行关于进一步加大开发性金融支持文化产业和旅游产业高质量发展的意见》，统筹各类财政资金和政府投资工具，提供综合性金融服务，对文化和旅游项目提供长周期、低成本的资金支持；与中国人民银行、中国银行保险监督管理委员会联合发布的《文化和旅游部　中国人民银行　中国银行保险监督管理委员会关于抓好金融政策落实进一步支持演出企业和旅行社等市场主体纾困发展的通知》（文旅产业发〔2021〕41号），加大对中小企业的续贷、担保、融资力度，增加信用贷款内容和金融服务；2020年与财政部办公厅联合发布的《财政部办公厅　文化和旅游部办公厅关于可调剂部分旅游发展基金支出用途支持旅游业应对疫情冲击的通知》（财发办〔2020〕15号），调剂部分财政部已下达的旅游发展基金支出用途，重点用于支持中小微企业贷款贴息。

统筹疫情防控和复工复产，最大限度地减少疫情对文化和旅游行业发展的影响。2020 年 5 月，国务院联防联控机制印发《关于做好新冠肺炎疫情常态化防控工作的指导意见》（国发明电〔2020〕14 号），便利疫情常态化之下民众的旅行。2021 年 8 月 5 日，文化和旅游部办公厅印发《关于积极应对新冠肺炎疫情进一步加强跨省旅游管理工作的通知》，结合疫情防控中高风险地区管理措施，调整跨省旅游经营活动管理政策，实施联动管理。2022 年 5 月 31 日，文化和旅游部发布《文化和旅游部办公厅关于加强疫情防控　科学精准实施跨省旅游“熔断”机制的通知》（文旅发电〔2022〕113 号），进一步结合疫情形势和旅游市场实际情况，更加科学精准实施跨省旅游“熔断”机制，优化疫情下的旅游行业防控措施，也鼓励民众在无疫情风险下出游，对客流的恢复有一定促进作用。经文化和旅游部数据中心测算，2022 年端午节假期，全国国内旅游出游 7961.0 万人次，同比下降 10.7%，按可比口径恢复至 2019 年同期的 86.8%；实现国内旅游收入 258.2 亿元，同比下降 12.2%，恢复至 2019 年同期的 65.6%。2022 年 11 月 11 日国务院《关于进一步优化新冠肺炎疫情防控措施科学精准做好防控工作的通知》（联防联控机制综发〔2022〕101 号）以及 11 月 15 日文化和旅游部颁布的《关于进一步优化新冠肺炎疫情防控措施　科学精准做好文化和旅游行业防控工作的通知》优化了跨省旅游政策，跨省旅游经营活动不再与风险区实施联动管理，意味着跨省游熔断机制被取消。政策发布后，OTA 平台团队游产品、机票、酒店等搜索量大涨。

在扎实做好常态化疫情防控的前提下，文化和旅游部相继开展了“打卡旅游休闲・打开欢乐春节”“中国旅游日”“美丽中国・美好生活”等活动，因地制宜，因势利导做好旅游休闲街区、冰雪旅游、红色旅游、乡村旅游、营地旅游等市场供给工作，创新加强旅游推广，进一步拓宽受众、丰富内容和形式，更好引导和促进旅游业恢复，激发旅游消费活力。

从托举到托底，从供给侧到需求侧，中央政府的企业救助与纾困政策和地方政府的贯彻实施，始终秉持坚定信念与大道之行。重重困难与重压之下，政府为市场主体兜底并托举的韧性越发强劲，于苍茫风浪中与旅游企业和衷共济，给企业行之有效的市场支援，向行业传递更加明确的积极信号——国家需要旅游业和作为市场主体的旅游企业，它们承托着人民大众的幸福生活，旅游企业不能被忽视，未来需要发挥更大的职责。同时企业也不能静默，要增强内生动力以自救，熬过至暗时刻，充分担当起作为市场主体的责任，全心全意下好市场需要的一盘棋。很多旅行服务商、景区和度假区、旅游演艺、餐饮和购物企业等各类市场主体都开始专注于发现旅行新需求、培育休闲新市场，以消费视角重新审视旅游资源开发、项目建设和产业创新，更加强调文化引领、科技创新、融合发展，以增量投资带动存量优化。

第三部分　产业创新与旅游复苏

疫情以来，以旅游集团20强为代表的旅游企业与国家战略相向而行，统筹疫情防控与旅游业复苏，始终做国家战略的拥护者、执行者，坚持以满足人民对美好生活的需要为创新出发点。面对旅游市场新需求、新变化，积极践行“两创”精神，在产品研发、市场拓展、标准化创新、数字化转型、人才培养等方面创造了瞩目的成绩。旅游业者们不抱怨、不放弃，更不躺平，万千旅游企业共同推动旅游业韧性复苏。

一、逆境创新，负重前行，始终把握人民群众对美好生活需要的创新方向

2022年从开年之初到现在，在疫情散点多处发生的情况下，旅游集团在做好自身防控的基础上，不负国家和人民对旅业第一方阵的期望，一如既往不计得失，勇于承担社会责任，展现中国旅业第一方阵的形象。3月，上海本土疫情发生之初，携程集团专门成立了由集团CEO牵头的应急工作小组，主动协助上海市有关部门做好各地援沪医疗队和保供企业的住宿保障工作。9月，四川甘孜藏族自治州泸定县发生6.8级地震，华侨城集团通过四川省慈善联合总会向四川灾区捐款1000万元，用于抗震救灾和灾后重建工作，帮助灾区群众尽快恢复生产生活秩序。祥源旗下凤凰古城公司，通过文旅产业助力乡村振兴，为当地直接提供就业岗位2万多个，推动“万企帮万村”的茶叶产业精准扶贫项目。10月，天津旅游集团参与主办“文旅荟萃　国企惠民”2022年促消费稳经济系列活动，在海河上举办非遗展示体验、“海河音乐节”、主题艺术游船展演季等惠民活动。

在承担社会责任的同时，旅游集团始终抓住主业，统筹疫情防控和企业自救，在逆境中创新，在困难中前行，不断满足人民对美好旅游生活的向往。大众旅游时代，人民对美好生活的追求没有改变，文化休闲和旅游消费的意愿日

益增长，市场下沉和消费升级的趋势明显。这一年来，在国家政策和各级政府的积极推动下，我们看到各大旅游集团面向市场新需求，在产品研发、内容创造和场景营造等方面的创新努力，推出了一批具有行业示范意义的新业态、新产品、新模式。如景域集团黄山关麓帐篷客、南京旅游集团半城大山房车营地等都市近郊休闲度假产品，中旅集团《奇妙·夜德天》、中青旅《梦回庐陵》等运用光影科技进行内容创造型产品，同程旅行《宴游飞阁》原创剧本杀等跨界融合产品。以上无一不彰显出旅游企业在危机中寻新机、变局中开新局的勇气和能力，以强大的示范力量推动旅游业的韧性复苏。

在旅游高质量发展新阶段，旅游集团更是勇于自我革新，以现代科技全面赋能企业智慧管理和治理能力。岭南商旅集团创新构建数据与业务双中台体系，开发标准化大旅游服务组件，进一步提升运营能力和抗风险能力；银基文旅以“云排队”小切口建构旅游科技大场景，实现服务全链条场景的数字化创新。在未来，只有将商业思维与人民群众美好生活需要紧密联系在一起，让商业逻辑回归服务本身，企业才能立于不败之地。

二、主动发现新需求，适应新变化，拥抱更加开放的旅游市场

疫情让消费者出游决策趋于理性、克制，旅游理念的变化正在深刻影响着旅游市场。“城市大休闲、乡村微度假”成为疫情之下旅游市场新格局和万千旅游市场主体创业创新的市场基础。“乡村游”“夜经济”“海派城市考古”“露营”等文旅业态频上热搜，促使针对本地游客内生消费需求的近程旅游产品开发成为焦点；“反向旅游”新趋势带动众多新兴旅游目的地开发；“围炉煮茶”成为当下最火热的消费新风尚。登高、徒步、骑行、飞盘、露营等“轻户外”活动受到年轻人的追捧（同程旅行《2022 秋日出游报告》），其中，2022 年露营市场规模预计达到 354.6 亿元（艾瑞咨询数据）。充分说明当前旅游业是由旅游者定义的，而不是旅游业定义旅游者，旅游者走到哪里，哪里就产生旅游需求，产业边界就到达哪里。需求的形态越来越多样、分化，供给的边界越来越宽泛、模糊。基于消费新需求，越来越多的新玩法逐渐出圈，比如上海亚洲大厦环境式音乐剧《阿波罗尼亚》、杭州新天地马戏市集等城市休闲业态；“包个小院儿过年”“周末请上车”等近郊微度假创新产品以及上海春秋的“建筑可阅读、城

市微旅游”等主题线路都获得了市民和游客的广泛认可。

疫情让远程、有计划的旅行变得不确定，人们更倾向于在可能的时间里来场可能的旅行，利用惯常时间组织休闲生活。旅游者广泛进入目的地生活空间，本地居民休闲和外来游客游玩不断高度重叠，从戏剧场到菜市场，走街串巷、围观热闹成为现代旅游的标配，共同构建主客共享美好生活空间。中国旅游研究院（文化和旅游部数据中心）专项调查显示：参观历史文化街区、博物馆、美术馆的游客比重进一步上升。旅游不再是传统的游山玩水、景区打卡，更是风景融合场景之下全新的消费体验，同时强调文化、社交、商业等多重属性，旅游产业边界正在不断破圈与重构。为适应游客分享本地生活，参与地方文化活动的新需求，旅游市场主体也在积极培育新动能，创造新模式。广东四季文旅创始以来就以“主客共享，四季可游”为产品导向，陆续落地“锦江画廊”碧道、三华李度假区、四季艺术汇等项目，为开放式区域提供创新的城市文旅大管家服务。

旅游需求的更迭和边界的外延推动产业的发展突破了传统的旅行社、景区、酒店等封闭空间，走向更广泛的公共区域，催生了文化创意、数字科技、传媒时尚等行业与旅游跨界融合的新势力，探索、开辟着旅游产业的新空间。智慧旅游、现代科技、大数据、人工智能已经逐渐取代传统自然资源成为旅游产业创新的核心动能。越来越多的市场主体在服务本地居民衣食住行的同时，也服务于外来游客的居行游乐，主客共享时代背景下能够满足人民对美好旅行需要的都是新鲜的市场主体，因此，一个开放的、共享的、生生不息的旅游产业新生态正在形成。

三、开拓新市场，培育新动能，积极适应时空收缩新趋势

疫情之下旅游市场时空收缩的趋势明显，近程、高频的旅游活动成为主流，这让我们不得不把关注的重点从目的地拉回到客源地。各大旅游集团投资与经营更加强化客源地思维，开始以消费的视角重新审视旅游资源开发、项目建设和产业创新。

越来越多的企业开始关注近程旅游和本地休闲市场，从传统的规模经济转向深耕细分市场、专业领域，积极发现新市场。如马蜂窝聚焦周末旅游市场，以“主理人＋兴趣社交”为核心理念，定期发布“周末请上车”活动。中旅集

团统筹国内、国际两个市场、两种资源，组织了在华外国人游中国，开拓在华外国客群的入境旅游新市场。携程以“携程度假农庄”为载体，布局升级乡村民宿市场，计划至2025年底，计划打造10家标杆性质的乡村度假农庄，规模化赋能100家乡村度假农庄。“携程度假农庄”是整合乡村旅游产业链，助力乡村振兴和共同富裕的创新实践，更是企业积极履行社会责任的行业标杆。春秋集团深耕本地的微度假市场，打造了“春野秋梦”精致露营品牌，创立了“春小秋行走的课堂”、户外亲子等系列产品，不断突破同质化的转型发展，在当下旅业困境中觅得生机，是传统旅游企业转型升级的真实写照。

旅游投资是扩大内需战略的重要组成部分，也是培育新动能、构建产业发展新格局的重要力量。旅游投资和项目建设不再单纯依赖传统资源和生产要素的投入，而是围绕新需求持续发力，以增量投资带动存量优化。除传统的自然和文化资源，工业遗存、体育场馆、商业综合体和郊野公园，都成为旅游产品开发的重要载体。如首钢工业园、重庆鹅岭贰厂文创公园、798艺术区等一批利用工业遗存打造的旅游产品，成为深受年轻人追捧的时尚新空间。

我们还看到一些大型集团和成熟品牌，从重资产项目建设转向轻资产运营的动向，如品牌加盟、渠道合作和增值服务，加速推进旅游业态和商业模式的市场化融合。海昌海洋公园成立酷啦咪（上海）文化创意有限公司，重点拓展其IP新消费业务渠道，拟轻资产布局环渤海、珠三角、长三角、西南等地区；华强方特高科技开始向三四线城市输出游乐产品和运营团队。携程集团完成对日光旅文的投资入股，全面整合作为精细化运营管理商的品牌及渠道资源。旅游边界的开放性也让跨界融合呈现出新气象，互联网、体育、会展、科技等企业逐步加大旅游领域的战略布局，实现“+旅游”的跨界赋能。如安踏集团携手凯悦酒店集团将在上海打造开业界先河的FILA斐乐品牌生活方式酒店。小红书成立璞真乡里（上海）旅游文化有限公司，以内容种草平台身份正式宣布进军文旅板块，首个旗舰营地Red Camp将与露营品牌GoSafari合作运营。成都文旅集团联合成都公交集团共同打造的火锅主题巴士等目的地小交通，在满足当地居民通勤出行的同时，也成为服务外来游客的重要旅游产品，是交旅融合发展的创新示范。

旅游集团是行业的引领者，其投资与经营方向受市场需求的影响，同时也引导和创造市场需求，进而影响社会经济领域发展。随着旅游市场复苏和产业升级进程的加快，客源地主导旅游经济增长的趋势将越发明显。现代旅游发展理念要回到老百姓的常态化生活方式上来，回到主客共享的空间营造上来，回到科技和文化赋能资源存量上来，让旅游紧密融入人民的美好生活中，得客源地才能得天下。

四、关注人才培养，创新平台驱动，释放企业内部持续发展动能

创新驱动，本质上就是人才驱动。中央人才工作会议要求打造大批一流领军人才和创新团队，发挥领军企业的国家队作用，调动好企业积极性，实现产学研深度融合。人才是企业的第一资源，专业和多元化的人才是旅游企业创新和可持续发展的重要引擎。面向旅游业高质量发展新阶段，企业比以往任何时期都更加渴求人才。创新人才吸收和培养机制，提升企业核心竞争力，才能不断为旅游企业塑造发展新动能、开辟发展新领域赛道。以中国旅游集团 20 强为代表的旅游企业，始终将人才吸收和培养作为企业发展的重要战略。以表 2 为例，大部分国企、央企，省级旅游集团和大型 OTA 平台较早就成立了产业研究院，成为集聚政府、高校、研究机构、社会等各方智慧，持续为企业培养和输送人才的专业机构。近年来，越来越多的市级文旅集团和中小型文旅企业也在积极探索组建专业研究机构，如成都文旅集团成立了 2 个研究中心，以吸引职业经理人、职业规划师、高校专家学者，补充企业人才力量。蓝海文旅集团组建成立乡村振兴研究院，成为中国首家民营企业创办的乡村振兴研究院。

在疫情防控常态化背景下，企业也在积极探索现代科技的开发应用，创新人才团队建设。美团、携程、同程等 OTA，依托平台大数据和旅游供应链的优势，定期发布专项调查报告，对旅游市场进行专业调查和持续跟踪。华侨城创新研究院聚焦于旅游大数据研究，创新发布“景区欢乐指数”系列研究成果。中旅、浙旅投等研究机构通过举办学术论坛或联盟大会等活动，进一步提升企业的行业影响力。华强方特集团在原有创意院、研究院、设计院基础上，新成立了元宇宙应用系统研究院和数字内容开发院，通过文旅行业元宇宙平台和原创内容数字化创新，将形成线上线下多元化的商业盈利模式。中国旅游研究院作为企业智库型研究机构，在旅游业发展新阶段，除了承担传统的规划设计、管理咨询、人才培养等功能之外，也已经逐步成为推动企业创新发展、提升企业话语权的内在动能。

表 2 部分旅游集团研究机构成立情况

序号	旅游集团	研究机构
1	中国旅游集团	研究院
2	华侨城集团	创新研究院
3	中青旅控股	中青旅研究院
4	美团网	研究院（文旅研究中心）
5	携程集团	携程研究院
7	同程网络科技	旅游研究院（研究院）
8	浙江省旅游投资集团	现代旅游产业研究院
9	安徽省旅游集团	旅游规划设计研究院
10	江西省旅游集团	文化和旅游研究院
11	锦江国际集团	全球创新中心
12	祥源控股集团	旅游产业研究院
13	陕西旅游集团	旅游设计院

注：以上集团选自 2021 中国旅游集团 20 强及提名名单。

旅游企业创新校企合作模式，将校企合作划入战略级的人才发展项目中，持续与各高校共同培育更多实用型、复合型和紧缺型人才，为企业输送了大量的优秀人才。今年以来，携程研究院采用校企合作的模式，成立了乡村振兴主题产业学院、携程文旅产业学院，联合行业智库和专家，打造了一套专业化、体系化课程内容，构建起了一套日趋完善的乡村旅游业高质量人才发展支撑体系。并以“携程度假农庄”为载体，为多个乡村目的地培养了多名多类型专业旅游人才，助推目的地旅游人才常态化与本土化培养。中国旅游集团（海南）与海南大学首次合作实施“旺工淡学”旅游业人才培养项目，在旅游旺季时输送人才、淡季时储蓄并提升人才，以解决人才就业“潮汐现象”。

五、加速资源整合，注入新生力量，共同助力产业创新与旅游复苏

旅游业的复苏不仅需要以旅游集团为代表的第一方阵的示范引领，更需要

千千万万个旅游市场主体和旅游从业者的共同努力。只有不断壮大产业发展主体力量，才能为旅游业未来的强势复苏积蓄能量。疫情以来，国有资本比往年更加活跃，各省市进一步加大文旅资源的整合力度，相继组建了一批地方旅游（文旅）集团。据不完全统计，2022 年全国成立（重组）省市县级旅游（文旅）集团 30 余家（见表 3），为旅游市场注入了新鲜血液和新生力量。截至目前，大陆地区 31 个省、自治区、直辖市均成立了省级国有旅游（文旅）集团，70% 的地级市成立了国有旅游集团，50% 的区县市成立了国有旅游集团，旅游市场主体正在不断地发展、壮大。

表 3　2022 年新成立 / 重组 / 更名的国有省、市级文旅集团 / 旅游集团

序号	企业名称	成立/重组时间
1	洛阳文化旅游投资集团	2022.1
2	泰安市泰山文化旅游集团有限公司	2022.1
3	山西梨花文化旅游集团有限公司	2022.2
4	无锡市滨湖文商旅集团有限公司	2022.3
5	河南文旅投资集团	2022.3
6	新疆生产建设兵团文化旅游投资集团有限公司	2022.3
7	泰安市泰山文旅产业投资集团有限公司	2022.3
8	广东西樵山文旅集团（佛山）	2022.4
9	青岛海洋文旅产业集团有限公司	2022.4
10	青岛文旅融合发展集团有限公司	2022.4
11	庐山文化旅游投资控股集团有限公司	2022.4
12	眉山市文化旅游发展集团有限公司	2022.4
13	山东省国欣文化旅游发展集团有限公司更名为山东文旅集团有限公司	2022.4
14	漳州市文旅康养集团有限公司	2022.5
15	酒泉市文化旅游发展集团有限公司	2022.5
16	重庆峡谷城文旅集团有限公司	2022.5
17	周口市文旅投资集团有限公司	2022.6
18	江西婺源文化旅游集团	2022.6

续表

序号	企业名称	成立/重组时间
19	漳州市文旅康养集团有限公司	2022.6
20	桐乡市文旅集团有限公司	2022.6
21	寿光市文化旅游投资发展集团有限公司	2022.6
22	海阳文旅集团酒店管理有限公司	2022.6
23	大连文化旅游发展集团有限公司	2022.7
24	潜江市文化旅游投资开发集团有限公司	2022.7
25	山东中兴文化旅游发展集团有限公司	2022.7
26	云浮市国瑞文旅投资集团有限公司	2022.7
27	赤峰市文旅集团	2022.8
28	山西高平文化旅游投资集团有限公司	2022.8
29	郴州市文化旅游发展集团有限公司	2022.8
30	清镇市产业发展控股集团有限公司	2022.8
31	辽源市文化旅游发展集团有限公司	2022.8
32	内蒙古文旅投资集团	2022.8
33	介休市文旅投资集团有限公司	2022.9
34	衡水市冀州区冀鼎文旅投资集团有限公司	2022.9
35	乐山市嘉乐文化旅游发展集团有限公司	2022.10

资料来源：课题组通过省市县等地方政府网站、电话及现场调研所得。

除国有集团之外，我们也看到了数量更庞大的中小微旅游企业、民营旅游企业和跨界型文旅企业在逆境之中展开自救，加快创新步伐，为疫情下的旅游业带来新气象。如黄山、武夷山、庐山等传统型景区管理公司在疫情期间相继推出免门票活动，居安思危，通过业态创新、数字营销、智慧赋能等措施，不断推进景区转型升级。华数文旅、云游天下等传统旅行服务企业从资源端进入市场端，创新开发“宅度假”“共享好导游”等应用平台，为游客出行服务提供新方案。浙江开元旅业集团作为典型的民营旅游企业，为发展历史文化名城的夜经济，原创研发了“柯桥十二月市”主题市集品牌，至今已累计组织 130 场。

欧愉科技打造的竞鹅酒店、博涛文化打造的大连熊洞街、福莲茶业打造的茶庄园等新产品、新项目，成为主客共享的美好生活空间，也代表了跨界融合新势力的创新步伐。企业的每一分努力都是受到关注的，并将共同成为推动产业创新和旅游复苏强有力的市场力量。

未来的旅游市场将是更加开放的，旅游需求将是更加多元、多变的，善于捕捉市场任何机会是企业创新发展的本质要求。旅游业的复苏需要每一个中国旅游企业以更高水平的对外开放、更大范围的产业融合、更深层次的守正创新，深入研究游客需求、把握旅游市场趋势，持续推进文化休闲和旅游消费领域的场景营造和内容创新，共同培育主客共享的美好生活空间；需要我们以理性的态度面对当下的困难，用极大的热情展望无限可能的明天。

附件 1：

2020 年—2022 年 10 月惠及旅游行业的综合性纾困帮扶文件

序号	日期	文件名称	文件号	政策要点
2022年1~10月				
1	9月26日	关于进一步做好2022年服务业小微企业和个体工商户房屋租金减免工作的通知	国资厅财评〔2022〕253号	加快推进减租工作，切实减轻服务业小微企业和个体工商户经营负担
2	9月22日	人力资源和社会保障部办公厅　国家发展改革委办公厅　财政部办公厅　国家税务总局办公厅　关于进一步做好阶段性缓缴社会保险费政策实施工作有关问题的通知	人社厅发〔2022〕50号	切实发挥阶段性缓缴社会保险费政策效果，促进保市场主体保就业保民生
3	9月7日	国务院办公厅关于进一步优化营商环境降低市场主体制度性交易成本的意见	国办发〔2022〕30号	优化营商环境、降低制度性交易成本是减轻市场主体负担、激发市场活力的重要举措，并从五个方面部署了23项重点任务
4	6月30日	国家发展改革委办公厅　财政部办公厅　银保监会办公厅关于推广疫情防控保险　助力做好保市场主体保就业保民生工作的通知	发改办财金〔2022〕598号	明确了推广疫情防控保险的工作要求，鼓励有条件的地方对疫情防控保险给予政策支持，并优先组织物流、餐饮、零售、文旅等特困行业企业投保
5	6月30日	关于阶段性缓缴职工基本医疗保险单位缴费的通知	医保发〔2022〕21号	对中小微企业实施阶段性缓缴职工医保单位缴费政策；确保缓缴期间参保人待遇应享尽享；全面推行“免申即享”经办模式；切实保障好相关企业职工合法权益；做好调度统计分析等工作，确保缓缴政策平稳实施
6	6月30日	人力资源和社会保障部办公厅关于开展人力资源服务机构稳就业促就业行动的通知	人社厅函〔2022〕105号	从七个方面指导各地充分发挥人力资源服务机构匹配供需、专业高效优势，为就业大局稳定和经济社会发展贡献力量
7	6月21日	住房和城乡建设部等8部门关于推动阶段性减免市场主体房屋租金工作的通知	建房〔2022〕50号	高度重视租金减免工作，加快落实租金减免政策措施，按月报送租金减免情况，加强租金减免工作监督指导
8	6月7日	关于扩大全额退还增值税留抵税额政策行业范围的公告	财政部　税务总局公告2022年第21号	从增量留抵退税扩大到符合条件的小微企业和制造业等几大行业中大型企业可享受一次性退还存量留抵退税；明确了小微、中大型企业划分标准；明确了出口退税、即征即退和先征后返（退）与留抵退税的衔接政策；加快了小微企业留抵退税政策实施进度，提前退还中大型企业增量留抵；优化了退税征管流程

续表

序号	日期	文件名称	文件号	政策要点
9	6月2日	中国银保监会办公厅关于进一步做好受疫情影响困难行业企业等金融服务的通知	银保监办发〔2022〕64号	从加大信贷支持力度、做好接续融资安排、适当提高不良贷款容忍度、持续提升服务效率、创新信贷服务模式等十二部分42条举措引导银行保险机构进一步加强受新冠疫情影响严重行业企业等的金融支持
10	5月31日	人力资源和社会保障部 国家发展改革委 财政部 税务总局关于扩大阶段性缓缴社会保险费政策实施范围等问题的通知	人社部发〔2022〕31号	在对餐饮、零售、旅游、民航、公路水路铁路运输5个特困行业实施阶段性缓缴三项社保费政策的基础上，以产业链供应链受疫情影响较大、生产经营困难的制造业企业为重点，进一步扩大实施范围
11	5月30日	关于进一步加大政府采购支持中小企业力度的通知	财库〔2022〕19号	严格落实支持中小企业政府采购政策，调整对小微企业的价格评审优惠幅度，提高政府采购工程面向中小企业预留份额
12	5月24日	国务院关于印发扎实稳住经济一揽子政策措施的通知	国发〔2022〕12号	从财政政策、货币金融政策、稳投资促消费政策、保粮食能源安全政策、保产业链供应链稳定政策和保基本民生政策六方面提出33项举措
13	5月20日	关于进一步发挥资本市场功能 支持受疫情影响严重地区和行业加快恢复发展的通知	证监会〔2022〕46号	进一步发挥资本市场功能，从四个方面提出23条举措，支持受疫情影响严重地区和行业企业加快恢复发展
14	5月20日	住房和城乡建设部 财政部 人民银行关于实施住房公积金阶段性支持政策的通知	建金〔2022〕45号	加大住房公积金助企纾困力度，帮助受疫情影响的企业和缴存人共同渡过难关
15	5月19日	关于推动建立金融服务小微企业敢贷愿贷能贷会贷长效机制的通知	银发〔2022〕117号	从制约金融机构放贷的因素入手，按照市场化原则，进一步深化小微企业金融服务供给侧结构性改革，加快建立长效机制，着力提升金融机构服务小微企业的意愿、能力和可持续性，助力稳市场主体、稳就业创业、稳经济增长
16	5月19日	关于中央企业助力中小企业纾困解难促进协同发展有关事项的通知	国资发财评〔2022〕40号	从七个方面提出了27条举措，直面当前中小企业经营发展的痛点、堵点、难点，首先考虑的是如何解中小企业“燃眉之急”，从支付账款、减免房租等方面助力中小企业“渡难关”；其次考虑的是如何与中小企业共同“做大蛋糕”，共享改革发展红利，带动更多中小企业“强起来”
17	5月17日	财政部 税务总局关于进一步持续加快增值税期末留抵退税政策实施进度的公告	财政部 税务总局公告2022年第19号	进一步加快释放大规模增值税留抵退税政策红利

续表

序号	日期	文件名称	文件号	政策要点
18	5月16日	关于发挥财政政策引导作用支持金融助力市场主体纾困发展的通知	财金〔2022〕60号	发挥政府性融资担保机构增信作用，加大创业担保贷款贴息力度，落实中央财政支持普惠金融发展示范区奖补政策，提高农业保险风险保障水平，推广地方优势特色农产品保险，强化保险、担保、信贷政策协同
19	5月9日	关于印发加力帮扶中小微企业纾困解难若干措施的通知	工信部企业函〔2022〕103号	推动各地积极设立针对中小微企业和个体工商户的纾困帮扶专项资金
20	4月25日	人力资源和社会保障部办公厅 国家税务总局办公厅关于特困行业阶段性实施缓缴企业社会保险费政策的通知	人社厅发〔2022〕16号	餐饮、零售、旅游、民航、公路水路铁路运输企业可以申请缓缴企业职工基本养老保险费、失业保险费和工伤保险费的单位应缴纳部分
21	4月25日	关于做好失业保险稳岗位提技能防失业工作的通知	人社部发〔2022〕23号	继续实施失业保险稳岗返还政策，拓宽技能提升补贴受益范围，继续实施职业培训补贴政策，继续实施东部7省（市）扩大失业保险基金支出范围试点政策等十项举措
22	4月20日	国务院办公厅关于进一步释放消费潜力促进消费持续恢复的意见	国办发〔2022〕9号	按照目标导向和问题导向相结合、短期促进和中长期发展相兼顾的要求，提出了五大方面20项重点举措
23	4月18日	关于做好疫情防控和经济社会发展金融服务的通知	银发〔2022〕92号	从支持受困主体纾困、畅通国民经济循环、促进外贸出口发展三个方面，提出加强金融服务、加大支持实体经济力度的23条政策举措
24	3月24日	财政部 税务总局关于对增值税小规模纳税人免征增值税的公告	财政部 税务总局公告2022年第15号	为进一步支持小微企业发展，对增值税小规模纳税人免征增值税
25	3月21日	关于进一步加大增值税期末留抵退税政策实施力度的公告	财政部 税务总局公告2022年第14号	支持小微企业和制造业等行业发展，提振市场主体信心、激发市场主体活力，进一步加大增值税期末留抵退税实施力度
26	3月4日	关于进一步实施小微企业所得税优惠政策的公告	财政部 税务总局公告2022年第13号	对小型微利企业年应纳税所得额超过100万元但不超过300万元的部分，减按25%计入应纳税所得额，按20%的税率缴纳企业所得税
27	3月3日	财政部 税务总局关于促进服务业领域困难行业纾困发展有关增值税政策的公告	财政部 税务总局公告2022年第11号	生产、生活性服务业增值税加计抵减政策，延长至2022年底；2022年航空和铁路运输企业分支机构暂停预缴增值税；2022年公共交通运输免征增值税

续表

序号	日期	文件名称	文件号	政策要点
28	3月2日	财政部　税务总局关于中小微企业设备器具所得税税前扣除有关政策的公告	财政部　税务总局公告2022年第12号	为促进中小微企业设备更新和技术升级，中小微企业在2022年底前新购置的设备、器具，单位价值在500万元以上的，按照单位价值的一定比例自愿选择在企业所得税税前扣除
29	3月1日	关于进一步实施小微企业“六税两费”减免政策的公告	财政部　税务总局公告2022年第10号	由省、自治区、直辖市人民政府根据本地区实际情况，以及宏观调控需要确定，对增值税小规模纳税人、小型微利企业和个体工商户可以在50%的税额幅度内减征“六税两费”
30	2月18日	国家发展改革委等部门印发关于促进服务业领域困难行业恢复发展的若干政策的通知	发改财金〔2022〕0271号	发挥财税、金融、产业、就业和精准疫情防控政策的协调效应，积极帮助服务业恢复发展
31	1月22日	国务院关于印发“十四五”旅游业发展规划的通知	国发〔2021〕32号	明确“以文塑旅、以旅彰文，系统观念、筑牢防线，旅游为民、旅游带动，创新驱动、优质发展，生态优先、科学利用”的原则；提出坚持创新驱动发展，深化“互联网+旅游”，推进智慧旅游发展；优化旅游空间布局，促进城乡、区域协调发展，建设一批旅游城市和特色旅游目的地等七项重点任务
32	1月12日	财政部等五部门关于调整疫情期间口岸进、出境免税店经营和招标期限等规定的通知	财关税〔2022〕3号	已按照管理办法批准设立并已完成招标的口岸进、出境免税店，免税品经营企业与招标人可在友好协商的基础上，延长免税店招投标时确定的经营期限
2021年				
1	11月10日	国务院办公厅关于进一步加大对中小企业纾困帮扶力度的通知	国办发〔2021〕45号	加大纾困资金支持力度，进一步推进减税降费，灵活精准运用多种金融政策工具，推动缓解成本上涨压力，加强用电保障，支持企业稳岗扩岗，保障中小企业款项支付，着力扩大市场需求和全面压实责任
2	5月20日	人力资源和社会保障部　国家发展改革委　教育部　财政部　中央军委国防动员部关于延续实施部分减负稳岗扩就业政策措施的通知	人社部发〔2021〕29号	继续实施普惠性失业保险稳岗返还政策，继续实施以工代训扩围政策，继续实施困难人员培训生活费补贴政策等八项稳就业、保居民就业的举措
3	4月29日	关于做好2021年降成本重点工作的通知	发改运行〔2021〕602号	持续合理降低税费、深化金融让利有效支持实体经济、着力降低制度性交易成本、合理降低企业人工成本、降低企业用能用地成本、推进物流降本增效、提高企业资金周转效率、激励企业内部挖潜八个方面19项任务

续表

序号	日期	文件名称	文件号	政策要点
4	4月30日	文化和旅游部　中国人民银行　中国银行保险监督管理委员会关于抓好金融政策落实进一步支持演出企业和旅行社等市场主体纾困发展的通知	文旅产业发〔2021〕41号	加大对中小企业的续贷、担保、融资力度，增加信用贷款内容和金融服务
5	4月15日	文化和旅游部　国家开发银行　关于进一步加大开发性金融支持文化产业和旅游产业高质量发展的意见		统筹各类财政资金和政府投资工具，提供综合性金融服务，对文化和旅游项目提供长周期、低成本的资金支持
6	4月2日	关于实施小微企业和个体工商户所得税优惠政策的公告	财政部　税务总局公告2021年第12号	对小型微利企业年应纳税所得额不超过100万元的部分，在现行优惠政策基础上，再减半征收企业所得税；对个体工商户年应纳税所得额不超过100万元的部分，在现行优惠政策基础上，减半征收个人所得税
7	3月31日	财政部　税务总局关于明确增值税小规模纳税人免征增值税政策的公告	财政部　税务总局公告2021年第11号	到2022年底，对月销售额15万元以下（含本数）的增值税小规模纳税人，免征增值税
8	3月30日	关于进一步延长普惠小微企业贷款延期还本付息政策和信用贷款支持政策实施期限有关事宜的通知	银发〔2021〕81号	将普惠小微企业贷款延期还本付息政策和普惠小微企业信用贷款支持政策的实施期限进一步延长至2021年底
9	3月17日	财政部　税务总局关于延续实施应对疫情部分税费优惠政策的公告	财政部　税务总局公告2021年第7号	除湖北省外，其他省、自治区、直辖市的增值税小规模纳税人，适用3%征收率的应税销售收入，减按1%征收率征收增值税；适用3%预征率的预缴增值税项目，减按1%预征率预缴增值税
2020年				
1	6月22日	人力资源和社会保障部　财政部　税务总局关于延长阶段性减免企业社会保险费政策实施期限等问题的通知	人社部发〔2020〕49号	进一步延长阶段性减免企业基本养老保险、失业保险、工伤保险单位缴费部分
2	3月16日	财政部办公厅　文化和旅游部办公厅关于可调剂部分旅游发展基金支出用途　支持旅游业应对疫情冲击的通知	财发办〔2020〕15号	调剂部分财政部已下达的旅游发展基金支出用途，重点用于支持中小微企业贷款贴息，给予人民银行最近公布的不超过一年期贷款市场报价利率50%的贴息支持
3	2月28日	市场监督总局　发展改革委　财政部关于应对疫情影响加大对个体工商户扶持力度的指导意见	国市监注〔2020〕38号	统筹推进新冠疫情防控和经济社会发展，帮助个体工商户应对疫情影响、尽快有序复工复产、稳定扩大就业

续表

序号	日期	文件名称	文件号	政策要点
4	2月22日	国家发展改革委关于阶段性降低非居民用气成本支持企业复工复产的通知	发改价格〔2020〕257号	在疫情期间对非居民用气门站价格提前执行淡季价格政策，对受新冠疫情影响大的行业给予更大价格优惠，及时降低天然气终端销售价格，切实维护天然气市场稳定并加强宣传解释
5	2月22日	国家发展改革委关于阶段性降低企业用电成本支持企业复工复产的通知	发改价格〔2020〕258号	对除高耗能行业用户外的，现执行一般工商业及其他电价、大工业电价的电力用户，统一按原到户电价水平的95%结算
6	2月21日	国家医保局　财政部　税务总局关于阶段性减征职工基本医疗保险费的指导意见	医保发〔2020〕6号	各地区可根据基金运行情况和实际工作需要，在确保基金收支中长期平衡的前提下，对职工医保单位缴费部分实行减半征收，减征期限不超过5个月
7	2月14日	中国银保监会办公厅关于进一步做好疫情防控金融服务的通知	银保监办发〔2020〕15号	做好金融服务，支持企业复工复产；加强科技应用，创新金融服务方式；增强使命意识，切实履行社会责任；完善制度机制，落实疫情防控要求；改进工作作风，提升金融监管服务质效
8	2月10日	国家税务总局关于充分发挥税收职能作用　助力打赢疫情防控阻击战若干措施的通知	税总发〔2020〕14号	认真落实税收优惠政策，助力疫情防控和企业复产扩能；深入拓展“非接触式”办税缴费，切实降低疫情传播风险；大力优化现场办税缴费服务，营造安全高效便捷的办理环境；积极调整税收管理措施，帮助受疫情影响的企业纾困解难
9	2月7日	人力资源和社会保障部　全国总工会　中国企业联合会/中国企业家协会　全国工商联　关于做好新型冠状病毒感染肺炎疫情防控期间稳定劳动关系支持企业复工复产的意见	人社部发〔2020〕8号	高度重视疫情对劳动关系领域带来的新挑战，灵活处理疫情防控期间的劳动用工问题，协商处理疫情防控期间的工资待遇问题，采取多种措施减轻企业负担，统筹各方力量加大指导服务力度
10	2月7日	国家发展改革委办公厅关于疫情防控期间采取支持性两部制电价政策　降低企业用电成本的通知	发改办价格〔2020〕110号	在疫情防控期间采取支持性电价政策，重点减免两部制电力用户容（需）量电费支出，降低企业用电成本，支持企业共渡难关
11	2月5日	人力资源和社会保障部　教育部　财政部　交通运输部　国家卫生健康委关于做好疫情防控期间有关就业工作的通知	人社部明电〔2020〕2号	有力确保重点企业用工，做好返岗复工企业和劳动者的疫情防控，关心关爱重点地区劳动者，支持中小微企业稳定就业，完善高校毕业生就业举措和推广优化线上招聘服务

续表

序号	日期	文件名称	文件号	政策要点
12	2月1日	关于支持金融强化服务　做好新型冠状病毒感染肺炎疫情防控工作的通知	财金〔2020〕3号	对疫情防控重点保障企业贷款给予财政贴息支持，加大对受疫情影响个人和企业的创业担保贷款贴息支持力度，优化对受疫情影响企业的融资担保服务，加强资金使用绩效监督管理并认真抓好政策贯彻落实
13	1月31日	关于进一步强化金融支持防控新型冠状病毒感染肺炎疫情的通知	银发〔2020〕29号	保持流动性合理充裕，加大货币信贷支持力度；合理调度金融资源，保障人民群众日常金融服务；保障金融基础设施安全，维护金融市场平稳有序运行；建立“绿色通道”，切实提高外汇及跨境人民币业务办理效率；加强金融系统党的领导，为打赢疫情防控阻击战提供坚强政治保证

附件 2：

2020 年—2022 年 11 月旅游部门颁布的专项纾困帮扶政策文件

序号	日期	文件名称（文件号）	政策要点	分类
2022年1—11月				
1	11月21日	关于推动露营旅游休闲健康有序发展的指导意见（文旅资源发〔2022〕111号）	提出了“旅游为民、需求导向”“分类指导、规范发展”等5项基本原则；同时，还提出了包括“优化规划布局”“扩大服务供给”“提升产品服务品质”等在内的9项基本任务，从多方面为露营旅游休闲健康有序发展提供有效支撑	产业类
2	11月18日	旅行社新冠肺炎疫情防控工作指南（第五版）	在相关文件的基础上从总体原则、行前管理、行程管理、企业内部管理和应急处置五个方面，对旅行社新冠疫情防控工作提出要求	疫情防控类
3	11月18日	互联网上网服务营业场所新冠肺炎疫情防控工作指南（第五版）	在相关文件的基础上从总体要求、防控措施和保障措施三个方面，对互联网上网服务营业场所新冠疫情防控工作提出要求	疫情防控类
4	11月18日	娱乐场所新冠肺炎疫情防控工作指南（第五版）	在相关文件的基础上从总体要求、防控措施和保障措施三个方面，对娱乐场所新冠疫情防控工作提出要求	疫情防控类
5	11月18日	剧院等演出场所新冠肺炎疫情防控工作指南（第六版）	在相关文件的基础上从总体原则、基本要求、防控措施和保障措施四个方面，对剧院等演出场所新冠疫情防控工作提出要求	疫情防控类

续表

序号	日期	文件名称（文件号）	政策要点	分类
6	11月18日	剧本娱乐经营场所新冠肺炎疫情防控工作指南（第二版）	在相关文件的基础上从总体要求、防控措施和保障措施三个方面，对剧本娱乐经营场所新冠疫情防控工作提出要求	疫情防控类
7	11月18日	公共图书馆、文化馆（站）疫情防控措施指南（2022年11月版）（公共函〔2022〕25号）	从总体原则、基本要求、防控措施和做好线上线下公共文化服务四个方面，对公共图书馆、文化馆（站）新冠疫情防控工作提出要求	疫情防控类
8	11月17日	旅游景区疫情防控措施指南（2022年11月修订版）	从景区开放总体要求、加强景区员工健康监测和管理、做好景区公共卫生和场所防控、强化景区游览管理和强化组织保障和应急处置五个方面对旅游景区新冠疫情防控工作提出要求	疫情防控类
9	11月15日	文化和旅游部关于进一步优化新冠肺炎疫情防控措施 科学精准做好文化和旅游行业防控工作的通知（文旅发电〔2022〕279号）	从提高政治站位，统一思想认识；坚持科学精准，优化防控措施；加强组织保障，确保落实到位三个方面科学精准做好文化和旅游行业新冠疫情防控工作	疫情防控类
10	11月11日	文化和旅游市场信用修复工作指南（办市场发〔2022〕172号）	从规范主动信用修复工作流程、规范核查依申请信用修复的材料、规范应用文书格式、规范开展信用修复培训、规范使用信用信息等方面就规范开展信用修复工作提出明确要求	市场类
11	10月25日	户外运动产业发展规划（2022—2025年）	以京津冀为核心区域，以2022年北京冬奥会的成功举办为契机，加快建设京张体育文化旅游带，推动东北、华北、西北冰雪运动发展，打造具有国际影响力的北方冰雪运动引领区。加强户外运动基础性、公益性服务供给，开发覆盖全生命周期的生活性户外运动服务，深化户外运动赛事与体验、教育与培训、节庆与旅游等服务创新。鼓励户外运动用品制造企业延长产业链条，发展户外运动用品体验、竞赛表演、旅游、康养度假等产品。推进户外运动与旅游深度融合，以徒步、骑行、汽车自驾、航空运动等项目串联景区景点、度假区。优化露营产品供给。加快建设露营旅游相关基础设施，支持在营地集聚区域配套建设露营服务中心、旅游厕所、观景平台等。推进户外运动消费场景与乡村旅游、休闲农业等融合，转化绿水青山生态价值	产业类
12	8月12日	文化和旅游部办公厅关于加强行业监管进一步规范旅游市场秩序的通知（办市场发〔2022〕135号）	以保障游客合法权益为目标，严格规范旅游市场秩序；以提升服务质量为根本，规范导游执业行为；以整治“不合理低价游”为重点，加大综合执法力度；以落实旅行社疫情防控指南为基础，加强疫情防控和安全管理四个方面加强行业监管，进一步规范旅游市场秩序	市场类

续表

序号	日期	文件名称（文件号）	政策要点	分类
13	8月4日	文化和旅游部办公厅关于进一步加强政务数据有序共享工作的通知	从充分认识政务数据共享重要意义、严格落实政务数据共享规范要求、不断提高政务数据共享管理水平、全面提升政务数据共享应用能力、切实强化政务数据共享安全保障和持续健全政务数据共享协调机制六个方面进一步加强政务数据有序共享工作	公共服务类
14	8月2日	文化和旅游部办公厅关于进一步加强旅游景区暑期安全管理工作的通知（办资源发〔2022〕131号）	从加强组织领导，狠抓责任落实；开展流量监测，强化工作预案；加强隐患排查，保障设施安全；加强安全提示，做好应急管理；推进复核任务，加强动态管理五个方面进一步加强旅游景区暑期安全管理工作	公共服务类
15	7月21日	中国人民银行　文化和旅游部关于金融支持文化和旅游行业恢复发展的通知（银发〔2022〕165号）	从继续加大对文化和旅游行业的金融支持力度、为受疫情影响较大的文化和旅游企业提供差异化的金融服务、完善对文化和旅游企业的信贷供给体系、进一步拓宽文化和旅游企业的融资渠道、着力降低文化和旅游企业的融资成本和改善对文化和旅游行业从业人员的就业和征信服务六个方面促进金融支持文化和旅游行业恢复发展	市场类
16	7月11日	文化和旅游部办公厅关于做好行政审批过程中新冠肺炎疫情防控提示提醒工作的通知（办市场函〔2022〕182号）	各级文化和旅游行政部门在开展行政审批或者备案过程中，要高度重视并主动提醒申请人做好经营场所和活动的疫情防控工作	疫情防控类
17	7月7日	关于将旅游专列业务纳入跨省旅游“熔断”机制统一管理的通知（文旅发电〔2022〕148号）	恢复旅行社和在线旅游企业经营旅游专列业务，并将旅游专列业务纳入跨省旅游“熔断”机制统一管理	疫情防控类
18	6月28日	关于推动传统工艺高质量传承发展的通知（文旅非遗发〔2022〕72号）	从总体要求、加强传统工艺项目保护、建设高素质传承人才队伍、促进传统工艺发展振兴、加大传统工艺宣传推广和保障措施六个方面推动传统工艺高质量传承发展	产业类
19	6月17日	关于稳定市场主体开展“延期办”工作的通知（办市场发〔2022〕104号）	在全国范围内开展文化和旅游市场各类许可证到期延续业务“延期办”工作	公共服务类
20	5月11日	巴蜀文化旅游走廊建设规划	—	产业类
21	4月11日	文化和旅游部办公厅关于进一步调整暂退旅游服务质量保证金相关政策的通知（文旅发电〔2022〕61号）	旅行社质保金暂退比例提高至100%	产业类

续表

序号	日期	文件名称（文件号）	政策要点	分类
22	3月31日	关于抓好促进旅游业恢复发展纾困扶持政策贯彻落实工作的通知（办产业发〔2022〕55号）	从做好普惠性减税降费政策在旅游业领域的落地服务、推动普惠金融政策在旅游业领域加快落实、落实阶段性缓缴失业保险费和工伤保险费政策“免申即享”等十个方面抓好旅游业恢复发展纾困扶持政策的落实工作	产业类
23	1月29日	京张体育文化旅游带建设规划（文旅资源发〔2022〕19号）	—	产业类
2021年				
1	11月3日	关于印发《关于高质量打造新时代文化高地推进共同富裕示范区建设行动方案（2021—2025年）》的通知（文旅政法发〔2021〕110号）	从九个方面就发挥文化和旅游行业优势、支持浙江高质量发展、打造新时代文化高地、建设共同富裕示范区做出部署	市场类
2	11月1日	关于印发《公共图书馆、文化馆（站）疫情防控措施指南（2021年11月修订版）》的通知（公共函〔2021〕15号）	从总体原则、基本要求、防控措施和做好线上线下公共文化服务四个方面明确了各级公共图书馆、文化馆（站）在场馆防控、员工防护、公众防护等所要采取的措施	疫情防控类
3	10月26日	关于印发《旅游景区恢复开放疫情防控措施指南（2021年10月修订版）》的通知（资源函〔2021〕59号）	从景区开放总体要求、加强景区员工健康监测和管理、做好景区公共卫生和场所防控、强化景区游览管理和及时有效处置异常情况五个方面就旅游景区恢复开放疫情防控提出19条具体措施	产业类
4	10月23日	文化和旅游部办公厅关于从严从紧抓好文化和旅游行业疫情防控工作的紧急通知（文旅发电〔2021〕276号）	从从严从紧落实旅行社疫情防控要求、从严从紧落实A级旅游景区疫情防控要求、从严从紧落实星级饭店疫情防控要求、从严从紧落实文化和娱乐场所疫情防控要求、从严从紧抓好员工健康监测管理和从严从紧做好疫情防控监督检查六个方面要求抓好文化和旅游行业疫情防控工作	疫情防控类
5	10月18日	关于用好旅游服务质量保证金政策进一步支持旅行社恢复发展的通知（办市场发〔2021〕195号）	用好旅游服务质量保证金政策，进一步支持旅行社行业恢复发展	产业类
6	9月16日	关于进一步加强政策宣传落实支持文化和旅游企业发展的通知（办产业发〔2021〕171号）	从提高对纾困惠企政策落实工作重要性的认识、着力推动已有政策宣传落地、增强落实措施的针对性、支持企业创新发展、加强政策培训、引导企业练好内功、提高科学精准防控疫情能力和水平、加强组织领导八个方面支持文化和旅游企业发展	产业类

续表

序号	日期	文件名称（文件号）	政策要点	分类
7	6月10日	“十四五”公共文化服务体系建设规划（文旅公共发〔2021〕64号）	对“十四五”时期现代公共文化服务体系建设做出全面部署，提出了工作总体要求、主要任务和保障措施，为当前和今后一段时期的公共文化服务体系建设明确了时间表和路线图	产业类
8	6月1日	关于加强政策扶持进一步支持旅行社发展的通知（文旅市场发〔2021〕60号）	从优化市场环境、抓好金融政策落实、指导用好普惠性纾困政策和工作要求四个方面进一步支持旅行社发展	产业类
9	5月6日	“十四五”文化产业发展规划（文旅产业发〔2021〕42号）	明确了“十四五”文化产业发展的总体要求、重点任务、保障措施，系统部署指导文化和旅游系统文化产业工作，描绘文化产业发展蓝图	产业类
10	4月29日	“十四五”文化和旅游发展规划（文旅政法发〔2021〕40号）	对未来五年文化和旅游发展谋篇布局，是落实《中华人民共和国国民经济和社会发展第十四个五年规划和2035年远景目标纲要》和文化强国战略的具体体现	产业类
11	4月26日	“十四五”文化和旅游科技创新规划（文旅科教发〔2021〕39号）	明确了“十四五”文化和旅游科技创新发展的总体要求、重点领域、主要任务、保障措施，系统部署指导文化和旅游科技创新工作，描绘了文化和旅游科技创新工作蓝图	产业类
12	3月17日	关于印发《旅游景区恢复开放疫情防控措施指南（2021年3月修订版）》的通知	从景区开放总体要求、加强景区员工健康监测和管理、做好景区公共卫生和场所防控、强化景区游览管理和及时有效处置异常情况五个方面对旅游景区恢复开放提出18条具体举措	疫情防控类
13	3月 12日	关于进一步加强剧院等演出场所、上网服务场所、娱乐场所常态化疫情防控工作的通知	从坚持疫情防控工作原则，筑牢安全底线；落实场所开放管理要求，推进文化市场有序恢复；压实工作责任，确保各项工作落实到位三个方面进一步加强剧院等演出场所、上网服务场所、娱乐场所常态化疫情防控工作	疫情防控类
14	2月9日	关于进一步用好地方政府专项债券推进文化和旅游领域重大项目建设的通知（办产业发〔2021〕23号）	进一步在文化和旅游领域用好地方政府专项债券，加快推进文化和旅游领域重大项目落地实施，扩大有效投资，推动行业高质量发展	产业类
2020年				
1	12月24日	粤港澳大湾区文化和旅游发展规划（文旅港澳台发〔2020〕98号）	—	产业类
2	10月21日	关于进一步加强秋冬季疫情防控工作的通知	从提高政治站位、落实防控措施、完善应急处置、加强宣传培训和强化责任落实五方面进一步加强秋冬季疫情防控工作	疫情防控类

续表

序号	日期	文件名称（文件号）	政策要点	分类
3	10月18日	太行山旅游业发展规划（2020—2035年）（发改社会〔2020〕1572号）	—	产业类
4	9月25日	旅行社有序恢复经营疫情防控措施指南（第二版）	在切实做好新冠疫情常态化防控前提下，推进旅行社有序恢复经营	疫情防控类
5	9月22日	公共图书馆、文化馆（站）恢复开放疫情防控措施指南（第二版）	推进全国公共图书馆、文化馆（站）加强常态化疫情防控，深入开展线上线下相结合的公共文化服务，更好地满足人民群众的精神文化需求	疫情防控类
6	9月18日	剧院等演出场所恢复开放疫情防控措施指南（第四版）	在切实做好新冠疫情常态化防控前提下，有序推进剧院等演出场所、互联网上网服务营业场所、娱乐场所开放管理	疫情防控类
7	9月14日	关于深化“放管服”改革促进演出市场繁荣发展的通知（文旅市场发〔2020〕62号）	持续深化“放管服”改革，进一步优化营商环境，不断增强企业发展的内生动力，促进演出市场繁荣发展，更好地满足人民群众多样化、多层次的精神文化需求，助力加快形成新发展格局	市场类
8	8月10日	剧院等演出场所恢复开放疫情防控措施指南（第三版）	从总体要求、场所防控管理、演职人员和观众管理、员工健康管理、异常情况处置和保障措施六方面对于剧院等演出场所恢复开放提出24条具体疫情防控措施	疫情防控类
9	7月17日	关于统筹做好乡村旅游常态化疫情防控和加快市场复苏有关工作的通知（办资源发〔2020〕81号）	从对接政策服务、加快基建进度、推出新产品新线路、加大宣传推介、拓宽增收渠道、规范卫生服务、保障旅游安全和做好示范带头八方面做好乡村旅游常态化疫情防控和加快市场复苏有关工作	市场类
10	4月13日	关于做好旅游景区疫情防控和安全有序开放工作的通知（文旅发电〔2020〕71号）	从坚持防控为先，实行限量开放；强化流量管理，严防人员聚集；细化管理措施，规范游览秩序；做好宣传引导，倡导文明旅游；加强组织领导，落实责任分工五方面做好旅游景区疫情防控和安全有序开放工作	疫情防控类
11	2月27日	关于积极应对疫情影响保持导游队伍稳定相关工作事项的通知	从切实提高思想认识、强化劳动权益保护、开展线上免费培训、完善综合服务保障和不断加强关爱引导五方面积极应对疫情影响保持导游队伍稳定	产业类

续表

序号	日期	文件名称（文件号）	政策要点	分类
12	2月25日	公共图书馆、文化馆（站）恢复开放工作指南（公共函〔2020〕1号）	从恢复开放的总体要求、加强员工健康监测和管理、做好场馆防控工作、加强对群众进出场馆的管理和服务、做好异常情况处置五方面就公共图书馆、文化馆（站）恢复开放提出16条具体举措	疫情防控类
13	2月25日	旅游景区恢复开放疫情防控措施指南（资源函〔2020〕2号）	从景区开放总体要求、加强景区员工健康监测和管理、做好景区公共卫生和场馆防控、强化景区游览管理和及时有效处置异常情况五方面就旅游景区恢复开放提出18条具体要求	疫情防控类
14	1月24日	关于全力做好新型冠状病毒感染的肺炎疫情防控工作暂停旅游企业经营活动的紧急通知	坚决遏制疫情蔓延势头，确保人民群众生命安全和身体健康，暂停旅游企业经营活动	疫情防控类

中国旅游研究院（文化和旅游部数据中心）系列研究成果发布

经批准，2022 中国旅游集团化发展论坛于 12 月 11—12 日以线下线上相结合方式召开，主会场设在北京和上海，各大旅游集团设分会场，论坛主题为“政策促进、产业创新与旅游复苏”。本届论坛由中国旅游研究院和中国旅游协会共同主办，开元旅业集团和祥源控股集团协办，中国旅游研究院官方视频号、文旅中国视频号同步直播。

11 日上午旅游市场数据和产业研究报告发布环节，由中国旅游研究院副院长唐晓云博士主持，七位主编和执行主编代表课题组分别发布了国内旅游、国民休闲、出境旅游、入境旅游、旅游住宿业、旅游景区度假区和旅行服务业发展报告。

规划与休闲研究所副研究员黄璜博士代表课题组发布了《中国国内旅游发展年度报告（2022—2023）》，对国内旅游的市场规模、客源地、目的地和旅游流等进行了系统分析。研究表明：城镇居民和高学历人群是我国最主要的旅游客源市场，占比分别达到 72.15% 和 42.27%。国内旅游呈现出本地化、近程化特征，省内旅游客流占国内旅游客流的 81.24%，且 81% 的省际旅游客流为相邻省份间的旅游流动。

规划与休闲研究所副研究员李雪博士代表课题组发布了《中国休闲发展年度报告（2022—2023）》，系统阐释了休闲时间、休闲空间及休闲活动的特征与趋势。研究表明：人民群众的休闲权利意识日渐彰显。国民休闲时间较疫情前大幅提升，2022 年城镇居民和农村居民全年总休闲时长分别为 1522.4 小时和 1511.1 小时，比 2019 年分别增加 289.3 小时和 365 小时。城乡居民近程化休闲趋势日益明显，距家 1—3 千米以内区域构成了国民休闲活动的主体空间范围。2022 年，有 86.19% 的城镇居民、91.64% 的农村居民和 88.37% 的退休居民选择在距家 3 千米范围内进行休闲。此外，休闲活动丰富多样，休闲场景趋于多元，文化休闲在城镇居民日常生活中的比重日益提升。

国际所（港澳台研究所）所长杨劲松博士代表课题组发布了《中国出境旅游发展年度报告（2022—2023）》，系统分析了我国出境旅游市场复苏、游客偏好和旅游企业的创新行为。研究表明：疫情发生以来，我国出境旅游损失巨大，出游人数累计减少在 4 亿人次以上。尽管冲击严重，但出境目的地依然普遍看好中国出境市场前景，持续为市场的未来复苏做准备，出境市场主体也“内转”“外拓”寻求生机。研究同时发现，潜在的出境游客消费偏好变化明显，游客出游信心开始加速恢复。在期望选择的出境旅游目的地中，有接近 45% 的受访者选择了以欧美为代表的远程目的地，较上一年优先选择近程目的地有明显变化。与之相伴随的，是安全诉求依然保持高位，出境旅游产品的性价比也最受游客关注。正在开启的出境旅游复苏，将是出境游客心理预期和现实条件不断磨合的长期复杂过程。安全和吸引力、便利性的平衡，远程和近程目的地的取舍，都将表现出来。

国际所（港澳台研究所）项目主管刘祥艳博士发布了《中国入境旅游发展年度报告（2022—2023）》，结合全球国际旅游加速恢复背景，全面评估了入境旅游市场运行、旅游业数字化转型和城市的国际旅游影响力。研究表明：伴随入境旅游复苏和回暖的政策窗口逐步打开，2022 年入境旅游接待规模将超过 2000 万人次，有序恢复将是未来入境旅游发展的主基调。伴随数字化基础更好的新兴入境旅行服务商及行业新进入者更多地参与行业生态重建，数字化正在重塑行业生态。未来，要依托城市个性进一步提升目的地的国际旅游影响力，进一步发挥城市在推动入境旅游目的地建设、提高对外旅游推广质量等方面的积极作用。

产业研究所所长杨宏浩博士发布了《中国旅游住宿业发展报告（2022—2023）》，以“破困局　蓄能量　谋复苏”为主题，勾勒了我国旅游住宿业现状和前景。研究表明：我国住宿业景气今年处于低谷期，在政府纾困政策的促进、企业积极展开自救和不断创新突破下，住宿企业顽强地坚持过来了。未来一段时期，住宿业应稳中求进，住宿企业将发展重心回归到运营服务和资产管理，在赚取利润的同时关注和兼顾“利润之上”的追求。住宿企业要为产业复苏储蓄能量，其中人才和资金首当其冲。我国住宿业已经是个万亿级产业，但上市公司只有十家，市值不足美国住宿类上市公司的十分之一。下一步要研究如何更好地利用资本市场的优势推动住宿业的高质量发展。

产业研究所副研究员战冬梅博士发布了《中国旅游景区度假区发展报告（2022—2023）》，基于“从风景到场景”的视角，分析研判了我国旅游景区度假区业态创新和发展的新方向。研究表明：神州处处是风景，旅游无时不场景。随着游客出游半径和目的地游憩半径分别从疫情前 2019 年的 270 千米和 15 千米缩小到 2022 年的 100 千米左右和七八千米以内，从风景到场景正在成为旅游景区度假区发展的新方向。未来景区度假区需要坚持以人民为中心，重构场景化导向的现代旅游业发展体系。

产业研究所张杨博士发布了《中国旅行服务业发展报告（2022—2023）》，

从产品力入手，深刻阐释了旅行服务业面临的变革挑战和创新思路。研究表明：2022 年是疫情以来旅游业最为困难的一年，也是旅行社为代表的旅行服务业承受最大压力、展现创新活力的一年。无论是面向本地休闲、近程旅游的市场开拓，还是面向研学、亲子、自驾、露营旅游的产品创新，都彰显了旅行社和在线旅行商顽强的市场生存能力和韧性复苏动能。随着优化落实疫情防控二十条、新十条的推出和落实，旅游业最难的时候已经过去，光明的前景正在到来。旅行服务业从现在开始，要将更大精力用于市场研究，把更多的资源配置到产品创新，以大众旅游、智慧旅游、绿色旅游、文明旅游、文化和旅游融合发展为导向，持续推进产品力的全面提升。

潮品牌　新势力——2022中国旅游创业创新案例成果发布

经批准，2022 中国旅游集团化发展论坛于 12 月 11—12 日以线下线上相结合方式召开，主会场设在北京和上海，各大旅游集团设分会场，论坛主题为“政策促进、产业创新与旅游复苏”。本届论坛由中国旅游研究院和中国旅游协会共同主办，开元旅业集团和祥源控股集团协办，中国旅游研究院官方视频号、文旅中国视频号同步直播。11 日下午“潮品牌　新势力—— 2022 中国旅游创业创新案例”发布环节，由中国旅游研究院总统计师马仪亮博士主持。经过两个月的调查研究，课题组从 150 多项初选案例中，评出了 1 项特别案例、30 项精选案例和 16 项提名案例，涵盖了旅游集团、典型行业和跨界融合三大领域，集中展示了旅游集团的创新成果和新生力量。

特别案例：澳门新濠博亚娱乐有限公司《澳门新濠天地 & 新濠影汇，世界旅游休闲中心建设的企业担当》

旅游集团精选案例（第一组）：

序号	实践企业	项目名称
1	中国旅游集团旅行服务有限公司	中旅旅行“在华外国人游中国”：用好入境游优势，讲好新时代中国故事
2	上海春秋国际旅行社（集团）有限公司	春秋集团“春野秋梦”精致露营项目：以社群经济切入周边游大市场
3	中青旅控股股份有限公司	中青旅吉安“梦回庐陵”：打造城市文化会客厅　培育当代旅游新动能
4	广州岭南商旅投资集团有限公司	岭南商旅集团数据与业务双中台创新体系：多业态数据融合，智慧化双向赋能
5	景域（上海）集团有限公司	景域集团黄山关麓帐篷客度假项目：深耕休闲度假市场，重资产布局目的地建设
6	浙江省旅游投资集团有限公司	浙江旅投“山乡共富小助手”：打通民宿产业价值链路创新乡村振兴共富引擎
7	南京旅游集团有限责任公司	南京旅游集团“微旅微妙　美好生活”计划：美好生活的发现、创造与运营
8	海昌（中国）投资有限公司	海昌海洋公园奥特曼主题娱乐区：文化IP培育旅游潮场景
9	银基文旅集团	银基文旅数字化创新：“云排队”小切口建构旅游科技大场景
10	祥源控股集团有限责任公司	祥源文旅“湘见·沱江”游船项目：文化遗产创造性转化创新性发展的旅游路径

典型行业精选案例（第二组）：

序号	实践企业	项目名称
1	中国旅游集团—中旅广西德天瀑布旅游开发有限公司、广州励丰文化科技股份有限公司（联合申报）	中旅广西“奇妙·夜德天”：夜间经济新体验　跨境旅游新模式
2	广东四季文旅控股有限责任公司	三华李度假区项目：地方特产的旅游蝶变与农文旅融合示范
3	融创文旅集团	武商梦时代热雪奇迹：解码都市休闲新需求　培育冰雪旅游新格局
4	北京蚂蜂窝网络科技有限公司	马蜂窝“周末请上车”：把握周末消费新趋势　构建社群旅游新生态
5	成都文旅公交旅游发展有限公司	成都文旅公交CITY TOUR火锅巴士项目：当美食遇见巴士　无边界之旅开始了
6	呼伦贝尔大草原巴尔虎蒙古部落	巴尔虎蒙古部落景区“马之舞”：推进文化和旅游深度融合　打造草原旅游新名片
7	江苏水乡周庄旅游股份有限公司	周庄旅游“香村·祁庄”项目：践行主客共享理念　探索嵌入式乡村共生模式
8	浙江开元秘途文化旅游发展有限公司	开元文旅柯桥十二月市：挖掘在地文化　以内容体验驱动古镇夜经济
9	上海剧能吃文化发展有限公司	剧能吃& Gingerline“玩味探险家”：戏剧牵手美食打开城市旅游新空间
10	浙江横店影视城有限公司	横店影视城“我们的片场”：整个剧组都是专业的，除了演员

跨界融合精选案例（第三组）：

序号	实践企业	项目名称
1	正佳企业集团有限公司	正佳企业集团“正佳星球”项目：为城市注入想象力打造主客共享新空间
2	上海星景股权投资管理有限公司	复星旗下星享铁旅——呼伦贝尔号旅游列车：打造中国气派、当代风格的高端铁路旅行产品
3	西咸新区丝路文化旅游发展有限公司	陕旅集团《丝路之声》：“旅游+音乐剧”讲好中国故事
4	南京金陵饭店集团有限公司	金陵饭店集团天泉湖养老社区项目：致敬酒店服务经典，创造老年康养新业态

续表

序号	实践企业	项目名称
5	上海欧愉科技有限公司	欧愉科技竞鹅酒店项目：面向电竞文化新市场　打造城市旅游新物种
6	福莲（武夷山）茶业有限公司	福莲（武夷山）茶业茶庄园项目：践行“三茶”统筹非遗重归生活
7	北京巅峰智业旅游文化创意股份有限公司	巅峰产业“灯舞连平”乡村振兴示范带：美丽乡村连起来，广大农民富起来
8	山东金东数字创意股份有限公司	金东数创“青岛中山路数字化改造”：看见了文化的遗产，也看见了城市的未来
9	北京华清安地建筑设计有限公司	华清安地重庆十八梯项目：市井生活的当代体验　主客共享的文化空间
10	景德镇黑樽文化旅游发展有限公司	黑樽文旅风过耳美术馆酒店：让艺术重归人民的美好生活和旅游场景

提名案例：

序号	实践企业	项目名称
1	上海携程商务有限公司	携程目的地创新：践行企业社会责任　平台赋能乡村旅游建设
2	北京趣拿软件科技有限公司	周末N次方：Z世代群体新玩法，城市周边游微综艺
3	中青旅联科（北京）数字营销有限公司	山西“穿越回X朝”品牌营销项目：升级文化穿越新体验，塑造旅游消费新场景
4	陕西国开旅游产业基金管理有限公司	陕旅集团国开基金项目：国有资本引导示范，赋能旅游产业多元融合创新发展
5	杭州市运河综合保护开发建设集团有限责任公司	杭州运河集团大运河杭钢工业旧址综保项目：依托工业遗存　创新场景化空间营造
6	杭州市商贸旅游集团有限公司	杭州市商贸旅游集团旅游目的地提升改造项目：轻资产赋能，提升文旅投资效率
7	山东文旅集团有限公司	山东文旅“好客山东　云游齐鲁”智慧平台项目：构建数字文旅平台　促进山东文旅创新发展
8	湖北文旅随州集团有限公司	随州大洪山“华中睡眠谷”项目：秉承慢生活新理念，探索传统景区转型
9	江西省旅游集团文旅科技有限公司	江西文旅“百城百夜”项目：打造夜消费场景模式　促进文旅市场新复苏

续表

序号	实践企业	项目名称
10	贵州旅游投资控股（集团）有限责任公司、贵州爽爽漂流旅游服务有限公司（联合申报）	黄平野洞河峡洞瀑布漂流项目：风景到场景的动能转换，线上到线下的共享合作
11	蜗牛（北京）景区管理有限公司	淮安市里运河文化长廊四行系统提升项目（大运河国家文化公园淮安段）：以四行系统构建城市多功能生态文化走廊
12	大连博涛文化科技股份有限公司	博涛文化"大连熊洞街"项目：传承工业文化　构建城市主题文商旅新业态
13	广州公交集团客轮有限公司	"珠水百年·水上茶居"项目：珠江日游新体验，深掘岭南餐饮文化
14	乌镇旅游股份有限公司	乌村项目：创新乡村度假新模式，旅游帮扶共同促发展
15	漯河食尚年华农业科技发展有限公司、北京达沃斯巅峰旅游投资管理公司（联合申报）	漯河食尚年华田园综合体项目：农食文旅融合发展"食尚"田园潮流破圈
16	中国汽车工业协会越野车分会	"越野中国"探享之旅项目：拓展户外休闲场景　越野+海钓推动体旅融合

创业创新案例逐一进行了视频展示，宣读了评委提名词。实践企业代表致答谢词后，戴斌院长分别向创新案例代表人致颁荣誉证书和纪念杯，并合影留念。

中国旅游景区协会及中国游艺机游乐园协会理事长姚军、复星全球合伙人高级副总裁温晓东、亚朵集团创始人董事长王海军分别对入选案例进行了专业点评，在高度肯定案例的行业价值和时代意义的同时，也对当前和今后一个时期旅游市场趋势和产业发展方向进行了系统研判。

“特别案例”解读与感言

2022 年 12 月 11 日下午，由中国旅游研究院、中国旅游协会主办，开元旅业集团、祥源控股集团协办的 2022 中国旅游集团化发展论坛系列研究成果发布会在北京、上海双会场同时召开。中国旅游研究院院长戴斌博士代表课题组将“潮品牌　新势力—— 2022 中国旅游创业创新案例”的特别案例发给澳门新濠国际。现将案例解读和集团代表的发言刊载如下：

澳门新濠博亚娱乐有限公司：澳门新濠天地 & 新濠影汇，世界旅游休闲中心建设的企业担当

案例介绍：新濠集团和综合度假村行业的其他友商高度认同世界旅游休闲中心的发展方略，经由科技创新、文化创意和跨界共创，成功打造了一系列澳门文化新地标和品质旅游新场景。2010 年新濠投资 20 多亿港币，与享誉全球的创意大师弗兰克 · 德贡（Franco Dragone）合作，全球最大型水上会演项目《水舞间》在新濠天地正式公演，迄今已有 650 多万名观众亲临体验。2015 年新濠影汇耀目登场，呈现全球最高的 8 字形摩天轮影汇之星。2022 年融合当代艺术及精品零售两大时尚元素的全新感官艺术空间（The Showroom）隆重开幕。新濠天地还与多维体验品牌艺术空间（Artelli）联袂呈现多维体验品牌艺术空间。新濠天地拥有由传奇女建筑师扎哈 · 哈迪德（Zaha Hadid）爵士设计的极奢酒店摩珀斯，该酒店是澳门唯一入选《时代杂志》的 2018 年世界最佳景点，并荣获 2019 年澳门“卓越智慧酒店奖”。公司研发的新濠风尚服务品牌和新濠皇会（Melco Club）应用程序实现了新濠与酒店、餐饮、娱乐等项目之间的互联互通，打造了一体化在地度假新体验。

由扎哈 · 哈迪德建筑师事务所（Zaha Hadid Architects）主设计，总投资超过 12 亿美元的新濠影汇二期项目正在如期推进，该项目建成后，新濠将拥有亚洲最大的室内及室外水上乐园，共有 10 个银幕的电影院（Cineplex），以及

配套高端餐厅及顶级设施的会展空间。新濠还拥有亚洲首个巨星专属演出系列，未来三年，三个巨星将于新濠影汇呈现 90 场精彩个人演出。

2022 年 10 月，新濠集团与浙江卫视蓝巨星及澳美文化合作签署《5 年期战略合作协议》，进一步巩固和提升澳门在科技创新、文化创意和品质旅游的领先地位。澳门新濠欢迎你，澳门欢迎你。

案例解读：建设世界旅游休闲中心，推进经济适度多元化发展，是新时代的国家战略，也是澳门特别行政区政府的施政纲领，包括新濠集团在内的综合度假村等头部企业对此是高度认同的，也是相向而行的。经由《水舞间》、The Showroom、影汇之星、摩珀斯酒店等地标建筑、艺术空间和旅游体验，为澳门带来更多的文化艺术时尚和科技内涵。因为新濠的努力，游客看见了文化的遗产，更看见了城市的未来。

新濠集团董事钟玉文致答谢词：

很荣幸入选潮品牌、新势力 2022 中国旅游创业创新案例报告，谢谢专家们和公众对我们在推动澳门旅游业创新发展方面的肯定，也感谢中国旅游研究院和中国旅游协会为我们提供了这个平台，让业界能更准确掌握旅游业创新发展的最新趋势，探索实现文旅产业高质量发展的新路径。新濠集团会继续追求创新突破，全力响应澳门特别行政区政府深化“旅游 +”跨界融合的方向，实现经济多元化发展，为国家及澳门特别行政区更美好的发展做出贡献，谢谢！

“2022 旅游集团创新案例”解读与感言

2022 年 12 月 11 日下午，由中国旅游研究院、中国旅游协会主办，开元旅业集团、祥源控股集团协办的 2022 中国旅游集团化发展论坛系列研究成果发布会在北京、上海双会场同时召开。中国旅游研究院总统计师马仪亮博士代表课题组发布了 10 项旅游集团组“潮品牌　新势力—— 2022 中国旅游创业创新精选案例”。现将案例解读和集团代表的发言全文刊载如下：

1. 中国旅游集团旅行服务有限公司

中旅旅行“在华外国人游中国”：用好入境游优势，讲好新时代中国故事

案例介绍：中旅旅行作为旅游领域最大的央企，拥有中国国旅、中国中旅、香港中旅、海外签证中心等入境旅游的品牌、平台、组织人才优势，承担助力国际、港澳台文化交流和旅游合作的战略使命，也是海外旅游者了解文化中国、美丽中国、当代中国最重要的窗口。2020 年以来，中旅旅行秉持“旅游报国、服务大众”的使命，“诚信经营、优质服务”的理念，统筹疫情防控、复工复业和市场创新，探索入境游的中国视角与国际表达，研发推广了“在华外国人游中国”系列产品，并取得了显著的经济效益和社会影响。

过去三年，中旅旅行积极协助在华外国人解读防疫政策、掌握出游防疫信息，积累了领馆工作人员、企业外籍员工、高校留学生、外籍教师、媒体和旅行社等大批高黏性客群。入境游团队基于系统调研和专业研发，以精选可控的资源、高品质项目和精细化服务，引导在华外国游客深度体验中国之美。截止到 2022 年 11 月，中旅旅行的旅行服务业系统（NBS）平台已经上线“在华外国人游中国”专线产品百余条，匹配中英文双语导游或外籍专家，并以“有方之旅”和“CTG Travel Solution”两个中英文微信公众号拓展直客市场。新推出的“驻华外交官发现中国之旅”“中外游客同游”等新线路和新产品，获得了外交、外宣、文化和旅游部门、地方政府、驻华机构和外国游客的高度好评。

案例解读：我国入境旅游先后经历了 20 世纪 80 年代的黄金期、2009 年世界金融危机以来的萧条期，以及文化和旅游融合以来的平稳发展期。相对于持续增长的国内旅游和出境旅游，疫情影响下的入境旅游似乎退出了聚光灯照耀下的舞台中央。中旅旅行推出的“在华外国人游中国”系列，让我们看到了政府发展入境旅游市场的决心从未动摇，业界创新旅游业务的信心从未消散，看到了民族复兴、人民幸福的中国梦正在成为入境旅游的新动能，更看到了旅游央企的使命、责任与担当。

中旅旅行入境部总经理助理王波致答谢词：

首先，感谢中国旅游研究院把“潮品牌　新势力—— 2022 中国旅游创业创新精选案例”奖项颁发给我们，这不仅是对中旅旅行的认可与鼓励，更是对三年来所有坚守岗位、创新求生存的万千同行们的支持与肯定。

感谢中国旅游研究院戴斌院长，在项目启动不久就敏锐地注意到它，并给予我们肯定；更要感谢文化和旅游部的领导们，在疫情期间多次来中旅旅行调研座谈，制订企业纾困方案，为我们的工作指明方向。

根据习近平总书记“讲好中国故事、传播好中国声音”的重要指示精神，在文化和旅游部及中国旅游研究院各级领导的关怀指导下，中旅旅行作为国内最具规模实力和行业影响力的旅游企业，将勇担使命，踔厉奋发，守正创新，发挥深耕入境旅游行业多年积累的宝贵经验，将“在华外国人游中国项目”继续做大做强。

2. 上海春秋国际旅行社（集团）有限公司

春秋集团“春野秋梦”精致露营项目：以社群经济切入周边游大市场

案例介绍：近年来，城市周边游和省内近程游带热了露营经济和家庭、亲子、社群旅游新市场。面对新需求，传统的业态不去满足，自然就会出现新业态去满足，而市场主体的真正价值或者说真正的市场主体从来都是为需求而生的。在前所未有的挑战面前，春秋旅游人不抱怨、不放弃，坚持微创新推动传统业务的稳步增长。2022 年，春秋集团集结全国 40 余家分公司组建起专业的营地运营团队，在系统研发的基础上推出精致露营品牌“春野秋梦”，很快获得游客的认同和应有的行业影响。

秉持精致露营理念和服务标准，围绕“小营地，大梦想”的创新目标，创业团队引导游客回归自然，营造社交新场域。90 后、95 后的“守营人”挖掘 Z

时代的精致露营需求，既满足客群亲近自然、娱悦身心的需要，也创造了新型社交方式。“春野秋梦”品牌搭建起的平台，与景区、游乐园、商业企业等开展有机合作，有效带动旅游、文化、餐饮、零售等产业链上下游企业的协同发展。春秋集团还将露营业态导入乡村旅游，促进了更多小而美的业态生长。春野秋梦在崇明推出的星空露营，丰富了当地居民和休闲旅游者的夜生活，带动了农副土特产品销量的增长。建在上海金山区的中国农民画村露营营地，让非遗得以重归生活，也为新时代推进文化和旅游深度融合做出了应有的贡献。

案例解读：相对于帐篷、野餐垫、卡式炉、餐饮外卖、快消品零售、地图导航、目的地营销等上下游厂商对露营经济的热情，以及中央政府十四个部委联合发文的重视，传统旅行社几乎处于缺位状态，甚至并不情愿将其纳入旅游市场的范畴。春秋集团在全国范围内群发了精致露营的连锁品牌“春野秋梦”，打破了部分业者躺平的心态和躺赢的幻想。事实上，从最初两平方米的铁皮屋到旅游集团 20 强，从航空公司的成本杀手到“建筑可阅读、城市微旅游”，春秋集团从来都是坚定的市场派，并以专业、品质和韧性赢得了活下去的尊严。

上海春秋国际旅行社（集团）有限公司总裁王炜致答谢词：

非常感谢中国旅游研究院给予春秋集团探索精致露营旅游工作的肯定，春秋集团在广大领导和游客的支持下走过了 40 多年的风风雨雨。

40 多年来，我们坚持着“水泥地上小草”的精神，努力地生根，努力地成长。前行的路上，我们逐步建立了“奋斗、远虑、节俭、感恩”的企业文化。近几年或许是我们最困难的一个时期，但作为一群旅游人，我们怀揣着对旅游业的热爱和服务“人民美好生活”的初心，不断摸索新的方向。或许本地游市场小了些、露营赛道窄了些，但是我们要像老一辈的旅游人那样，在任何时候都必须有事可做，然后为国家、为人民有所作为。可能正是有了这份坚持和决心，才能做成一点小事情。在党的新政策下，我国文旅必将迎来新一轮的增长，我们唯有秉持这一份坚持和决心，踔厉奋发才能赶上前进的步伐。再次感谢中国旅游研究院给予春秋的肯定。谢谢大家！

3. 中青旅控股股份有限公司

中青旅吉安“梦回庐陵”：打造城市文化会客厅　培育当代旅游新动能

案例介绍：城市是最大的旅游客源地，也是最重要的旅游目的地和集散地，在当前形势下，城市更是旅游集团创新发展最坚实的需求基础和市场依托。中青旅秉承“文化、生态、数字、质量、安全”发展理念，深耕城市空间的内容创造和场景营造，与城市共生共荣。中青旅推出的“梦回庐陵”项目，重塑建筑空间，重构山水景观，培育多元化潮流业态，成为“庐陵经济文化走廊”的关键节点。

主创团队通过挖掘千年庐陵的文化沉淀，引发庐陵文化的当代共鸣，构建了吉安“城市之眼”和文化会客厅。“梦回庐陵”沿 5.5 千米河道动线，有序布局了九鲤化龙、大唐歌飞、千里江山、山水诗境、庐陵状元、千古文章、贤母教子、凤舞庐陵八大场景。在 20 项原创技术支撑下，包括巨型现代机甲秀、裸眼 3D 秀、互动数字艺术装置、水舞秀、水上光影与实景演艺、主题巡游花船等 50 多项创意媒介，生动讲述了自秦至今的庐陵故事。在这里，游客可观水，可临水，更可穿越时空与古人对话，领略文化之美，增强文化自信。项目还导入了大唐吉市、庐陵书房、艺术酒店、集装箱酒吧街等特色消费业态，让传承千年的庐陵文化重现了当代活力，形成了中青旅企业创新和吉安城市发展的双赢格局。

案例解读：本地生活、都市休闲和近程旅游从来都是旅游经济的市场基础，疫情影响下的旅游投资和项目运营也在适应时空收缩的新变化，更多的投资机构和市场主体开始重视城市，布局城市，致力构建主客共享的美好生活新空间。中青旅始终与国家战略相向而前，以市场思维和商业力量助力文化强国和城市更新，持续培育集团创新发展的增长点。“梦回庐陵”遂行传统文化活化的战略使命，为推进文化和旅游深度融合提供了原创思路，展现了国家旅业第一方阵的责任担当和创新力量。

中青旅研究院副院长、中青旅联科首席创意官葛磊致答谢词：

感谢中国旅游研究院！这是对于中青旅莫大的肯定和鼓励！作为与改革开放共生的旅游企业，中青旅始终认为创新是企业发展的灵魂。面对疫情的冲击和党的二十大提出的中国式现代化的历史使命，中青旅把创新的重点拓展到城市更新、乡村振兴等国家战略领域，后河“梦回庐陵”项目是中青旅城市更新解决方案的一个范本。我们为后河注入了“庐陵文化”的灵魂，推动了吉安的文化振兴；我们用光影点亮了城市夜经济，更新了吉安的商业场景；最让我们自豪的是，一个文旅项目，激发了吉安老百姓的幸福感，提升了吉安城市的美誉度。中青旅将砥砺前行，持续创新，打造更多无愧于时代的文旅项目。

4. 广州岭南商旅投资集团有限公司

岭南商旅集团数据与业务双中台创新体系：多业态数据融合，智慧化双向赋能

案例介绍： 岭南商旅集团历经多次国资重组和业务拓展，拥有旅行社、酒店、会展、景区、智慧旅游、交通服务、食品、餐饮、商业百货等多元化业态。在数字化升级的过程中，集团总部各条线、业务板块、经营机构普遍存在系统重复建设、数据对接工作量大、客户信息口径不统一等难点问题。为建立数字化公司治理体系，发展智慧旅游，助力世界一流旅游集团建设，岭南商旅构建了数据和业务双中台数字化创新体系。其中，一体化数据中台打通了各业务板块近 30 套异构子系统，建立了 1400 项指标、150 个维度、41 类数据模型、24 种主题分析，使多业态数据的管理标准化、融合化。基于标准化大旅游服务组件的研发，岭南商旅构建了服务集团统一调度和服务创新的业务中台，实现了全集团范围内快速编组产品与服务，灵活响应业务前端客户触点需求的创新目标。

以双中台为核心的数字化转型升级战略大幅提升了岭南商旅集团的运营效率。跨管理条线和业务板块的数据打通显著提升了客户流量的共享复用程度，实现企业相互导流共同成长的协同目标。业务中台的前端连接了用户设备近万个，能实时获取千万级别消费者画像和行为习惯等商业数据。研发、运营和管理部门得以及时掌握客户规模趋势、渠道分布、客户商机、转化效率、服务满意度和风险预警，以及智能化精准营销。客服中心、在线商城根据客户画像、RFM 模型等数字技术开展定制化服务和交叉引流，有效提升了客户体验。2022 年，旅游住宿板块新增会员 16.1 万人。

案例解读： 在推进旅游业高质量发展，建设世界一流旅游集团的战略进程中，企业家要关注科技视角下的旅游活动，更要关注旅游业现代化进程中的科技动能。从资源重组到要素创新，再到数字化升级，岭南商旅一直都在务实地探索前行。每一份创新的努力，都让我们看到了科学理论转化为现实生产力的现实样本。岭南商旅的数据和业务双中台数字化创新体系，是满足和引领需求的市场创新，是直面集团难点和痛点的管理创新，更是可资借鉴的产业创新。

广州岭南商旅投资集团有限公司党委委员、副总经理李峰致答谢词：

非常荣幸岭南商旅数字与业务双中台创新体系获得“潮品牌　新势力——

2022 中国旅游创业创新精选案例”的荣誉。衷心感谢中国旅游研究院和戴斌院长一直以来对岭南商旅的大力支持以及旅游业界同仁的肯定与认可！

三年来，虽深受疫情影响，我们作为“美好生活创领者”的初心始终未变，围绕“产融化、智能化、个性化、精细化、国际化”不断推进着创新转型实践。双中台作为岭南商旅集团一体化数据治理和业务联动中心，用科技的力量赋能旅游业快速响应市场和多业态融合的能力，将进一步加快岭南商旅数字化转型步伐，助力旅游现代化新进程，提升人民品质旅游体验。

希望与大家一起在数字化创新发展的道路上携手前进！谢谢！

5. 景域（上海）集团有限公司

景域集团黄山关麓帐篷客度假项目：深耕休闲度假市场，重资产布局目的地建设

案例介绍：全面建成小康社会以后，休闲度假、文化体验和服务品质成为人民美好旅游生活的新需求。建设一批文化底蕴深厚的世界级旅游景区和度假区、文化特色鲜明的国家级旅游城市和街区，与培育世界一流旅游集团的战略目标具有内在一致性。景域集团携十八年创业创新积淀的项目经验、市场数据和人才优势，特别是规划、投资、建设和运营一体化的全产业链优势，重资产投资黄山关麓帐篷客度假项目，开启在线旅行商向旅游产业价值链上游延伸，探索线上线下融合发展的新模式。在疫情防控常态化的今天，项目开业伊始就赢得了旅游业界和各地政府的广泛关注。

作为景域集团旗下野奢度假品牌，相比以美丽乡村为底色的安吉帐篷客酒店，2.0 版本的关麓帐篷客度假地在深入而系统的市场调研基础上，秉持“国际标准，本土文化；全球叙事，本土符号”理念，激活徽州历史文化与黄山自然生态资源。在规划和建设过程中，强调“徽韵”而非“徽形”，复原性修复徽州文化名片关麓“八大家”，新建关麓书院和徽韵舞台。度假区以帐篷客酒店和关麓古村落为依托，还引入了乡村旅拍基地、驴爸爸星球乐园、互动夜游和沉浸式演艺、中医健康中心和康养社区等。六大创意组团融合互补，共同打造引领消费的新产品、新业态、新模式，形成全场景体验式宿集旅游区。在后续投资和运营过程中，景域集团积极拓展村民就业空间和创业渠道，助力乡村振兴和共同富裕。

案例解读： 旅游集团是大众旅游的同行者，也是新发展理念和国家战略的践行者。景域集团从智力服务地方旅游发展起步，以散客自助旅游服务创新和景区票务分销商进入国家旅业第一方阵，今天携重资布局目的地实体经济，“以关麓一域之嬗变，见证黄山全域之多彩”。关麓帐篷客度假酒店是景域集团向旅游产业链上游移动的关键一步，也是推进文化和旅游深度融合，以需求引领投资创新的务实举措。

景域驴妈妈集团高级副总裁、奇创旅游集团总裁马磊致答谢词：

真诚感谢中国旅游研究院、戴斌院长和各位同仁对景域与黄山关麓帐篷客的厚爱与嘉勉。旅游业经济属性强、市场化程度高。作为市场创新的主体，景域也将继续锚定市场变化趋势，积极参与全国各地、产业链多环节的高质量发展，通过对体验的系统化内容输入、相应产品的创造满足消费者不断增长的新需求，推进中国文旅产业高质量发展。最后也诚挚邀请大家到关麓帐篷客做客，感受心灵休憩。行遍九州万里路，吾心安处是关麓。

6. 浙江省旅游投资集团有限公司

浙江旅投“山乡共富小助手”：打通民宿产业价值链路　创新乡村振兴共富引擎

案例介绍： 民宿有住宿功能，也有旅游属性。民宿设计要满足游客在地化生活需求，场景营造则需异地性文化内涵，更要保持对观光、休闲、商务、康养等旅行需求第一时间的响应。多要素集成和多目标叠加，必然要求民宿的项目投资、平台运维、产品研发、服务督导等模块集成。浙江省旅游投资集团推出的“山乡共富小助手”项目，以民宿为核心节点，以数字化为纽带，成为助力浙江省乡村振兴和共同富裕的新引擎。

“山乡共富小助手”链接乡村旅游大场景，以县、乡、村为服务单元，构建“一屏两端四支撑”的浙江省乡村民宿产业集成系统。在民宿空间、管理与运营、集成供应链、营销渠道四大体系支撑下，打造了面向民宿主的 PMS 系统和服务公众的“蝶来民宿”平台。系统化解决独立民宿在运营中的推广、销售、采购、评级管理、同业交流等难题，并提供民宿预订、智慧入住、地方风味、民俗活动等场景服务。浙江旅投通过以民宿为核心的乡村共富产业链监测分析，以数字化赋能产业资源并链接相关业态，培育要素集聚、循环畅通的集群生态。

制定发布了“蝶来·花”评价体系，推动民宿行业向标准化、规范化发展。截至 2022 年 11 月，全国已有近万家、浙江省近 4000 家民宿接入专有 PMS 系统，应用端用户注册数达 30 万人，日活达到 9000 人次。其中，试点城市安吉接入民宿 836 家，安装 PMS 后入住率提升 23.6%，交易额提升 24.8%，会员复购率提升 35.7%。

案例解读：作为国家旅业第一方阵旅游集团，不仅要通过市场创新提高企业的竞争力，还要与国家战略和地方规划相向而行，通过承担企业的社会责任来提升知名度和影响力。浙江省旅游投资集团“山乡共富小助手”，靶向独立民宿业主在经营中的难点和痛点，以市场机制和商业力量推进了共同富裕示范区的建设，为旅游业高质量发展提供了可复制可推广的经验。

浙江省旅游投资集团数字化与创新部副总经理徐良忠致答谢词：

衷心感谢中国旅游研究院将 2022 中国旅游创业创新精选案例授予浙江省旅游投资集团。获得此项殊荣对于我们来说，既是肯定、也是鞭策，改革创新成果不仅要接受时代眼光的评估，更要经受历史眼光的审视。

“山乡共富小助手”创新案例给浙江山区 26 县带来了乡村振兴和数字化改革所激活的区域协调发展和巩固产业链韧性的内生动力。

今天的奖项对于我们来说，并不是终点，而是一个崭新的起点。未来，浙江省旅游投资集团将牢牢把握社会历史进程的主流，全心全意全力做“美好生活创造者”，会同中国旅游研究院和各兄弟企业一道，牢记使命、接续奋斗，书写出更加辉煌的新时代华章。

7. 南京旅游集团有限责任公司

南京旅游集团“微旅微妙　美好生活”计划：美好生活的发现、创造与运营

案例介绍：疫情让旅游业重新认识到了市场的力量，旅游者在定义旅游业，只有以消费视角审视旅游资源开发、项目投资、产品研发，才能在与市场同行的进程中创新商业模式。过去三年，越来越多的旅游企业开始关注到近程旅游和本地休闲市场，微旅游、微度假产品快速发展，并成为市场复苏的重要支撑。南京旅游集团依托对本地资源的整合力和新兴业态的引领力，将“创身边之微妙，赋生活以美好”作为公司战略指导思想，系统布局了城市微游项目，通过

微更新、微度假、微市集、微演艺、微活动等体系化、立体化创造高质量供给。

南京旅游集团立足本地，从“微”处入手绘就“美”景。通过微更新塑造常来常新的热点场景，通过产品迭代持续丰富南京居民的生活圈。在熙南里街区历史与新潮的碰撞下，在水木秦淮景区艺术与体育的交融中，越来越多的市民和游客爱上了历史人文与现代时尚交相辉映的南京。随着“见微知著——24+ 城市微展”活动的推进，成千上万的游客走进了百家城市“微展厅”，领略南京文化之美。幕燕滨江风貌区、聚宝山公园和钟山风景区以微度假之行展映山水之美，五马渡后备箱市集以微市集之名点亮长江之滨的烟火之美，为年轻人提供了全新的社交新空间。行浸式微演艺《甘宅雅韵》《夜泊秦淮》打造了熙南幻境之美、重温秦淮瑰丽，为城市旅游提供了品质化和多样的全新选择。

案例解读：在中国式现代化的伟大进程中建设现代旅游业，需要从风景到场景的新空间，更需要从旅游城市到城市旅游的新思维。市场主体是文化自信的践行者和现代旅游业的推进者，更是城市主客共享美好生活的建设者。南京旅游集团深耕城市更新项目多年，形成了微休闲、微旅游和微度假产品体系和见微知著的商业开发模式，探索了地方旅游集团与城市共荣共创共成长的新模式。

南京旅游集团党委副书记、董事奚建平致答谢词：

衷心感谢戴院长、感谢中国旅游研究院，感谢各位领导、各位专家、各界朋友对南京旅游集团的支持、关心和厚爱！微旅微妙，美好生活，“微”是城市的有机生长，是旅游人的极致匠心，更是市民游客的美好日常。在今天重磅荣誉的激励下，未来集团将持续发力文旅融合发展，探索为城市旅游注入更鲜明的人文特色和更丰富的体验产品，为市民游客带来新的微妙与精彩，为文旅行业发展持续增添新的动力！谢谢大家。

8. 海昌（中国）投资有限公司

海昌海洋公园奥特曼主题娱乐区：文化 IP 培育旅游潮场景

案例介绍：海昌（中国）投资有限公司及其旗下的海昌海洋公园，一直都是国内主题公园和中国式度假区的领跑者，也是走在时尚前沿的商业实践者。2022 年 7 月 24 日，上海海昌海洋公园落地运营全球首个奥特曼主题娱乐区，将海昌独具特色的海洋文化与奥特曼影视 IP 有机结合，实现了主题公园、旅游景区和度假区在疫情防控常态化情境下内容创造和场景营造的新突破。此外，海昌自主 IP“海陆机甲”大型巡游、世界首条智能“仿生鲸鲨”也相继面市，融合了国潮、科技、海洋元素，推进产业化应用向更高层次发展。

主题娱乐区集展览、表演、美食、购物、互动游艺设备于一体，为市民休闲和游客度假提供了全新的奥特曼主题体验。主题馆由奥特曼主题展示区、主题餐厅、冰封剧场、光之店、游艺中心五大主题区组成，游客们可一站式打卡多个首发独创的奥特曼内容体验。园区汇集了近 400 件奥特曼特色展品，超千款 20 余万件奥特曼正版授权周边商品，首发上市 20 种奥特曼主题美食及 40 款奥特曼与海昌限定商品。娱乐区内的赛罗奥特曼、泽塔奥特曼、赛文加号驾驶舱等雕塑、道具、场景，还原了奥特曼系列拍摄剧集的主题场景，唤起了一代人的集体记忆和童年的勇敢之光。知名 IP 与大型主题公园相融而生的新业态和新型周边产品，有效带动了客源市场的增长，也为园区的二次消费带来了新的增长点。上海海昌海洋公园奥特曼主题馆开业 4 个月，吸引了超过 80 万游客入馆，单日场馆内主题餐饮、商品和娱乐消费金额最高达到百万元。

案例解读：建设文化底蕴深厚的世界级旅游景区和度假区是国家战略，也是建设现代旅游业和世界一流旅游集团的重要支撑。从山水人文资源依托的旅游景区，到文化引领、科技赋能、场景营造和生活创造的旅游度假区，投资者和企业家要改变战略思维，更要创新产品模式。在旅游者定义旅游业的今天，面对个性化、品质化、多样化的消费需求，海昌海洋公园的决策者和领导人表现出了产品经理的卓越特质，将国际影视 IP 嵌入度假空间，亦将国潮自主 IP、仿生科技融入互动娱乐，让旅游人看到了逆势增长的信心和创新发展的路径。

上海海昌海洋公园总经理黄晋致答谢词：

今天非常荣幸，海昌海洋公园奥特曼主题娱乐区能够成功入选“2022 中国旅游创业创新案例”。一直以来，海昌非常重视 IP 的开发与合作，2022 年 7 月海昌成功落地的奥特曼主题娱乐区，突破性地创造了多个“全国首次”，将海昌独具特色的海洋文化与优秀 IP 有机结合；此外，海昌自主 IP“海陆机甲”大型巡游、世界首条智能“仿生鲸鲨”也与游客见面，大大提升游客游玩的新鲜感的同时，也是海昌海洋公园为国内主题公园打造“新文旅 IP 体验”的示范性突破。这些成绩的取得，离不开海昌人的辛苦付出。春节期间，奥特曼主题酒店即将入市，奥特曼主题娱乐区的功能将愈加完善，将为游客提供吃、住、游、娱、购的全方位、海昌限定的“光之体验”，形成 IP 赋能的娱乐消费集群效应。

9. 银基文旅集团

银基文旅数字化创新:“云排队”小切口建构旅游科技大场景

案例介绍: 新时代十年，银基文旅集团坚持与城市经济社会发展同行，与旅游休闲升级同频，先后在国家中心城市郑州打造了动物王国、冰雪酒店、冰雪世界、乐海水世界、黄帝宫御温泉、云岩湖森林露营地。六大项目集群不仅让银基文旅成为河南最有影响力旅游投资机构和休闲度假运营商，也为我国旅游集团的数字化转型做出有益探索。

银基度假区项目多、动线长，为保证服务质量，提高运营效能，集团推出了“千人千线智能游”项目，即“千个家庭，千条路线；每个家庭，极致体验”。游客到达景区即可通过指定 APP 选择自己的游玩偏好和游玩人数，系统通过大数据，根据每组游客的人数、年龄结构、消费偏好和饮食习惯等变量，为游客定制专属的游玩攻略。游客确认后，系统会跟进规划项目名称、位置、排队时间、用餐地点、餐品推荐，并帮助游客进行“云排队”以获得入场序号，并根据实时数据加以优化，最大限度节省了游客排队和等待时间。

数字化不仅体现在度假区项目的产品和运营上，还是银基文旅集团的生存基因和发展动能，并成为世界一流旅游集团发展战略的有力支撑。银基文旅以营销、数据、结算和运营四个一体化模块为依托，持续推进数字化赋能游前、游中和游后的全链路场景。银基文旅物联管理平台使决策者和管理层摆脱经验束缚，大幅提升了管理效率、安全管控和智能预警决策水平。在数字化转型战略的进程中，银基更加关注科技伦理，积极践行社会责任。2022 年，度假区推出了首个“无手机日”活动，让更多的父母放下手机，全心全意陪伴孩子在园区游玩。

案例解读: 大众旅游进入全面发展新阶段，休闲度假进入了城乡居民的日常生活，互联网、5G、大数据、人工智能为代表的科技成为旅游集团创新发展的全新动能。建设现代旅游业体系和世界一流旅游集团，必然要求市场主体面向新需求培育新动能、创造新价值。银基文旅从度假项目集群和游客体验的现实问题出发，以“云排队”的小切口展现数字化的大场景，有力践行了科技创新面向经济建设主战场、推进旅游业高质量发展，面向人民生命健康提升旅游安全水平的价值取向。

银基文旅集团董事长李东铭致答谢词：

尊敬的戴斌院长、各位专家学者及业界同仁，大家好！首先，真诚感谢中国旅游研究院、业界同仁对银基文旅的厚爱与嘉勉。为了保证服务质量，提升运管效能，银基今年推出了“千人千线智能游”，并实现了“云排队”的功能。这是我们在数字化转型道路上做出的一些小探索。

数字化创新是银基文旅发展的方向。未来，银基将充分运用数字化手段，提质增效，以科技化运营景区、提升游客体验。力争在大众旅游全面发展的背景下，持续保持竞争力，将银基文旅打造成为世界一流旅游集团，助力中国文旅产业高质量发展。

再次深深感谢中国旅游研究院，感谢诸位专家、同仁的厚爱。谢谢大家。

10. 祥源控股集团有限责任公司

祥源文旅“湘见·沱江”游船项目：文化遗产创造性转化创新性发展的旅游路径

案例介绍：文化遗产是旅游目的地的核心吸引力，景区景点是满足人民群众观光游览需求的基础支撑。经过改革开放四十多年，特别是大众旅游的二十年的发展历程，文化遗产型旅游景区普遍面临体验感弱化、二次消费乏力等现实困境。过去三年的新冠疫情让旅游消费时空收缩的同时，更让传统旅游景区的现代化转型成为旅游业界必须回答的现实课题。祥源文旅集团以“文化＋科技”赋能凤凰古城，以“湘见·沱江”沉浸式艺术游船，让游客以“在地化”的姿态，全方位体验文化遗产目的地的品质环境和时尚生活。

凤凰古城是祥源文旅在湘西的核心景区，更是集团积极推动“线上文化产品＋线下旅游场景”协同发展的重要体现。“湘见·沱江”是市场化运作的商业创新，也是民族文化、文学 IP、现代科技与旅游的深度融合。项目联合了近 300 名文化学者、旅游专家、艺术家、科学家、工程师，以苗族文化为故事线，创造了自主投资、原创研发和在地运营的旅游发展新模式。在整条沉浸式游船航线中，项目方将国画、动漫、真人实拍、电影视听、实景搭建、夜游装置、光影设备等多种表现形式巧妙融合，加入凤凰古城的一年四季及凤凰古八景的意境。游客在沱江两岸看见了沈从文的《边城》，在一百三十多米长的古城河堤岩壁看见了《凤凰沱江两岸》巨幅画卷。基于游船上的 5G 与北斗卫星定位系统，游客们可以使用手机将凤凰、白鹭、天灯等有趣画面和祝福文字发送至百米长卷之上，完成独属的凤凰古城“光影巨作”。

案例解读：随着全面小康社会的建成，大众旅游进入全面发展新阶段，文化遗产和山水资源型旅游景区开始面临市场扩大和需求升级的发展机遇，也承受了产品迭代和动能更新的竞争压力。承载国家战略的大型旅游集团是人民美好生活的创造者，也是传统文化创造性转化和创新性发展的践行者。从合肥的“花世界”，到凤凰古城“湘见·沱江”，让游客看见文化的遗产，更看见城市的未来，一直都是祥源控股集团的初心与使命。

浙江祥源文旅股份有限公司总裁孙东洋致答谢词：

感谢中国旅游研究院给予祥源文旅的殊荣与鼓励！祥源文旅资产重组无条件过会即将满三个月，证券简称更名为“祥源文旅”刚 11 天，是文旅行业的新兵。一直以来，祥源文旅以“文旅与科技助力美好生活”为企业使命，致力于成为国内一流的文旅产业创新融合领军企业，探索构建“文化 IP+ 旅游 + 科技”的特色文旅产业模式，“湘见·沱江”是我们模式探索的第一个产品，也是一个开始。未来，祥源文旅将秉持中国原创和文化自信理念，依托丰富的旅游目的地线下场景、一流的文化创意能力、庞大的内容资源库和优秀的运营能力，升级文化旅游产业链，赋能行业发展，研发并运营更多更好的文旅融合产品。

“2022 典型行业创新案例”解读与感言

2022 年 12 月 11 日下午，由中国旅游研究院、中国旅游协会主办，开元旅业集团、祥源控股集团协办的 2022 中国旅游集团化发展论坛系列研究成果发布会在北京、上海双会场同时召开。中国旅游研究院总统计师马仪亮博士代表课题组发布了 10 项旅游行业组“潮品牌　新势力—— 2022 中国旅游创业创新精选案例”。现将案例解读和集团代表的发言全文刊载如下：

1. 中国旅游集团—中旅广西德天瀑布旅游开发有限公司、广州励丰文化科技股份有限公司（联合申报）

中旅广西“奇妙・夜德天”：夜间经济新体验　跨境旅游新模式

案例介绍：广西壮族自治区与越南山水相连，形成了自然山水为特色的边境旅游线路，跨境旅游合作更是蓄势待发。中旅广西德天跨国瀑布旅游开发有限公司承担央企使命，配合地方发展，投资 1.2 亿元打造了边境夜间旅游项目“奇妙・夜德天”。

“奇妙・夜德天”是一部沉浸式山水夜游演艺秀，舞台延展 1.5 千米，体验时长 75 分钟，由以壮族神话传说为基础的蚂拐节、寻蛙神、入人间、定终身、花赐福、祈雨来等 11 幕互动体验环节构成。项目根植于广西壮族先民的生活习俗和传统文化，借助电影、动画、游戏互动、故事情节演绎等手法还原当时的边民生活场景，让游客感悟德天跨国共融的民族情怀。在边境旅游示范区和跨境旅游合作区建设的大背景下，项目通过夜游化改造，极大丰富了德天瀑布景区的体验感，延长游客逗留时间，为传统自然景区的夜游 IP 构建与发展提供了经验参考。

过去三年，创新项目以边境旅游和沉浸式夜间旅游的双重视角，践行“危机中寻新机，变局中开新局”的发展理念。2020 年 10 月 1 日正式上线以来，“奇妙・夜德天”夜游项目受到了中央电视台、广西电视台、新华网、广西日报等主流媒体的跟踪报道。2022 年国庆节假日期间，抖音话题播放量破亿。其独特的互动体验、情境和艺术情感吸引力已经为越来越多游客所认可，为公司带来了稳定的业绩增长点。

案例解读：边境旅游示范区、跨境旅游合作区是国际交流合作制度创新的重点区域，也是旅游业创新发展的国家战略。无论是空间区域，还是发展战略，都离不开市场主体的实质参与，尤其面向市场和引领需求的产品开发。如何让边境的观光资源成为两国游客认可的夜间体验产品，是现代旅游业应当回答、也必须要回答好的重大现实课题。旅游央企与地方政府合作的“奇妙·夜德天”项目，让旅游创新看见了战略高度，也增强了市场厚度。

励丰文化首席策划官、品牌主理人李文致答谢词：

尊敬的戴斌院长及在座各位同仁，大家好！首先，请允许我向中国旅游研究院表示最诚挚的感谢，中国文旅行业的发展离不开中国旅游研究院的支持，以及千万同仁对行业的热爱，“奇妙·夜德天”也正是秉持着这份热爱与责任之心来打造的。

“奇妙·夜德天”开创了边境旅游和沉浸式夜间旅游的双重视角，践行了“危机中寻新机，变局中开新局”发展理念，以文化科技融合的方式，让中越边境的德天瀑布展现出独特魅力。我们坚信文旅不仅是中国文化自信的体现，更是国际主义精神和文化交流的推动力量！最后衷心祝愿大家工作顺利，文旅行业有广阔天空，未来必定大有可为，谢谢大家！

2. 广东四季文旅控股有限责任公司

三华李度假区项目：地方特产的旅游蝶变与农文旅融合示范

案例介绍：新型城镇化和乡村振兴是乡村旅游的新动能，乡村旅游是推动乡村振兴和新型城镇的新引擎。用好基础设施和公共服务的存量资源的同时，积极导入文化、艺术、科技、教育和投资增量，是市场主体介入新时代乡村旅游应有的新思维。广东四季文旅控股有限责任公司聚焦明星农产品“三华李”，以景村共建和高速服务区主题化为突破口，规划投资了“信宜·三华李度假区”项目，于 2022 年 7 月 16 日正式营业。

三华李度假区位于信宜市白石镇细寨村，总占地约 715 亩（1 亩≈666.7 平方米），已建有主跨 520 米、桥高 131.4 米的我爱你（李）一生一世索桥、三华李全息光影馆等项目，培育了归来·三华李精品民宿、三华李帐篷营地、AOMOZON 啤酒坊等乡村旅游精品业态，营造了别样的度假体验和生活方式。该项目将地方特产“信宜三华李”明星化、品牌化、产业化，打造融农业品牌展示、农业科普研学、农业主题度假、农贸交易及交通服务于一体的综合体验区，吸引了众多珠三角城市游客到访，成为茂名城市形象及特色产业文化的重要展示窗口。

四季文旅发挥规划优势，对整村进行全方位的风貌改造，利用乡村碧道辐射周边乡村及相关产业项目，带动周边村镇同频发展。开业以来，度假区实现月均接待游客 3 万余人次，月均综合收入 200 多万元，吸纳当地劳动力百余人。并通过农产品的明星化包装，有效提升了三华李度假区全年收购单价及销售额。

案例解读：新时代旅游工作的重心在城市，重点在农村。从城里人下乡、农村人接待，到城里人下乡、农村人进城，再到城乡一体的美好生活新空间，是全面推进中华民族伟大复兴的本质要求，也是投资创业和市场创新的新空间。四季文旅以商业的理念、科技的力量、艺术的温度再次证明了：在乡村振兴的时代进程中，在人的全面发展和共同富裕的指引下，坚定不移地走农业、文化和旅游融合发展道路。旅游人到农村去推广示范项目，广阔天地，大有可为。

广东四季文旅控股有限责任公司董事长、创始人金健致答谢词：

以农促旅、以旅兴农。旅游的意义，不仅仅是休闲娱乐，更在于通过文旅人特有的创造力、公益心、专业力，用旅游特有的人气、影响力、品牌力，为区域带来可持续发展的内在力量。

在茂名信宜这座粤西山城，四季文旅将一种叫“信宜三华李”的水果，以文旅方式进行了强力包装及延展应用。农产品的主题化体验，给旅游体验带来了差异性与记忆点。主题化的农产品推广以及信字号农产品溯源，给优质农产品带来跨区域的影响力与高附加值。后续，四季文旅将坚持以文旅融合的力量，推动区域的高质量发展，为人民美好生活服务，为文化强国而奋斗。

3. 融创文旅集团

武商梦时代热雪奇迹：解码都市休闲新需求，培育冰雪旅游新格局

案例介绍：北京冬奥会的成功举办推动着我国冰雪体育产业、冰雪经济驶入快车道，“三亿人上冰雪”的目标如期实现。如何在后冬奥时代留住冰雪休闲人群，推动冰雪产业高质量可持续发展？融创文旅出品的武商梦时代热雪奇迹给出了答案。

热雪奇迹位于武汉市中心有着“全球最大纯商业体”之称的武商梦时代广场 8 层，是名副其实的“空中滑雪场”。该项目总面积约 2.5 万平方米，不仅设计有初、中级室内滑雪道，还规划了雪地平衡车、冰迷宫等潮流冰雪娱乐活动。园区内有芬兰度假街区、梦幻冰工坊、童话雪王国和瑞士雪山区，将特色美食、零售、冰雪服务等内容融入街区场景中，呈现独树一帜的冰雪文化风情街区。围绕滑雪用户的成长及体验周期，武商梦时代热雪奇迹将项目拓展至滑雪学校、营地、会员服务、专业赛事等业态体系，以期凭借冰雪全链条和全体验布局，推动全民冰雪运动普及。此外，依托武商梦时代开设的首家热雪奇迹 BON SKILIFE 零售店，向游客提供包括多品牌滑雪装备购买、雪具维护保养、滑雪训练咨询等在内的一站式服务。武商梦时代热雪奇迹致力通过“体育 + 商业”的业态组合，激发当地冰雪产业乃至线下商场的新活力，通过文商体旅深度融合，进一步推动当地冰雪产业提质升级。在这里不仅可以满足全家人不同的滑雪、娱雪需求，还能让专业玩家体验真实的滑雪感受。

案例解读：冰雪之上是生活。千方百计地降低进入门槛，让更多的国人上冰触雪，让更多的资本、技术、创意、创新和创业融入冰块，一个大众化、娱乐化、日常化、高频化的冰雪旅游和冰雪休闲时代才会真正来临。融创文旅冰雪项目最大的启示意义在于它打破了“冰雪不过黄河”的空间约束，依托都市商圈，为市场和游客提供一年四季的冰雪体验。从更长远的意义上讲，武商梦时代热雪奇迹为现代旅游业高质量发展构建了城市旅游新思维。

融创文旅集团品牌战略部总经理张莉莎致答谢词：

衷心感谢中国旅游研究院和戴斌院长对融创文旅及热雪奇迹的褒奖，我们深感荣幸。作为热雪奇迹第 7 个开业运营的室内滑雪场，武商梦时代热雪奇迹致力于为广大市民带来四季高频的多样化冰雪新体验。“雪上中国梦，奇迹正发生”，热雪奇迹将不断深耕产品服务和运营管理创新，持续助力冰雪运动四季拓展，共推冰雪产业提质升级，再次感谢！

4. 北京蚂蜂窝网络科技有限公司

马蜂窝“周末请上车”：把握周末消费新趋势　构建社群旅游新生态

案例介绍：尽管大众旅游进入了全面发展新阶段，国民旅游频次已达到了每年 4 次的历史新高，但是从出游时间窗口来看，主要集中于每年的七个节假日，特别是春节、劳动节和国庆节三个长假日。相对而言，每年 54 个周末的高频次近程出游并没有得到应有的重视。疫情背景下，本地游、近途游、微度假成为旅游行业重要的业务切入点，兴趣社交形塑、影响着年轻人户外休闲的消费决策。马蜂窝的内容属性和社区基因遇见本地玩乐需求，社群旅游新生态开始了演化进程。2021 年夏季，马蜂窝在北京首发了本地玩乐品牌“周末请上车”，2022 年在贵阳和成都两地相继上线，先后举办了 200 多场活动，很快收获了年轻群体的青睐和较高的复购率。除了城市及周边玩法外，“周末请上车”在贵阳还与当地资源相结合，开发了“超级周末”产品线，打造多种辐射全贵州的玩法体验。

创新项目由马蜂窝与第三方专业主理人共同提供服务，集结各个领域超会玩的人，每期一个创意主题，限定人群招募，主要聚焦轻户外、潮流运动以及其他兴趣领域。“周末请上车”汇聚的无尽想象力，为都市人的周末休闲带来了满满的仪式。“主理人 + 新玩法”是解锁本地玩乐的核心密码，绝大多数主理人都是特定领域的新锐机构，或者拥有强大社群基础的城市旅行达人。马蜂窝负责产品研发、服务品质和安全保障，主理人提供专业训练。代表着新消费业态的主理人与马蜂窝形成互补效应，共同参与玩乐社群的建设和运营。

案例解读：团队是典型的旅游形式，也是旅行社的基础业务。业界要看到散客和自助旅游者的比例上升，传统的团队旅游比例下降的一面，也要看到随着社群经济的兴起，基于价值观和兴趣的旅游者重新聚合的新趋势。过去三年，不少业者经历了前所未有的压力而显得无力，更有业者选择化危机为新机，于变局中开新局。马蜂窝直面疫情常态化的旅游休闲新需求，用创新和差异化的体验点亮都市的第一个周末。“周末请上车”以安全和品质托起了酷玩的态度，彰显了旅游市场主体的创新活力。

马蜂窝“周末请上车”负责人赵冉致颁奖词：

大家好，我是马蜂窝“周末请上车”项目负责人赵冉。我谨代表公司和团队感谢研究院各位领导、专家对马蜂窝以及“周末请上车”的肯定。过去三年，面对不断给旅游业造成冲击的疫情，我们及时调整自身，积极拥抱变化，发现危机中蕴含的机遇，交出了这份答卷。后疫情时代，本地游、周边游热度一直处于上升趋势，消费力持续增长，年轻人热衷于在身边探索更多新玩法。预计在政策调整后很长一段时期，城市旅游和基于周末的本地玩乐市场都将继续在整个国内旅游市场占据重要份额。“周末请上车”也将继续以需求端的变化为指引，以玩法创新为目标，让旅行者在身边也能玩得既个性又尽兴。

5. 成都文旅公交旅游发展有限公司

成都文旅公交 CITY TOUR 火锅巴士项目：当美食遇见巴士　无边界之旅开始了

案例介绍：包括美食在内的文化一直都是城市的基因密码，也是旅游创业创新的现实依托。2022 年 5 月，成都文旅集团、成都公交集团联合大龙燚火锅推出了全国首辆火锅主题巴士—— CITY TOUR 火锅巴士，国庆节假日期间又引入“音乐 +”的升级版。

创新项目将成都的美食元素、音乐文化、地域特色和城市风貌进行叠加，营造“文旅 + 交通 + 音乐 + 美食”跨界融合的沉浸式消费新场景，让消费者沉浸式体验成都的慢生活和城市人间烟火气，彰显天府之国的城市风光和文化魅力。CITY TOUR 火锅巴士售票分双人餐和三人餐，包含全程交通、餐食及讲解服务。巴士每天运行两个班次，节假日期间结合客流情况增加班次。从最具城市影响力的春熙路 /IFS 出发，途经太古里、望平街、339 电视塔等文旅地标，最终回到春熙路 /IFS 结束行程，用时约 60 分钟。此外，巴士还配有专业的行车助理，沿途讲解成都的城市起源、火锅文化以及景点故事。

凭借极具地域特色的新奇玩法和内容社交价值，CITY TOUR 火锅巴士一上线就受到市场的高度认可，多家央 / 省 / 市级官方媒体进行专题报道，各类自媒体平台相关话题的阅读量破亿，吸引了众多市民和游客到线下打卡体验，巴士平均上座率近 100%。CITY TOUR 火锅巴士逐渐成为代表成都城市文旅形象的新地标，开启了城市文旅消费创新的新模式。

案例解读：“人间烟火气，最抚凡人心。”餐饮是任何国家、任何地区、任何时代旅游发展都不可或缺的基础性需求，美食更是大众旅游全面发展阶段的品质支撑。火锅之于“世界美食之都”的成都，与武侯祠、杜甫草堂、宽窄巷子、都江堰一同构成了国际旅游目的地的文化 DNA。文化要传承利用，更要创造性转换和创新性发展。当火锅遇见巴士，整座城市都成了美食家的厅堂，万千风情的成都再增了一道流动的美丽风景线，也为当代中国的美食旅游提供了资源开发新路径和市场培育新方法。

成都文旅公交旅游发展有限公司董事长陈莉致答谢词：

大家好！衷心感谢中国旅游研究院和旅游界同仁对 CITY TOUR 火锅巴士项目的认可，期待项目能为大家在探索文旅产品创新与城市特质的深度融合方面提供新的思路。餐饮仅仅是城市文化的要素之一，以火锅巴士为代表的成都 CITY TOUR 城市旅游观光巴士，未来将持续把城市独有的文化 DNA 与观光旅游进行跨界创新，推出彰显城市个性的多类别主题体验巴士以及“快耍慢游”的旅游观光线路体系，让坐 CITY TOUR 游烟火蓉城成为城市旅行的新风尚。最后祝愿大家在新的一年旗开得胜，持续打造充满想象力和新奇体验的新产品来满足人民对美好生活的向往，谢谢！

6. 呼伦贝尔大草原巴尔虎蒙古部落

巴尔虎蒙古部落景区“马之舞”：推进文化和旅游深度融合　打造草原旅游新名片

案例介绍：大众旅游全面发展的新时代，游客需要品质化和多样性的产品和服务，更期待深度体验在地文化。巴尔虎蒙古部落民俗旅游度假景区是呼伦贝尔地区唯一的大型原生态民族文化旅游区，在借鉴草原那达慕马群套马和马术表演的基础上，景区推出了大型马上竞技项目和实景演出“马之舞”。

“马之舞”以蒙古马术表演为主，包含套马、赛马、马术表演等多个传统文化项目。表演所需的 300 多匹蒙古马，均由景区自主繁殖和精心养护。迎着灿烂的朝阳和落日的余晖，本地骑手的本色出演和高难度的马术动作，马镫藏人、单人双马、飞身跃马、马背拾物、倒立、射箭，让不同地区、不同年龄和不同文化背景的游客发自内心地赞叹而流连忘返。

近年来，景区坚定不移地走文化和旅游融合、可持续发展和高质量发展的创新道路。挖掘传统文化与体育、旅游和娱乐融合的潜力，将蒙古马品种改良、马术运动、文化旅游等优势资源转化为优质产品。推动景区内的住宿、餐饮、购物和文化体验产品的有序迭代，带动周边牧民就业和增收，在旅游发展进程中稳步实现共同富裕的目标。

案例解读：党的二十大要求，坚持以文塑旅，以旅彰文，推进文化和旅游深度融合。关键在市场主体能否切实把握当代旅游市场的需求变迁和消费体验，并体现为优秀传统文化的创造性传承创新性发展。玉梅同志大学毕业即返乡创业，十五年来，她和巴尔虎蒙古部落创业团队先后推出了太阳部落、月亮部落、星空部落和可汗行宫，2016 年获得了全国旅游系统劳动模范称号。近年来，面对前所未有的挑战，巴尔虎蒙古部落景区拒绝躺平，不求躺赢，创造性推出原生态蒙古文化体验项目“马之舞”。通过互联网平台和多媒体推广，“马之舞”已经成为呼伦贝尔大草原最潮的体验项目，更让全体旅游人看见了“当代草原英雄小姐妹”对美好生活的热爱和绵延不息的创新力。

呼伦贝尔巴尔虎蒙古部落联合创始人、总经理玉梅致答谢词：

感谢中国旅游研究院对我们巴尔虎“马之舞”的认可与支持！

呼伦贝尔大草原不仅有美丽的风景更有着底蕴深厚的马文化。多年来，巴尔虎部落景区始终想把呼伦贝尔大草原万马奔腾的震撼场景及古老惊艳的马上技巧展示给全国乃至全世界的游客们，于是便打造出了大型马上竞技表演“马之舞”。从 2017 年开始演出，至今 6 年时间里无一差评，许多观众都是含着热泪、在呐喊声中观赏完整场演出的。来呼伦贝尔绝不能错过“马之舞”已经成为呼伦贝尔旅游人骄傲的口头禅。

目前，我们巴尔虎部落正在潜心研发更多的沉浸式产品，景区将不断完善各种功能、提升服务质量。我们有信心、有决心把巴尔虎打造成内蒙古最具代表性的优秀景区。

7. 江苏水乡周庄旅游股份有限公司

周庄旅游“香村 · 祁庄”项目：践行主客共享理念　探索嵌入式乡村共生模式

案例介绍：在文化传承和旅游发展的进程中，历史文化名镇普遍面临着空间、资源、动能和人才等多重约束，也面临周边社区希望获得市场外溢的时代要求。为回答核心景区空间拓展和旅游经济可持续发展的课题，江苏水乡周庄旅游股份有限公司与毗邻核心景区的祁浜村委于 2016 年达成战略合作协议，先后投资近 1 亿元打造“景区 + 乡村 + 民宿”项目——香村 · 祁庄。

该项目整体规划面积 0.44 平方千米，包括嵌入式民宿、微体验餐饮、沉浸式农文化场景体验等业态。不同于传统的公司投资、产权转移、雇佣村民和企业化管理的商业化投资模式，本项目秉持主客共享美好新生活、共同富裕建设美丽新乡村的发展理念，在镇政府指导和村委会协助下，公司与村民充分沟通和友好协调的基础上，在全村选择 14 个院落建设并自营特色民宿，引导 30 余户村民改建和自营民宿，其余院落保持原有的生产生活功能。村民可以签署劳动合同成为公司的一员，更多则以劳务合同提供服务，以村民而非员工的身份与游客发生联系，最大限度保持了小桥流水鸡犬之声的风貌、亲戚走动邻居往来的风俗与乡村旅游现代化进程之间的平衡。

项目团队持续挖掘乡村文化、整治村庄环境、规划四季田园景观、完善旅游基础设施，获得有目共睹的经济效益和社会效益。到目前为止，参与项目合作的经营主体共有 35 个，其中集体经济组织 2 个、农民合作社 1 个、原住户 31 个、涉农企业 1 个，带动村民就业人数 300 余人。2022 年 1—10 月，“香村 · 祁庄”共接待游客量 8 万余人，民宿入住率接近 40%。

案例解读：在新时代新征程中，乡村是我们的精神家园，也是来时的路，望得见山，看得见水，记得起乡愁，是乡村振兴的内在要求。作为典型的江南水乡，周庄的发展得益于文化传承与旅游增长。作为经典的旅游企业，周庄需要拓展空间以实现可持续发展的目标，也需要与基层治理机构加强合作，带领乡村居民走共同富裕的道路。“香村 · 祁庄”是基于中国国情和地方文脉的乡村旅游现代化的典型案例，它让游客在活态的村庄里与村民自然地交流，让村民在地接触现代商业文明并看见了未来，也让公司具有了空间、资源发展的无限可能。

江苏水乡周庄旅游股份有限公司党委书记、董事长张卫青致答谢词：

尊敬的戴斌院长和各位专家及业界同仁，深深感谢中国旅游研究院给予我们的殊荣，是认可，更是鞭策。

“香村 · 祁庄”是依托周庄水乡古镇旅游文化品牌拓展开发的乡旅新 IP，是“有一种生活叫周庄”的情感延拓和沉浸式体验载体。感动于评委关注到了我们最朴素的初衷——隐入寻常百姓家，香村的“香”，是从原住村民的日常生活中袅袅飘出来的，它承载了人们的田园梦想，也承载了周庄从“流量”到“留量”的质变使命。

真诚邀约您以香村的新村民、周庄的新庄主的名义来亲身体验真正的水乡生活。再次感谢组织的嘉勉与在座专家、同仁的谦让与厚爱！

8. 浙江开元秘途文化旅游发展有限公司

开元文旅“柯桥十二月市”项目：挖掘在地文化　以内容体验驱动古镇夜经济

案例介绍：文化是古镇的灵魂，如何推动传统文化创造性转化创新性发展，赋予旅游古镇新的生命力，是当下古镇旅游发展面临的重要课题。绍兴柯桥古镇拥有近 2000 年历史，世界文化遗产浙东古运河穿镇而过，2014 年底全面启动保护和更新工作，2021 年元旦重新开镇并由浙江开元秘途文化旅游发展有限公司负责运营。项目总占地面积 0.33 平方千米，总投资超过 30 亿元，围绕“水市布谷，国色原乡”主题形象进行商务会展、古典时尚、休闲停憩等多业态布局，已开业商铺一百多家。

开元文旅为发展历史文化名城的夜经济，以“宋代十二月市”为母本，原创研发了“柯桥十二月市”主题市集品牌。研发和运营团队深度挖掘柯桥染缸文化、日铸茶产业、柯亭笛典故、王星记制扇、三六九伤科等众多在地文化元素，系统设计了全年十二个月的主题市集。“每月有主题，周周有市集”的古镇休闲新业态，较好地满足了市场和游客的时尚休闲新需求。开元文旅先后组织了“花花花市”“嬉嬉茶市”“晚风夜市”等创意市集 130 余场，通过高频次的市集组织和独具创意的内容策划，让“柯桥十二月市”很快就成为当地潮玩打卡地。开业不到两年，柯桥古镇接待旅游总人数就突破 300 万人次，商家营业总额约 5585 万元。

案例解读：绍兴是东亚文化之都，也是研学旅行的样板城市。如何坚持以文塑旅、以旅彰文，推进文化和旅游深度融合，让更多的市场和游客，特别是年轻客群走入历史文化空间，是政府和市场主体应共同思考的现实课题。开元文旅为古镇活化和城市更新注入了商业思维，以消费视角重构目的地见人见物见未来的新格局。今天的古镇不再是空旷的建筑博物馆，而是更多人间烟火的生活场景。历史文化名城不仅是历史的，也是当代的；不仅是地方的，也是世界的；不仅属于开元，更属于现代旅游业。

开元文旅事业部总经理褚锋平致答谢词：

感谢中国旅游研究院戴斌院长以及各位评审老师对我们开元文旅的肯定和

支持！

开元文旅是开元旅业集团的下属子公司，以城市更新、乡村振兴和旅游度假综合体三大领域为主要发展方向，这些年我们专注于古城古镇古街等城市更新项目的保护、修复、改造及运营，我们希望从消费者的视角重新审视文旅项目的供需关系，以人文情怀与商业逻辑为项目赋能，深度推进文化和旅游有机融合，让诗和远方找到契合点。未来，我们将继续致力于文旅产业的探索和实践，不忘初心，精耕细作，讲好文旅人的中国故事！

9. 上海剧能吃文化发展有限公司

剧能吃 &Gingerline“玩味探险家”：戏剧牵手美食　打开城市旅游新空间

案例介绍：当沉浸式戏剧与环球美食相遇，会产生怎样奇妙的化学反应？由上海剧能吃文化发展有限公司主办，与英国先锋戏剧美食团队（Gingerline）公司共同制作的中文版“玩味探险家”可以给你答案。作为将餐饮与戏剧创新结合的“新物种”，沉浸式美食互动剧“玩味探险家”项目为游客开创了现场娱乐体验的新赛道。

“玩味探险家”为 90 分钟的单空间戏剧餐饮项目，单场容量约 100 人。该项目以演艺为主，横跨演艺、餐饮两个行业，打破传统壁垒跨界合作，另辟蹊径填补市场空白。运用多媒体艺术、即兴互动、舞蹈表演、肢体剧、默剧结合创意料理，为观众们带来一场折叠时空的“味蕾 + 视听”的超维游戏经历。每位观众通过乘坐“热气球”式的餐桌，借助全景式立体环绕效果，变身环游世界寻觅美食的探险家。从英国格林尼治带上英伦野餐篮出发，先是在摩登演员的簇拥下抵达上海，接着在俄罗斯的互动舞蹈中品尝大列巴和罗宋汤，再随着音乐的节奏体验一场潇洒的巴西狂欢节，最后跟随越飞越高的“热气球”抵达终点站外太空，一切的躁动都归于平息。观众在 360 度的巨型环幕下，伴着表演与叙事的浪漫节奏，品味创意料理，解锁前所未有的美食体验。

不同于简单地在演艺空间周围建造咖啡店、餐厅的模式，“玩味探险家”将演出与餐饮业态完全融合。凭借餐饮体验本身的时间特质，创新项目在观众原本单纯味觉享受的维度上，延伸拓展视觉和听觉体验。气氛佳、沉浸深、体验感强的美食互动剧项目广受市民和游客，特别是年轻消费群体的喜爱，主要客群包括戏剧和美食爱好者、家庭休闲、亲子游、时尚达人。在多变求新的演艺市场、持续迭代的餐饮业和文化引领的旅游市场上，“玩味探险家”经受了多重视角的打量，均获得了预期的市场反应和社会口碑。

案例解读：景观之上是生活，从戏剧场到菜市场都是广大游客愿意体验的美好生活新空间。如果说沉浸式戏剧打破了舞台与观众之间的第四面墙，国际美食解锁了都市休闲的消费密码，那么沉浸式美食互动剧则为文化和旅游深度融合打开了时尚新视野。上海剧能吃与英国 Gingerline 联手制作的中文版“玩味探险家”，是戏剧，也是美食，更是游客与市民共建共享的社交场景。好的旅游创意项目从来都是对人性的关注和新需求的满足，以商业实践诠释了“人的链接才是最好的旅行”。

上海剧能吃文化发展有限公司高级合伙人林洁致答谢词：

首先，请允许我向中国旅游研究院表达最诚挚的感谢。感谢其在旅游业饱受疫情摧折的严峻时期一如既往地举办这个活动，给予旅游人勇往直前的信心和勇气。上海剧能吃文化发展有限公司作为中国沉浸餐饮体验开拓者，一直秉承着“让食客走进剧场，让观众品尝美食，给生活加点戏”的品牌理念。面对前景巨大的国际文化消费市场，我们认真思考每一个产品的呈现和互动的多种可能性，致力于为消费者创造一场“美味的秀”。最后衷心祝愿研究院及各位同仁工作顺利，大展宏图！

10. 浙江横店影视城有限公司

横店影视城“我们的片场”：整个剧组都是专业的，除了演员

案例介绍：2022 年的秋天，“16 位退休阿姨包剧组体验拍戏”的新闻成了热搜。一群平均年龄超过 62 岁，最大超过 70 岁，退休前来自各行各业的快乐阿姨演出的“银色版剧本杀”，在平台的播放量很快就超过了百万，很多影视爱好者都大呼上头。

热搜的幕后推手是横店影视城的“我们的片场”。投产运营二十多年来，剧组拍摄和文化旅游一直都是横店影视城创新发展的基础性业务板块，“影视为表，旅游为里，文化为魂”也成了公司最有辨识度的发展模式。作为全国最大的影视主题旅游景区，横店影视城一直都在积极寻求影视文化与旅游体验的深度融合，并逐渐从单纯的影视拍摄地观光向观光、休闲、体验相结合的影视体验度假区转型。

从看电影到体验电影，密码在于“让每个人都能拥有自己的角色”。来到影视城的每位游客，只要愿意就可以成为演员，拜四方、揭红幕、分角色、大合影……原本数月完成的影视创作被浓缩至几十分钟到几天不等，导演、灯光师、摄影师、服化和道具师都是专业的，说戏、走戏、拍摄和后期剪辑也是专业级别的，游客可过足包括威亚特技在内的戏瘾。随着 60 后进入退休高峰期，追求文化体验和生活品质的低龄老年人，正在与时尚现代的年轻人一道，构成了“我们的片场”忠实用户。

案例解读：共同富裕与人的全面发展是内在一致的，包括物质生活的共同富裕，也包括精神生活的共同富裕。全面建成小康社会的大众旅游新时代，游客有欣赏山水美景、历史人文的权利，也有站在片场 C 位，成为梦中偶像的需求。这样的旅游权利和消费需求不会因为年龄、性别、地域和教育程度而不同，而是会越来越趋于宽广和深厚。横店影视城“我们的片场”为全年龄游客送上了一部自己参与其中且能够带回家的电影，让我们在推进文化和融合进程中看见了“影视 + 旅游”的全新场景和现实路径。

浙江横店影视城有限公司董事长桑小庆致答谢词：

感谢中国旅游研究院对横店影视城“我们的片场”这样产品的认可。横店在发展影视产业的过程中，也一直在寻找如何能让游客深入参与影视体验，而“我们的片场”是最典型、游客参与感、代入感最强的一种。目前我们也仍在不断研发其他更多的、更具沉浸感的影视体验产品，希望未来有一天随着我们产品不断丰富与成熟，横店能成为真正的代表中国的影视体验度假区。

"2022 跨界融合创新案例"解读与感言

12 月 11 日下午，由中国旅游研究院、中国旅游协会主办，开元旅业集团、祥源控股集团协办的 2022 中国旅游集团化发展论坛系列研究成果发布会在北京、上海双会场同时召开。中国旅游研究院总统计师马仪亮博士代表课题组发布了 10 项跨界融合组"潮品牌　新势力——2022 中国旅游创业创新精选案例"。现将案例解读和集团代表的发言全文刊载如下：

1. 正佳企业集团有限公司

正佳企业集团"正佳星球"项目：为城市注入想象力　打造主客共享新空间

案例简介：随着体验经济主导的新业态快速成长，大型商业综合体已不再是单纯的"卖场"，也是产品创新中心和游客体验中心。正佳企业集团以休闲、时尚和潮文化为引领，将正佳广场打造成融家庭时尚体验、休闲购物娱乐、文化艺术消费于一体的城市中心体验空间，让商业空间成为城市旅游场景，进而探索出了一条主客共享、文旅商融合发展的新模式。

正佳企业集团通过资源整合和跨界融合，持续推出一批充满想象力、创造力和市场影响力的文商旅融合产品。正佳科学馆、天文馆、极地海洋世界、雨林生态植物园、自然科学博物馆、"野性城市"动物标本展、企鹅冰雪世界、夏威夷水乐园等一系列文旅项目，为城市注入了绚丽迷人的想象力。在这里，"潮"与"夜"的结合，吸引了众多本地和外来消费者，年接待量超过 5000 万人次。

为适应都市休闲和城市度假新需求，正佳企业集团于 2021 年底推出了融合家庭休闲旅游、亲子研学和文化消费体验于一体的创新产品——"正佳星球畅玩卡"。市民和游客持星球卡可以无限次地在城市中心的海底世界、热带雨林和潮玩娱乐中自由探索。产品投放市场不到一年时间，已经售出近 5 万套，持卡人数突破 10 万人，带动了 40 万人次出游，产生直接收益近 4000 万元。

案例解读：城市是旅游工作的重心，这是由城市的客源输出力、消费承载力、基础设施和公共服务支撑力、资本、技术、研发和人力资源、市场主体的集中度等客观要素所决定的，也是不以人的意志为转移的。对于广州这样的国家枢纽城市和国际化大都市来说，商业生态的变革时刻都会催生旅游新物种，不断刷新传统旅游业者的想象力并昭示未来旅游的无限可能。正佳企业集团敏锐把握了都市消费升级趋势和城市旅游的体验需求，经由文化、科普和商业的共建共享共荣，让传统购物中心蝶变为综合消费场景和城市休闲度假新空间。

正佳企业集团副总裁兼正佳文旅集团总裁陆红致答谢词：

衷心感谢中国旅游研究院和戴斌院长对正佳企业集团的肯定！正佳广场作为华南唯一的商贸类国家 AAAA 级旅游景区及首批国家级夜间文化和旅游消费集聚区，始终积极响应国家号召，不断打破产业边界，挑战行业“天花板”。2023 年，正佳广场将正式升级为“正佳星球”，我们将持续秉持想象力、创造力、爱与陪伴的价值主张，不断探索、打造更多主客共享、文商旅学融合的创新产品，更好地“为人类社会创造幸福和快乐，为城市注入想象力”。

2. 上海星景股权投资管理有限公司

复星旗下星享铁旅——呼伦贝尔号旅游列车：打造中国气派、当代风格的高端铁路旅行产品

案例简介：火车不仅是交通工具，也是旅游体验空间。草原、森林、湖泊、冰雪不仅是可观赏的静止风景，也是车厢内美好生活的流动背景。在复星团队的创新努力下，万千气象的旅游市场与沉稳厚重的铁路系统相遇相融，星享铁旅“呼伦贝尔号”诞生了，高端定制铁路旅行的新时代开始了。

本创新项目是央地合作、跨界融合和企业家精神的有机结合。呼伦贝尔文化旅游投资（集团）有限责任公司联合中国铁路哈尔滨局集团有限公司等合作伙伴投资近 1 亿元完成了列车的设计与改造，列车运行沿线的景区、餐厅、酒店、非遗等文化机构和旅游企业构成了完善的供应链系统，复星集团旗下星景公司负责控股运营和市场推广工作。“呼伦贝尔号”的身上有世界高端旅游列车的影子，更有美丽中国与生俱来的气质。那些不期而遇的原生态景色、引人入胜的非遗文化体验、卓越的服务品质，加上列车本身的硬件设施、服务品质到线路规划、非遗文化体验等进行的创新性设计给人以时代感的惊艳，也给人以地方性的社交和娱乐，为高端旅游列车提供了全新样板。

投产运营以来，“呼伦贝尔号”很快就形成了市场热点，不仅为基地和沿线各地带去了高端客源，更为推进文化和旅游深度融合、建设现代旅游业体系提供了可观察的样本和可借鉴的经验。

案例解读：马车、火车、邮轮、汽车、飞机，每一次交通革命都极大改变了人类的旅行方式。从 1841 年托马斯·库克的火车禁酒之旅，1883 年乔治·麦克组织的全卧铺“东方快车”七国之旅，到 1989 年罗罕·沃思创办运营的“非洲之傲”，豪华列车一直都是旅游皇冠上的明珠。全面小康社会的到来，铁轨上的豪华邮轮的梦想照进了大众旅游的现实。复星集团旗下星景控股运营的“呼伦贝尔号”旅游列车满足了旅游消费升级的需求，丰富了现代旅游产品谱系，也为草原、森林、湿地和冰雪等自然资源的高附加值产品研发提供了现实样板。

复星全球合伙人、复星国际副总裁温晓东致答谢词：

在这里，我们不仅要感谢主办方将“潮品牌　新势力”创新案例授予复星旗下星享铁旅运营的“呼伦贝尔号”，也要感谢中国旅游研究院在颁奖词中以“划时代里程碑”的高度概括了“星享铁旅”对人们旅行及生活方式的改变。星享铁旅致力于央地合作、跨界融合、多方共赢。以轨道交通为链条，串起的不仅是跨越山川林地的自然美景，更使独特的民俗民风、非遗文化焕发出熠熠光彩；带动沿线共同富裕的同时，也传递着铁路文化旅游的热度和魅力，使我国十万千米普速铁路焕发新春。星享铁旅根植中国，交汇融通，将通过“呼伦贝尔号”及更多创新项目，助推中国旅游业韧性复苏和高质量发展，实现世人“坐火车　游世界”的美好愿景。

3. 西咸新区丝路文化旅游发展有限公司

陕旅集团《丝路之声》：“旅游 + 音乐剧”讲好中国故事

案例简介：近年来，音乐剧演出市场在区域中心城市得到了快速发展，高学历年轻人为主的观众群体复购率高，分享意愿强，对旅游演艺的形式和内容创新有较高的接受度。陕西旅游集团与百老汇倪德伦环球娱乐强强联手，面向国际市场推出了原创主题音乐剧《丝路之声》，形成了旅游演艺新品牌，拓展了陕旅文化新版图，注入了集团发展新动能。

从编剧、建组、排练到正式演出，《丝路之声》耗时 5 年，总投资近 1 亿元，讲述了一个迷失在网络世界的现代少年穿越到两千年前的奇幻故事。该剧以现代华裔少年的独特视角，古今融合的创新形式，通过一段充满惊险、有趣的穿越经历，既关注了现代人的生存状态，也再现汉代的繁荣景象。《丝路之声》在陕西大剧院完成了 3 天 5 场的全球首演，作为开幕大戏亮相丝绸之路国际艺术节，曝光量超过了 2 亿人次。除了在丝路欢乐世界剧场驻场演出以外，《丝路之声》还有序启动北京等地的全球巡演。全面升级后的 2022 巡演版巧妙融合了东西方舞台艺术和艺术创新，如真似幻的场景让观众身临其境领略汉代丝路文化。旅游国企 + 国际团队、驻场 + 巡演、爵士乐 + 国乐，加上十多首原创歌曲，让我们看见了文化和旅游融合发展、国有旅游集团创新发展、现代旅游业创新发展的更多可能。

案例解读：文化和旅游融合发展，可以是优秀传统文化、非物质文化遗产与旅游产品的融合，可以是革命文化和社会主义先进文化与旅游项目的融合，也可以是一切人类文明的成果及其表现形式与旅游市场的融合。《丝路之声》音乐剧融合了中国历史文化、西方艺术形式、现代舞台技术，为本地观众和到访游客打造了全新的艺术体验。游客到来了，《丝路之声》是一台获得了商业成功的旅游演艺。剧组走出去，《丝路之声》则成了海内外观众认可的音乐剧。“如果你来不到我的城市，就让我去到你的身边”，这，才是新时代旅游演艺该有的样子吧。

陕西旅游集团朗德演艺有限公司总经理张晶致答谢词：

千年丝路，孕育了无数荡气回肠的故事。我们借助陕西旅游集团旅游演艺龙头标杆的优势，秉承互联互通的丝路精神，与美国百老汇顶级团队合作，依托“丝路欢乐世界”文旅示范区项目，开创了“旅游 + 音乐剧”新模式。《丝路之声》以西方视角讲述丝路故事，让观众从跨文化的角度认识中国，真正做到了把握历史机遇，讲好丝路故事，让中国演艺迈向世界。接下来我们将以更加开阔的国际视野，进取的创新精神，积极融入“一带一路”大格局。最后，感谢戴斌院长、中国旅游研究院、中国旅游协会搭建的优质平台，汇集文旅行业大咖，给予我们交流学习的机会。感谢各位同仁对我们的厚爱与嘉勉。前路漫漫，任重道远。我衷心祝愿大家在 2023 年排除万难，宏图大展。

4. 南京金陵饭店集团有限公司

金陵饭店集团天泉湖养老社区项目：致敬酒店服务经典，创造老年康养新业态

案例简介：2021 年，我国 60 岁及以上老年人达到 2.67 亿，占总人口的 18.9%。数据表明，我国已经正式进入老年和深度老年社会，谁来养老、何处养老和如何养老的问题，已经成为政府、产业和社会共同面对的战略课题。作为提高老年人生活品质和幸福指数的重要途径，"旅游 + 康养 + 度假"成为新的养老方式和生活潮流。

南京金陵饭店集团精准洞察市场需求，通过整合集团内部资源，将酒店业务与养老市场有机结合，推出了"度假 + 康养"主题、"酒店即公寓、景区即社区"为特色的金陵天泉湖养老社区项目。该项目位于天泉湖省级旅游度假区内，将五星级酒店精细化服务涵盖于社区管理、养老服务全过程，都市生活毫无违和感地融入了田园风光，受到了南京和长三角地区中老龄高端人士的青睐。

2022 年，金陵饭店集团又将养老社区运营经验延伸到旗下多家酒店。着眼于"住""食""享"三方面的核心需求，将酒店休闲度假、健康养生和营养食疗相结合，推出了"'十全十美'899 元起金陵康养通兑套票"。客人可从北京中信金陵、南京湖滨金陵等十家休闲度假酒店中任选酒店入住 2 晚，并享用套票中包含的养生套餐 / 茶饮、景点门票、温泉、户外健身和客房助眠香薰等服务项目。除了即期市场效应，还形成了"拒绝亚健康，康养在金陵"的集团新形象。

案例解读：20 世纪后 20 年，包括南京金陵饭店在内的五星级酒店，既是城市的地标建筑，也是改革开放的窗口，更是酒店人光辉岁月的集体记忆。伴随大众旅游时代而兴起的经济型酒店和民宿，则是 21 世纪前二十年的两大现象级业态创新，其主导者已经不再是早期的酒店经理人，而是跨界而来的创业者。血液里流淌着传统酒店精益服务基因的金陵饭店集团，一直以创新的姿态向经典致敬。金陵天泉湖养老社区项目是酒店产业养老事业融合的样板地，也是酒店人对中国式现代化进程中养老事业的新贡献。

南京金陵酒店管理有限公司总裁助理王巍致答谢词：

各位领导、嘉宾朋友，你们好，今天我很荣幸站在这里，接受中国旅游研究院对我们集团公司的嘉奖。在此，我谨代表南京金陵饭店集团向一直以来关心、支持、帮助、爱护我们的所有领导、同仁致以最真挚的感谢和最崇高的敬意。这份荣誉对于我们来说弥足珍贵，这是同行对我们的肯定，也是我们集团公司全体同仁同心同德、精诚合作、共同拼搏的结果。在幸运与感恩的同时，我们深感荣誉来之不易及肩上责任之重大。此时此刻，千言万语难以表达我们的心情，我只想说：谢谢大家的厚爱，祝大家健康安泰，平安顺遂，我们将继续在康养旅游产业上，发挥自身优势，为行业贡献力量。

5. 上海欧愉科技有限公司

欧愉科技竞鹅酒店项目：面向电竞文化新市场　打造城市旅游新物种

案例简介：作为典型的旅游住宿业态，星级旅游饭店和国际品牌酒店一直都是游客最重要的居停空间，并习惯了标准化的客房、餐饮、娱乐设施和服务流程。随着消费的升级，旅游住宿进入了品质化和多样性的新时代。欧愉科技秉持“旅游者定义旅游业”“数字化引领旅游业”的创新理念，面向电竞休闲市场推出酒店新物种——竞鹅酒店。

科技是第一生产力，当且仅当科技为生产者掌握，面向市场满足需求，与商业实践相结合，才能成为现代旅游来建设新动能。随着数字经济发展，以 90 后、00 后为核心的“Z 世代”快速崛起，电子竞技的普及度不断增加，杭州亚运会将电子竞技列为正式项目，标志着电子竞技正式从小众走向大众。数据显示，2021 年中国电竞爱好者的数量已超过 4 亿人。正是看见新需求的规模和新市场的潜力，欧愉科技与合作伙伴将电子竞技、酒店住宿、旅游休闲和文化创造有机结合，创造了旅游住宿新业态、城市旅游新物种。

竞鹅酒店以跨界思维，强化与数字 IP 的跨界合作，努力为电竞爱好者打造一站式娱乐新体验，并“虚拟人 + 数字互动体验 + 官方赛事 IP 立体化打造”模式，带动用户体验和住宿业态的全面升级。竞鹅导入了 KPL 王者荣耀等职业联赛和 AG 电竞，辅以荣耀奖杯区、战队打卡区、酷炫设备库、电竞商城等主题场景，让酒店拉满了电竞氛围。酒店推出了国内首位可互动的酒店虚拟主理人 VEEGY，在互动中让客人获得“电竞百事通”的海量观赛推荐。竞鹅酒店设立专业级的电竞馆，加强与赛事俱乐部的长期合作，开展丰富多彩的赛事活动，让社群经济从概念走向了商业实践。数字 IP 将酒店打造为次元空间后，酒店可以承载更具主题性、更年轻化的空间运营，让线下实体空间成为更优的用户入口。

案例解读：全面建成小康社会后，我国也进入了大众旅游全面发展的新阶段，星级酒店也随之走向了广义的旅游住宿业。可以人文的时尚，给我一个酒店，味蕾绽放，梦里花开；也可以科技的动感，给我一个空间，没有人经过。自经济型酒店狂飙突进的十年以后，住宿业已经很久没有现象级的创新了。竞鹅以科技 + 人文的名义，充分满足了新世代的旅游休闲新需求，不仅为城市旅游带来了新物种，也让传统的旅游住宿有了更多的名场面。

欧愉科技 CEO 史央清致答谢词：

感谢中国旅游研究院，感谢大会组委会及各位领导、同行对竞鹅酒店的认可和支持。消费升级、科技进步为旅游住宿的多样性带来了新需求、新机会。欧愉科技携手腾讯电竞跨界共创竞鹅酒店，通过“电竞数字 IP+ 赛事运营 + 酒店”的模式，致力于为“Z 世代”消费者提供更加“沉浸、有趣、好玩”的住宿场景和体验空间，助力旅游住宿消费新发展，谢谢。

6. 福莲（武夷山）茶业有限公司

福莲（武夷山）茶业茶庄园项目：践行“三茶”统筹　非遗重归生活

案例简介：2021 年 3 月 22 日，习近平总书记考察武夷山，来到星村镇燕子窠生态茶园前，提出茶产业、茶科技、茶文化“三茶”统筹的要求。地处武夷山景区的福莲茶业有限公司，深植在地文化数十年，培育了武夷茶的精神栖息地——福莲茶庄园。

这是一处以茶为主题，形成了融茶叶种植、岩茶生产、物流贸易、创意研发和人才培养于一体的茶产业生态园区。园区拥有千亩绿色生态茶园，其中近 400 亩位于国家农业可持续示范区示范点——燕子窠生态茶园示范基地，培育了“燕来兮”等多个有影响力的庄园茶品牌。

这是一处以茶为主题，汇聚了嘉叶山舍、茶山漫游道、制茶体验中心和当代茶圣吴觉农纪念馆的当代文化空间。本地居民和外来游客在这里可以全方位感受种茶、采茶、加工、储存和品茶的沉浸式文化体验，近距离感受非物质文化遗产的经典魅力和当代价值。

这是一个以茶为主题，汇集了茶文化传播、茶产业基地和茶主题民宿的旅行目的地。走进福莲茶庄园，游客可以感受茶文化绵延不绝的传承，也可以体验茶文化生生不息的创造。更多人则是以非遗的名义，完成了当代茶文化的时尚之旅。

案例解读：党的二十大报告明确要求，坚持以文塑旅、以旅彰文，推进文化和旅游深度融合。如何让种茶、制茶、售茶、品茶等茶文化为游客所接受，如何让非物质文化遗产重归生活，彰显当代价值，是文化系统和旅游行业面临的重大理论问题，也是现实课题。由可观可摘的千亩茶园、可修可居的嘉叶山舍、可研可学的吴觉农纪念馆等场馆构成的福莲茶庄园，提供了一项可复制可推广的经典案例，让我们在一山一岭一田一园中看到了当代品质生活的模样，在一餐一饮一居一行中听见了传统文化该有的声音，在一画一册一人一众中感受了共同富裕的未来。

福莲（武夷山）茶业有限公司副总经理张贵仁致答谢词：

感谢中国旅游研究院给予福莲茶庄园这样一份殊荣。在竞争日益激烈的市场，传统茶企如何破圈突围是我们一直在思考的问题。三茶统筹理论为茶产业发展指明了方向。作为首批践行者，福莲茶庄园将武夷山丰富的旅游资源、中国传统的茶文化资源相结合，将其转化成市场竞争力。上个月（2022年11月），“中国传统制茶技艺及其相关习俗”被列入人类非物质文化遗产代表作名录，武夷岩茶作为子项目囊括其中，我们将以此为契机，做好传承，让非物质文化遗产重归生活。我们深信，在助力乡村全面振兴、实现共同富裕的道路上，我们可以走得更远。

7. 北京巅峰智业旅游文化创意股份有限公司

巅峰产业“灯舞连平”乡村振兴示范带：美丽乡村连起来，广大农民富起来

案例简介：全面建成小康社会以后，乡村振兴和共同富裕成为“三农”工作的主要目标。围绕战略目标，推动建设思维转向运营思维，是新时代乡村旅游必须回答的现实课题。广东省巅峰产业运营管理有限公司的“灯舞连平”乡村振兴示范带，为此提供了有针对性的实践案例。

该项目在建设最初即以运营为导向，明确了运营主体。在地方政府和村集体的协助下，导入规划、建设、运营和管理一体化的“EPCO”模式，构建了融产业资源、电子商务、新媒体营销和数字智慧于一体的“峰景乡旅”产业赋能平台。通过平台将政府资源和社会资金进行优化配置，把12个村的闲置宅基地、农房和16个可运营的节点资源纳入平台，统一托管运营，统一宣传，统一招商，各方共享收益。通过一条融合连平文化符号的32千米碧道为纽带，串联12个美丽乡村，共商共建共享“灯舞连平”品牌，共享推广体系和销售渠道。项目汇集了露营、艺术、民宿、非遗、文创、集市、研学等现代旅游要素，配套乡村研学、萌宠乐园、精致露营、客家文化体验、星光市集、乡野民宿等新业态新产品，实现乡村度假客群的导流与消费的集聚。

项目建设运营至今取得了显著成效。引入数个农文旅代表性项目，盘活5亿闲置资产，撬动社会资金上亿元，带动就业增长5%。

案例解读：新时代旅游工作的重心在城市，重点在乡村。今天的乡村旅游，远不是城里人下乡看看花、摘摘果、吃吃饭这般简单。游客的休闲体验和度假需求，农民的能力培养和素质提升，都需要导入更加优质的外部资源和商业模式。如何将美丽乡村连接起来，将广大农民团结起来，特别是培养一批用得上、留得下的乡村旅游人才，是中国式现代化进程对新时代乡村旅游的客观要求。巅峰产业的“灯舞连平”乡村振兴示范带，以旅游的视角和商业的力量，交出了一份共同富裕的时代答卷。

北京巅峰智业旅游文化创意股份有限公司创始人刘锋致答谢词：

尊敬的戴斌院长、业界同仁，大家好！首先请允许我代表连平县人民政府和巅峰智业，对中国旅游研究院的肯定表示由衷的感谢，很高兴也很荣幸能够入选！“灯舞连平”乡村振兴示范带项目于2020年底启动，至今两年已见成效，其中我最大的一个感动，就是老百姓的满意才是最大的满意。巅峰智业始终坚持长期主义、客户主义和专业主义，一辈子做好一件事，就是“美丽中国 美好乡村”。我们期待乡村能变成文化的高地、精神的家园、心灵的港湾。让我们共同努力让乡村有尊严、让人民有诗意、让生活更美好！

8. 山东金东数字创意股份有限公司

金东数创“青岛中山路数字化改造”：看见了文化的遗产，也看见了城市的未来

案例简介：青岛市中山路承载了百年岛城经济、交通、金融、旅游发展的历史积淀，悠久的建筑遗存和多元的商业文化使之成为辨识度极高的城市名片。金东数创充分运用数字孪生、大数据、人工智能等技术，助力历史文化街区的维护更新和焕发活力，为城市旅游营建了时尚化体验场景。

数字化改造后的青岛中山路实现了线上虚拟城市体验和线上游览、购票、购物服务，提升了街区空间、文化活动和时尚传媒的场景体验感。数字人“青岛小嫚”增强了引流效果，加快了流量传播。通过裸眼 3D 曲面大屏，实现楼体建筑与数字内容的完美融合，为市民和游客带来了强烈的视觉冲击力。城市记忆馆、5G CAVE 立体影院，均实现了 360 度裸眼立体沉浸，彰显了城市文化的未来感。通过虚实结合的沉浸式光影巴士，再现百年老街的历史沧桑和发展变迁，为大众带来差异化的视觉体验。

科技与时尚为城市旅游注入了新动能，数字旅游从概念导入进入了市场实践新阶段。2022 年 7 月，更新改造后的中山路正式开街，迅速成为青岛市场人气最旺的区域，历史街区华丽转身为时尚街区、创意街区和文化新地标。城市记忆馆上榜 2022 国庆节假期山东十大热门景区，银鱼巷及天主教堂区域成为年轻人的社交聚集地和网红打卡地。开街以来，中山路累计吸引市民和游客 20 万人次，周边商超营业额同比增长 30%。

案例解读：青岛是历史文化名城，拥有中山路、八大关、崂山、青岛啤酒等文化遗产，也拥有海尔、海信、双星等现代制造和数字科技品牌。青岛还拥有完善的基础设施、公共服务、商业环境和高品质的旅游服务，在中国旅游研究院主持的全国游客满意度调查项目中荣获“非凡十年·魅力二十城”第三名。如何讲述新时代城市旅游的经典与时尚，使之成为主客共享的美好生活新空间，并不是件容易的事情。金东数创的中山路数字化转型项目给出了令人满意的回答，为全国历史文化街区的维护更新和旅游休闲街区建设提供了宝贵的经验。

山东金东数字创意股份有限公司创始人、董事长周安斌致答谢词：

感谢中国旅游研究院、感谢戴斌院长！金东数创以数字创意赋能百业为使命，立志在新时代以数字技术、创意视觉赋能城市文脉传承、文化遗产活化。很荣幸青岛中山路数字化改造项目能够成为新时代城市旅游高质量发展的在地示范，为历史城区的维护更新提供实践参考。金东数创将把这次的经验更广泛地应用于历史文化街区和旅游休闲街区的创新发展中，打造更多线上线下一体化、在线在场相结合的数字化文化消费体验新场景，满足“人民日益增长的美好生活需要”。

9. 北京华清安地建筑设计有限公司

华清安地重庆十八梯项目：市井生活的当代体验　主客共享的文化空间

案例简介：重庆十八梯地处“重庆母城”渝中半岛，是老城内一条古老而又陡峭的梯道，大量依山而建的巴渝民居层叠错落、鳞次栉比。主街熙熙攘攘，商贾云集；巷道高低起伏，曲径通幽，超魔幻的山城景观和最地道的市井百态给游客带来了别样的文化体验。开街第一周内便迎来了百万人流，首月客流近300万人次。

改造前的十八梯曾是渝中最大的棚户区，多危房和临建，仿佛科幻小说《北京折叠》所描述的现代化城市另一面。五年间，华清安地秉持主客共享理念，以“老重庆”文化为脉络，以“真山城”建筑为基础，以“新生活”业态为引擎，融商、景、旅、文四大功能为一体，重点围绕“城市观光”“非遗传承”“文化创意体验”，结合“夜经济”等现代服务业的产业定位，打造传统文化体验（AB 区）、国潮文创体验（C 区）、国际交流中心（D 区）和生活方式中心（E 区）四大特色区域，为世界还原一种重庆生活方式，实现了“文旅 + 创意”“文旅 + 生活”“文旅 + 跨界”的全景体验发展。演出演艺、文创展销、休闲娱乐、特色住宿、非遗美食等多元业态和立体化商业配套服务体系，让十八街很快成为居民丰富夜间文化休闲的重要场所、游客体验老城市井生活的文化地标和重庆面向国际的展示窗口。

案例解读：党的十八大以来，旅游业进一步融入国家战略体系，大众旅游的市场基础深入人心，主客共享的发展理念深入人心。华清安地将市场休闲、旅游开放与城市更新相结合，让重庆十八梯成为市民休闲新空间、旅游体验新场景。在这里，游客看见了文化的遗产，也看见了城市的未来。在这里，业者看到了理论与实践互动的重庆经验，也看到了旅游城市建设和城市旅游发展的全新可能。

北京华清安地建筑设计有限公司副总经理林霄致答谢词：

感谢中国旅游研究院颁发的这个意义非凡的荣誉。重庆十八梯项目有着丰厚的历史底蕴，承载着老重庆人的生活记忆。我们力求在保护重庆代表性文化遗存的同时，赋予其当代活力和发展生机。今天的十八梯，通过全面打造文商旅三位一体，重现了十八梯地区的传统风貌，也为城市更新的创新实践提供了一次积极探索。最后，要感谢重庆渝中区人民政府，感谢杭州新天地项目公司的信任。我们会继续努力，在遗产保护、城市更新和文旅融合领域深耕探索，呈现更多精品项目。

10. 景德镇黑樽文化旅游发展有限公司

黑樽文旅风过耳美术馆酒店：让艺术重归人民的美好生活和旅游场景

案例简介：坚持以文塑旅、以旅彰文，推进文化和旅游深度融合，是中央对新时期文化和旅游工作的战略要求，也是投资机构和市场主体的发展机遇。在世界陶瓷之都景德镇，当酒店遇见美术馆，全新的跨界体验空间打开了。黑樽文化旅游发展有限公司打造的“风过耳美术馆酒店”，让酒店除了经典的住宿品质，还拥有融餐饮、展陈、社交、体验为一体的美学价值空间，以艺术的名义让传统的住宿业成为旅游业的潮品牌和新势力。

风起，我们来了。风过耳美术馆酒店位于景德镇三宝蓬艺术园区内，引入 30 余位极具个性辨识度的当代陶瓷艺术家，将陶瓷艺术作品有机植入 27 间山景客房，打造了艺术家的微展空间。酒店与问鼎格物等多家高端品牌深度合作，联手打造“美术 +”产业链，与上海、杭州等多地艺术机构和团体建立广泛联系，让陶瓷艺术品走出景德镇，走向大众。2022 年国庆节，独立艺术家王豫明“大致如此”瓷绘小幅作品微展拉开风过耳酒店“2882 墙”艺术展的首秀帷幕。用艺术提升酒店价值、以酒店为艺术增值，打破传统酒店的边界，让更多“非住店”客人走进酒店，带动了酒店的非客房收入。满足大众消费者多元化的需求，融合美术馆参观体验与酒店消费的创新业态，未来的风过耳酒店还会走得更远。

案例解读：能够与旅游融合的不仅有文化遗产和艺术本体，还有当代文化和艺术空间。既然可以有电竞酒店、深坑酒店、酒店博物馆，为什么不可以有美术馆酒店呢？风过耳美术馆酒店以艺术的视角和商业的逻辑，让美术重归生活，让艺术属于人民，让游客在行程中领略文化之美，增强文化自信。人民对美好生活的向往，是我们的奋斗目标，也是发展机遇。共同富裕与人的全面发展具有内在的一致性，全面小康社会的大众旅游，要有吃住行的物质享受，还要有文化消费和精神享受。谁能够满足新时代旅游新需求，谁就是旅游业的潮品牌新势力。

景德镇黑樽文化旅游发展有限公司董事长谢绯致答谢词：

感谢主办方、感谢戴斌院长及景德镇各级文旅的推荐，使风过耳美术馆酒店荣幸入选并参与交流。2019 年，当我们首次踏入景德镇，就被世界瓷都的文化深深吸引，也由此结识了许多陶瓷艺术家，共同探讨形成以艺术视角和商业逻辑相结合的方式，呈现出一座美丽的风过耳美术馆酒店。直至 2021 年 9 月，在 30 余位瓷艺家的支持与作品入驻下，“一座可以入眠的美术馆酒店”正式对外营业。此次入选，更坚定了我们与艺术跨界融合的信心，坚持把风过耳办成物质与精神享受相结合的文旅平台，打通艺术品展现与流通，实现多赢的社会价值。最后，请允许我代表风过耳美术馆酒店诚邀各位热爱文旅的同仁相聚瓷都，常做交流，携手共进！谢谢大家！

主题发言

在 2022 中国旅游集团化发展论坛的致辞

段 强
中国旅游协会会长

尊敬的胡和平部长，各位同事：

上午好！

由中国旅游协会和中国旅游研究院联合发起并共同主办的中国旅游集团化发展论坛，已经连续举办 14 届了。在文化和旅游部的坚强领导下，在旅游集团、上市公司和社会各界的大力支持下，论坛已经成为旅游业年度盛会，产生了广泛的社会影响力。政府部门负责人、企业家、经济学家和投资机构负责人围绕会议主题发表的重要讲话和主题演讲，还有每年发布的中国旅游集团 20 强、旅游集团发展报告、文化和旅游融合创新案例等会议成果，已经成为推动新时代旅游业高质量发展的思想动能。在此，我谨代表论坛主办方，向各位领导和同志表示衷心的感谢！

2020 年以来，旅游业面临前所未有的挑战，经受最为漫长的复苏。我们开始有些乐观了，以为一到两个季度就可以过去。后来又过于悲观，觉得看不到尽头。再后来就越来越理性了，一方面用好中央和地方纾困解难政策托底，另一方面加强产品研发和市场创新，以适应旅游休闲市场的新变化。回过头来看，包括旅游集团在内的业界负责人，对新冠疫情的影响程度和波及范围、对市场复苏和产业振兴有一个逐步认识的过程。过去三年，党和政府一直牵挂着旅游业。无论是普惠的财政、金融、发展和社会保障政策，还是国家发展改革委、文化和旅游部等十四部委今年年初对旅游业等五个重点领域的专门政策，都是对旅游业的托底保障。党的坚强领导和政府部门的政策托底，从根本上保证了旅游市场的基本面没有变，旅游产业的基本盘没有散。

面对前所未有的压力与挑战，旅游业界与政府相向而行，坚持以文塑旅、以旅彰文，推进文化和旅游深度融合；坚持科技创新、跨界融合，推动旅游业创新发展；坚持投资拉动、创新驱动，推进旅游业高质量发展。过去三年，中国旅游协会发挥会员优势和平台影响力，在市场调研、数据生产、案例分享、政策建议等多项工作中，聚集了士气，传递了信心。在此过程中，有一些企业离场了，但更多企业坚持下来了，还有很多企业在进场。从旅游集团发展报告、旅游创业创新案例等研究成果看，以旅游集团为代表的市场主体是可以信任、也可以依赖的商业力量。

疫情终将过去，胜利一定会到来。全面小康社会的今天，旅游已经成为人民美好生活不可或缺的刚性需求，这是旅游业持续增长和高质量发展的最可靠的保障。在中国式现代化全面推进中华民族伟大复兴的征程中，旅游业正在迎来经济增长、文化建设、科技创新的重大利好。从近期的政策调整来看，旅游业很快将进入复苏向上的新通道。这将是一个渐进的过程，也是不可逆转的进程。让我们以更加坚定的信心、更有韧性的创新，为大众旅游、智慧旅游、绿色旅游和文明旅游做出新贡献。

预祝论坛圆满成功！

谢谢大家！

在 2022 中国旅游集团化发展论坛的致辞

何超琼
全国工商联副主席、香港信德集团董事长

尊敬的胡和平部长、戴斌院长，各位领导：

大家好！

很荣幸收到中国旅游集团化论坛的邀请，为业界的领导和同行们做主旨演讲。

这届的主题“政策促进、产业创新与旅游复苏”把握到位，振奋人心。政府政策、产业的创新力量与旅游复苏是环环相扣的。我认为政策是发展的指南针，是发展的强大支持，业界以创新思维协作配合，携手达到政策方针，复苏指日可待。

让我跟大家分享澳门的经验，在国家“十二五”“十三五”和“十四五”规划的支持下，在过去 15 年，澳门一步一步地被打造成为“世界旅游休闲中心”。国家的政策，从早年出台的政策 CEPA（内地与澳门关于建立更加紧密经贸关系的安排），到近年的大湾区发展规划，都拉动了更多内地游客来澳门。疫情前，澳门每年平均接待超过三千万的内地游客，是澳门旅游业的重要支撑。

作为澳门旅游界的一员，我带领我的企业主动去理解、配合国家对澳门的规划和要求。我觉得这非常重要，因为什么发展都离不开国家，政策除了指导我们去开发，更加为发展提供了强大的保障。

大家都或有所闻，澳门特别行政区政府最近就未来十年的“娱乐场幸运博彩批给”重新招标，这次招标为澳门未来十年的旅游经济发展谋划出新的蓝图，定下发展主调。标书中要求所有参与投标的综合娱乐企业，围绕十多个非博彩元素，包括文体、会展、康养、美食、社区建设、文化遗产保护、演艺娱乐等领域，开拓国际各类客源，制订切实可行的计划书。

在标书的实质要求框架下，各企业都迸发出创新思维，去开发一些新产业发展内容，六家企业在未来十年的总投资达到1000亿元，反映着我们对澳门前景的无限信心，及投入澳门旅游产业改革的无比决心。

特别行政区政府更附设条款，密切监察企业履行计划书内容的进展，确保计划内容都是切实可行及可持续发展的。最终六家企业获批牌照。我很荣幸，我带领的企业，美高梅中国以首名得到了牌照的批给。我们的计划书是经过深入调研的，深思熟虑如何提升产业，加大投资力度，引进高质量新项目，比如别出心裁的文化艺术项目、具有特色的全球性会议等。

澳门旅游业凭着之前深耕15年的坚实基础，加上国家、特区政府和业界齐心协力，促进推动，未来十年，将不止于复苏，更必将进入澳门“亚洲综合旅游”的新里程。实践高质量创新发展，成就“世界旅游休闲中心”如期达标。

其实，中国旅游业的复苏是全世界都热切期待着的，因为中国一直是世界旅游经济中的重要组成部分。2019年，中国出境游客达到1.55亿人次，同年，中国旅客在世界各地消费总额超过1.7亿元，已占全球旅客总消费的1/5。可以想象，国际旅游业对中国游客缺失三年都感到彷徨了。

世界旅游及旅行业理事会（WTTC）在11月底，在沙特阿拉伯举行了全球峰会。我也参与了这次峰会，并跟几位国际旅游业界的权威人士，包括WTTC的执行官、世界旅游组织（UNWTO）的秘书长、亚太旅行协会PATA的总裁等业界领袖见了面。在峰会上，“中国旅游”“中国游客”是重要关键词，中国与世界旅游交流的复苏成为国际旅游业的重要议题。

但不幸地，我发觉很多人对中国防疫政策背后的理念有众多的误解和偏见。作为会上唯一的中国代表，我争取向他们解释，中国防疫政策的核心理念是“人民至上、生命至上”，并且告诉他们中国旅游业从未停歇，在内循环支持下还有增长。而且在国家政策的支持下，基建、旅游服务配套等方面一直在马不停蹄地向前发展。

面对误解，最佳的方法是主动说明解释。所以我认为，中国旅游业在复苏的同时，也要争取跟我们对国际旅游经济的贡献相对等的话语权。说好中国的实际情况，是我们的首要任务。

我一直相信，通过彼此学习交流，是进步的动力。而十年前，我也在澳门创办了“世界旅游经济论坛”（GTEF），与全联旅游业商会及UNWTO结成策略伙伴，致力于中西方旅游业的深度沟通与交流，把中国声音带到国际舞台。

面对国内外新形势、新挑战，我们各旅游集团必须保持协作心态，团结起来，配合国家政策方针，整装待发，迎接即将到来的复苏大潮。让全球旅客在不久的将来，来到中国，亲身感受中国现代化文明的高速发展，看到最美的中国故事。

谢谢各位!

聚焦服务　开拓创新　增强信心
持续推进旅游集团高质量发展

陈　寅
中国旅游集团党委书记、董事长

尊敬的胡和平部长、段强会长、戴斌院长，各位领导、嘉宾、业界同仁：

很高兴受邀参加“2022 中国旅游集团化发展论坛”，首先，请允许我代表中国旅游集团对论坛的举办表示热烈的祝贺！下面，我围绕“政策促进、产业创新与旅游业复苏”主题，与大家交流分享几点看法，不当之处还请批评指正。

一、面对市场，服务始终是旅游集团的安身之本

党的二十大报告提出，“构建高水平社会主义市场经济体制”“推进高水平对外开放”。在国内国际两个高水平的市场竞争中，企业如何发挥自身特色优势，以立于不败之地，是我们每一个旅游集团都面临的重大课题。2022 年 4 月，习近平总书记来到中国旅游集团所属三亚国际免税城发表重要讲话，提出“以诚信经营、优质服务吸引消费者”“更好发挥消费对经济发展的基础性作用”，为我们的课题提供了答案。中国旅游集团以总书记重要讲话精神为指引，将“诚信经营、优质服务”作为安身立命之本，努力发挥产业链供应链优势，经受住了市场的严峻考验。

一是坚持一条理念。我们牢记总书记的嘱托，将“诚信经营、优质服务”作为首要经营理念，贯穿生产经营和改革发展全过程，融入企业文化和服务标准，从 8 个方面开展专项行动，苦练内功，带动集团整体经营质量和服务水平提升，在全行业遭遇疫情寒流的情况下，集团整体仍然保持了盈利，中国中免

保持了世界第一大旅游零售商的地位。

二是抓好两个统筹。我们坚持人民至上、生命至上，将顾客的安全摆在服务保障的首要位置，切实履行企业主体责任，高效统筹疫情防控和生产经营，在提供优质服务的同时，创造安全、健康的经营环境，赢得了顾客放心的口碑。

三是提供三项保障。我们发挥旅游全产业链的专业服务优势，圆满完成北京冬奥会 90 个代表团上万人的服务保障任务，得到各国代表的广泛赞誉，以真诚待客之道实现了融通人心的效果。我们下属酒店、客运车辆以及志愿者们，积极承担香港和内地防疫保障任务，在关键时刻彰显了旅游集团的社会责任。我们在下属企业亏损面较大的情况下，拿出超过 5% 的净利润，减免了近千家中小企业和个体工商户的租金，保障了市场主体和产业链稳定，为稳住经济大盘做出了自身的贡献。

二、面对变化，创新始终是旅游集团的应变之道

党的二十大报告提出，“创新是引领发展的第一动力”“加快实施创新驱动发展战略”。习近平总书记强调，惟创新者进，惟创新者强，惟创新者胜。创新同样是国内旅游企业应对时代变化、顺应消费趋势、重塑竞争优势的最好方式。

一是围绕客户的创新。疫情以来，中国旅游集团从客户视角，在产品、模式等方面进行了很多创新尝试。我们把握高品质旅游需求变化，打造宁夏沙坡头星星酒店、广西德天跨境瀑布等首创产品，一经推出便成为“网红产品”。我们加大无人售货车、智能机器人、AI 客服、VR 探店、AR 试妆等科技元素在旅游场景的应用，以服务新体验提升消费者满意度。未来，相信通过创新，不仅千人千面的个性化旅游需求将会得到更好满足，而且创新供给可以创造新需求，我们服务和引领旅游消费趋势的能力必将得到提升。

二是围绕效率的创新。数字化是企业提升经营效率的主要方式。中国旅游集团利用疫情窗口期加快数字化转型，通过客户、产品与资源三要素的数据化、数字化、智能化，实现要素能力和效率的提升。我们加快旅游零售向线上线下一体化经营方式转型，目前线上业务营收占比超过 50%，成为集团收入增长的新引擎。我们在供应链上线了箱式电商机器人，拣货能力得到翻倍提升，分拣差错率小于万分之一。酒店通过物联网和云计算实现远程能耗管理，2022 年上半年，相关酒店能耗费用同比下降 17%。未来，我们将进一步优化业务流程，

推进供应链端到端数据互联互通，打通关键堵点，实现业务透明化、智能化，向管理创新要效益。

三是围绕机制的创新。面对行业市场“严冬”，中国旅游集团以市场规律应对市场之变，深化市场化经营机制改革，加快推动经理层成员从传统的“身份管理”向市场化的“岗位管理”转变。2022 年前三季度，竞争上岗的管理人数占新聘任管理人员比例的 74.32%，管理人员退出比例为 5.07%，均高于央企同期平均值。“双百企业”中旅旅行实施“全体起立、竞聘上岗”，近 800 人参与竞聘、207 人退出岗位，真正做到能者上、庸者下、劣者汰。

四是围绕协同的创新。协同是集团企业的最大优势，也是创新驱动的重点领域。中国旅游集团坚持以消费者为中心，以市场为导向，将“融合协同”纳入企业价值观，围绕消费者需求构建大会员体系，对内聚合，拓展不同业态的产品和服务能力，对外加强与上下游企业、合作伙伴的资源共享和战略合作，创新推动现有产业链、供应链和价值链的深度协同。我们聚焦区域协同优化组织构架，立足香港打造服务游客出行全过程的生态圈，在海南整合吃、住、行、游、购、娱各业务资源，推出“全岛一家”明星产品，为消费者提供一体化、一站式、全场景的高品质消费体验，服务消费提质升级。

三、面对未来，信心始终是旅游集团的动力之源

党的二十大报告指出，“坚持以文塑旅、以旅彰文，推进文化和旅游深度融合发展”。作为满足人民美好生活需要的幸福产业，“读万卷书、行万里路”早已成为根植于人民内心的精神追求、价值追求和文化追求。“野火烧不尽，春风吹又生”，我们相信行业的冬天必将过去，春天必将到来。从政策环境看，旅游行业得到国家的高度关注和扶持。前不久，国家关于疫情防控的二十条优化措施公布实施后，文旅部迅速制定行业科学精准防控措施，宣布跨省旅游经营活动不再与风险区实施联动管理，大大提升了旅游市场的信心。近日，国务院进一步优化十条防控措施，公园景区等场所和跨地区流动人员不再查验核酸和健康码，方便了居民出行出游。疫情以来，中央和地方出台一系列纾困政策，从金融支持、税收优惠、稳岗就业、刺激消费等多方面推动旅游业复苏。今年以来，旅游、民航、铁路等行业退税超过 5000 亿元，部分目的地消费券对当地旅游消费的整体带动效能达到 1 ∶ 10，体现了政策的撬动效应和引导作用。

从市场反应看，旅游消费得到资本市场的广泛认可。2022 年 8 月，中国中免 H 股上市，募资得到境内外资本踊跃认购，成为港股今年规模最大的 IPO，全球旅游零售行业十余年规模最大的股本融资，被纳入恒生综合指数、MSCI 全球标准指数，进入沪港通和深港通。在近期股市遭遇剧烈波动的大背景下，市值仍然保持坚挺，目前股价超过发行价 30%，市盈率超过 30 倍，反映出资本市场对旅游零售行业和旅游消费升级预期的长期看好。

从发展前景看，旅游市场是正在蓄势待发的巨大蛋糕。今年以来国际旅游业强劲反弹，前三季度全球国际游客量同比增长 133%，预计全年全球国际旅游收入将恢复至疫情前水平的 70% 以上。世界旅游业理事会预测，未来十年，旅游业对世界经济的贡献将以年均 5.8% 的速度增长，比世界经济年均 2.7% 的增速高出一倍多。国内旅游市场虽然目前处于低谷，但我国人口规模大、人均 GDP 超过 1.2 万美元、消费升级趋势确定等基本盘没有改变，行业触底反弹的动能强劲。高盛最新预测认为，到 2025 年我国旅游相关市场规模或将超过 10 万亿元，较 2019 年增长 36.6%。

各位领导、各位同仁，党的二十大开启了中国式现代化全面推进中华民族伟大复兴的新征程，为旅游事业的发展指明了方向。作为唯一以旅游为核心主业的中央企业，中国旅游集团对事业前景满怀信心，愿意与业内各界加强交流合作，共享机遇、共谋发展、共创未来，一道为全球旅游业高质量发展贡献中国智慧、中国方案和中国力量。

最后，预祝“2022 中国旅游集团化发展论坛”取得圆满成功！

谢谢大家！

打造一流企业，赋能美好生活

——华侨城推进旅游高质量发展体会与思考

张振高
华侨城集团党委书记、董事长

尊敬的胡和平部长、段强会长、戴斌院长，女士们，先生们，朋友们：

大家好！

感谢会议主办方中国旅游研究院和中国旅游协会的盛情邀请，在行业发展的关键时刻，与大家一起参加中国旅游集团化发展论坛，共同探讨“政策促进、产业创新与旅游复苏”这一话题。

同时，也借此机会，衷心感谢文化和旅游部对行业的坚强领导和大力呵护，让我们有信心、有动能走出行业低谷！衷心感谢业界各兄弟单位对华侨城集团的大力支持，使我们有机会与大家共克时艰，勠力同心，共同拥抱行业复苏的即将到来。

几年来，在经济环境下行并叠加疫情的压力下，旅游业面临着历史上最严峻的挑战和最漫长的复苏。同时，疫情三年来，旅游业也经历了变革与复苏，激发了新的发展动能和增长空间。党的二十大报告明确提出“坚持以文塑旅、以旅彰文，推进文化和旅游深度融合发展”，为文旅产业高质量发展指明了方向。

30多年来，文化旅游业务一直是华侨城的标志性业务，结合党的二十大精神以及当前行业发展形势，近期我们也有一些思考，借此机会与大家一起交流、分享：

第一，深耕朝阳产业，坚持发展信心不动摇

尽管当前旅游业的发展面临很多不确定性，但中长期看，作为“永不落幕的朝阳产业”，旅游行业发展前景依旧光明，随着近期全国新冠疫情防控政策越发精准，旅游市场复苏的进程也将加快。

一是国家对旅游有要求。旅游业与中国式现代化、全体人民共同富裕、物质文明和精神文明相协调等内涵息息相关，旅游业作为国民经济支柱产业的地位将持续稳固。近两年来，国家出台的多项政策也将有力促进旅游业在疫情过后的快速复苏。

二是人民对旅游有期待。旅游消费需求依然强劲，全面小康确立的旅游消费基础仍然稳固，大众旅游时代已经到来。根据机构研究预测，2025 年我国新中产人数将超过 5 亿，2035 年将达到 8 亿，中产阶级新生代迅速崛起必将进一步带动旅游消费增长。

三是市场对旅游有推动。三年疫情也改变着旅游习惯，短途游、微度假受热捧，自助式、预约制成常态，线上预订从 OTA 向短视频平台、社交平台延伸。这些变化会倒逼供给，促使行业做出创新。

我们相信，行业发展的基本盘没有动摇，旅游产业高质量发展的动力将日益强劲。

第二，把握根本规律，投身文旅融合谋发展

党的二十大报告提出“构建优质高效的服务业新体系”，强调“推进文化和旅游深度融合发展”，这就要求文旅产业进一步丰富优质旅游产品和服务供给，打造更有文化、有内涵、有特色的高质量产品，更好满足人们多样化、多层次的旅游需求。

在华侨城多年的发展实践中，我们不断探索新的产品模式和产业生态，也在不断总结文旅融合的根本性规律。华侨城最初的“锦绣中华”“世界之窗”等项目，在当时被誉为文化和旅游融合的典范。近年来，华侨城在以欢乐谷为代表的文化主题公园，以欢乐海岸为代表的文旅商娱综合体，以文化旅游节为代表的文旅节庆活动，以花橙旅游为代表的文化旅游线上服务平台等方面都做了非常多的探索，也积累了良好的市场口碑和经验。

通过这些多方面、多角度、多层次的实践，我们理解文化产业和旅游产业既有着自身的发展脉络和规律，同时也相向而行、密不可分。文化产业渗透性强、价值延展性强，旅游产业引流效应强、溢出效应好。从文化的角度看，旅游能够让文化更有市场、受众面更广；从旅游的角度看，文化能够让旅游更有内涵、更有底蕴。可以说，文化和旅游是相辅相成、相互促进、相得益彰的关系。

基于文化和旅游产业的独立性、交叉性与契合度，也基于华侨城业务实际，经过反复调研和论证，我们近期重新梳理构建了更加适应市场需求的业务体系，致力于从企业的角度更好地促进文旅融合，创造更大价值，实现更长远发展。

一是把文化和旅游作为两大主业。二是构建起“两核三维多点”旅游业务新发展格局，从根本上梳理清楚华侨城各旅游业务之间的关系。三是为了落实新发展格局，搭建了5个专业化平台，改组成立全新的文化集团，整合主题乐园业务注入欢乐谷集团，针对旅游业态创新发展需求成立旅发集团，与科技融合，结合文旅科技进一步发挥云南旅游上市公司价值，针对专业化发展改组酒店集团，从而既实现各自专业化、自主化发展，又能优势互补、共同促进，在保证可持续发展的同时促进长久性融合，让“1+1 ＞ 2”“1+1+1 ＞ 3”。

未来，通过文化和旅游产业各自专业化发展的顶层设计，华侨城将致力于在更高水平上推进文旅融合不断深入、持续创新，实现更高层次、更高质量的文旅融合，以更加优质的文旅产品供给为人民美好生活赋能。

第三，打造一流企业，引领行业发展做贡献

党的十九大报告就曾提出要“培育具有全球竞争力的世界一流企业”，党的二十大报告再次强调要“加快建设世界一流企业”。华侨城集团作为国内最早一批进入旅游行业的大型文化旅游集团，始终坚守初心与使命，坚持“优质生活创想家”的理念，把打造“一流旅游企业集团”作为我们的奋斗目标。

在30多年的发展中，华侨城以文化、旅游等为主业，秉承优质基因，在主题公园、文化演艺、文旅小镇、主题酒店等方面打造了一些具有引领性的项目，连续多年同时获评“中国旅游集团20强”和“全国文化企业30强”，被业界认为是文旅项目发展最早、产品体系最丰富、创新迭代较快的头部企业之一。主题公园领域我们目前有30个陆公园（含摩天轮、商业内小型游乐园、室内场

馆等项目）、9 个水公园，拥有欢乐谷、玛雅海滩、欢乐田园等知名品牌。文化演艺既有《金面王朝》《东方霓裳》《盛世纪》等旅游演艺，也有《吴哥的微笑》等国际知名文化演艺项目。文旅小镇方面，既有弘扬本土文化的甘坑客家小镇、大鹏所城等，也有深挖乡村文化内涵的颇洞美村、乌龙古渔村等。酒店方面形成了覆盖高中端商务、度假、经济型等全类型酒店，与多家国际知名酒店品牌合作落地酒店项目。

疫情期间，旅游业的发展陷入历史性艰难时期，华侨城的旅游业务也遇到了前所未有的挑战，比如，我们旅游业务的收入大幅下降，我们的发展模式遭遇挑战，我们旅游业务的质量效益还有较大提升空间等。在新形势下，旅游发展面临新阶段，文旅融合面临新任务，行业需要新理念、新模式、新产品的引领，华侨城将持续在文化项目运营、旅游项目建设经营、文旅融合产品创新等方面投入更多的精力，以推动文化旅游业更高质量发展。

当前，华侨城已经明确把“创一流”作为旅游发展的目标，我们将坚守几个理念：

一是坚持发展旅游业务的大战略。旅游产业作为五大幸福产业之首，是中国式现代化的重要内容之一。华侨城集团作为旅游行业的国家队，务必保持战略定力、增强发展信心，不断推动旅游业务开拓新局面。

二是坚持可持续高质量的发展观。党的二十大报告指出：“高质量发展是全面建设社会主义现代化国家的首要任务。”旅游业务的发展也需要不断转变经营思路，更加注重效益和质量，以消费者为中心，围绕消费者的需求，创造更多优质旅游产品和服务，不断实现可持续高质量发展。

三是坚持深度融合发展的方法论。过去我们在文旅融合上有很多实践，未来华侨城将进一步深化推进文旅融合，强化科技赋能，提升创新供给能力，拓展旅游与文化等其他产业融合发展的深度和广度，不断增强旅游业务的软实力和核心竞争力。

四是坚持迈向世界一流的高目标。华侨城将始终把“世界一流”作为我们的奋斗目标，坚持优质生活创想家的价值观，以高品质的产品和服务塑造良好的品牌声誉，不断提升文化旅游业务的国际竞争力和影响力，为做大做强旅游业务而不懈努力。

因创想，以服务，同欢乐，铸一流。华侨城将以本次会议为契机，贯彻落实胡部长讲话精神，以高质量发展为目标，坚定信心、勇毅前行，以新技术、新手段打造更高品质、更具内涵、更富创意的文旅融合优质产品和服务，赋能人民美好生活，为疫情过后推动旅游复苏发展做出更大的贡献。

预祝本次论坛圆满成功！谢谢大家！

长隆集团的创新实践

苏志刚
长隆集团董事长

尊敬的胡和平部长、段强会长、何超琼秘书长、戴斌院长：

大家上午好！

很高兴参加今天的 2022 中国旅游集团化发展论坛，与大家分享交流长隆的发展历程，同时也向各位文旅同行好好学习。刚才听了中旅和华侨城的分享介绍，都是非常成功的例子。

作为一名民营企业家，我非常感恩党、感恩国家。本人作为文旅实业企业家，有幸受邀参加过新中国成立 70 周年大会和建党 100 周年大会。作为一家民营企业，长隆没有上市，在发展过程中非常感谢中国工商银行等银行的支持，也特别感谢中宣部、文旅部等部门的支持，让长隆得以成功连续六届举办具有国际影响力的中国国际马戏节。在各方面的支持下，长隆能够专心专注做高端产品。

长隆 30 多年来专注发展文旅实业，从我 1989 年开办第一个大排档，1994 年第一次出国学习考察主题公园，到 1997 年 12 月 26 日开办第一个主题公园，1998 年大年初三那天长隆接待 8 万多游客，长隆的发展给了我很多感动和体会。特别是 2008 年亚洲金融风暴之际，当时横琴还是一片滩涂，我克服困难，毅然决定在横琴建设一个世界级文化旅游度假区，十几年来持续不断投入研发和建设。

澳门回归 20 周年时习近平总书记说，要做好珠澳合作开发横琴这篇文章，在党的二十大报告中也 30 多次提及了文化和旅游。2021 年 9 月 17 日横琴粤澳深度合作区管理机构揭牌成立，琴澳一体化发展提速，琴澳两地融合更加紧密。长隆从第一个主题公园发展到今天，在与全球各方面同行专家交流学习中，已形成了非常专业的核心团队。长隆每天都进行项目研发，在疫情当中仍是不断创新，投资 80 多亿元在建的超大规模的横琴长隆海洋科学乐园，预计明年年中就能够开园营业。

希望我们各位同行一起坚定信心跟党走，用心做好我们的产业。大家也知道旅游行业是全世界最难做的产业，在发展中特别需要专注，特别需要谨慎。

今天的论坛给了我一个机会跟大家交流学习，共同探讨中国文化旅游的未来发展，特别感谢今天胡部长给的这个机会，感谢戴斌院长的盛情邀请，期待各位同行有机会到长隆走走、到横琴走走，谢谢大家！

推动金融服务创新，助力文旅产业高质量发展

张文武
中国工商银行副行长

尊敬的胡和平部长，各位来宾、媒体朋友：

大家好！

非常高兴参加本次论坛。首先，受陈四清董事长委托，我谨代表中国工商银行，对各位领导、各界朋友长期以来给予的关心和支持，表示衷心的感谢！

文化和旅游是人民美好生活的重要组成部分，支持文化和旅游产业发展是践行中国式现代化的重要举措。党的二十大报告将文化建设摆在突出位置，对文化和旅游工作做出重要部署，充分体现了以习近平同志为核心的党中央对文化建设和旅游发展的高度重视。文化和旅游产业作为消费的热点和重要增长点，已经成为人民群众获得感和幸福感的重要来源，是繁荣市场、扩大就业的重要载体，在构建新发展格局、推动高质量发展中发挥着重要作用。新冠疫情发生以来，旅游行业受冲击较大，亟待建立有效机制加大对文旅产业的支持力度。

近年来，中国工商银行坚持金融工作的政治性与人民性，认真落实文化强国战略，积极助力文旅产业高质量发展。不断提升金融服务的适应性、竞争力和普惠性，积极助力文旅产业高质量发展，满足人民美好生活新期待，增强人民幸福感、获得感。特别是面对文旅产业受疫情影响较大的情况，坚定与文旅企业同舟共济、风雨共担，加大对文旅企业信贷支持力度，支持文化产业赋能乡村振兴，推动重点文旅项目落地，培育壮大文旅市场主体。目前，全行文旅产业贷款余额近 3000 亿元，居同业首位。

同时，工行正在通过发展数字金融、线上融资等方式推进金融服务创新，支持文旅产业链各主体纾困解难。2021 年以来，工商银行与部分线上票务销售平台直连，将融资嵌入旅游产业链生产、交易、销售场景，为小微旅行社承销

景区门票提供融资支持。通过与部分景区合作，基于经营规模、入住人数、网络评价等多维数据，为景区附近民宿酒店提供信用贷款。2021 年以来，累计为超过 4.2 万户文旅小微企业发放线上贷款 730 亿元，为文旅产业链注入资金活水，加快促进行业复苏回暖。

为了进一步缓解疫情压力，持续加大对文旅产业的支持，2022 年 7 月我行与文旅部、全国工商联合作成立文旅数字金融实验室。各方主要在以下三方面发挥积极作用：一是聚焦文旅产业数字资产增信基础设施建设、创新文旅企业信用评估体系、数字金融与文旅产业融合发展、文旅产业统一大市场平台化等研究。二是发挥我行金融科技、资金、风控等方面优势，借助政策支持，追踪全产业链数据资产，创新文旅产业特色场景融资产品。三是通过探索创新金融赋能、数据赋能文旅产业的解决方案和实际案例，为文旅企业发展提供方法和思路，推动文旅产业数字化发展。

本次中国旅游集团化发展论坛以“政策促进、产业创新与旅游复苏”为主题，旨在打造引领旅游业创新发展的风向标，提升市场主体信心，推动旅游产业复苏。工商银行将在各级文旅主管部门的指导支持下，在以下三方面做好金融服务。

一是加强与政府、企业联动，支持文旅数字化升级。进一步与各级文旅主管部门、文旅产业链龙头企业及科技公司加强合作，发挥“数字文旅实验室”优势，围绕以地方政府、大型旅游集团为核心的产业集群、文旅产业链，加快数字化基础设施和经营场景搭建，探索构建文旅数字化产业平台，形成一批高水平研究成果，推动文旅产业资产数字化升级，为文旅和金融的深度融合提供技术支撑，让数据成为旅游业高质量发展的加速器。目前我行已与部分文旅集团开始对接，协助其构建数据资产平台，整合集团景区、酒店、民宿等全量旅游资源，配套线上融资服务。在此，我也诚挚邀请与会文旅集团与我行交流对接，我行将提供一站式、综合化、个性化的金融解决方案。

二是创新融资服务，促进文旅产融结合。加大数字化金融产品的研发力度，利用大数据分析等科技手段加强金融产品服务创新，充分发挥科技赋能作用，打通文旅产业链生产、交易、消费等各环节数据，通过嵌入交易场景、解构贸易规则，对文旅企业进行精准画像、有效增信、主动授信，扩大信用贷款发放比重，做好银企对接，帮助文旅产业链龙头企业、上下游中小微企业拓宽融资渠道、提升融资可得性、降低融资成本，让金融活水精准滴灌市场主体，加强文旅产业链韧性。

三是坚持融资、融智、融商相结合，打造文旅金融生态圈。深化金融与政务、产业、消费联动，围绕各地文旅产业集群、产业链条配套金融服务，创建文旅业政策咨询、项目对接、投融资合作等一揽子金融服务体系，同时打造开放合作平台，邀请各类数字科技公司、文旅企业加入，建立政策协调和信息共享机制，促进完善文旅金融服务生态，更好地满足人民群众高品质的文化和旅游需求。

各位领导、各位来宾，工商银行将全面、深入、系统地贯彻党的二十大精神，积极创新金融服务，持续加大对文旅产业的支持力度，促进大、中、小微企业融资增量、扩面、提质，与各方携手，激活文旅消费，加快促进行业复苏回暖，助力经济恢复向好，推动高质量发展。

谢谢大家！

踔厉奋发　助力旅游业振兴

孙　洁
携程集团首席执行官

尊敬的胡部长，各位领导，行业同仁：

大家好！

非常高兴参加今天的论坛。回望三年抗疫历程，旅游业历经艰辛，在政府复工复产和纾困政策支持下，我们守住了市场基本面和旅游业基本盘。最近国家疫情防控政策的优化，让旅游行业看到了复苏的希望。下面从几个方面与大家分享。

一、坚持“客户第一、合作伙伴第二、携程第三”

在应对疫情冲击的整个过程中，携程集团始终遵循“客户第一、合作伙伴第二、携程第三”的原则，在积极开展自救的同时，高度重视履行企业社会责任。近三年来，携程因疫情共计为客户退订订单交易额超过1000亿元，对各类供应商无法退还订单而给消费者造成的损失，携程主动承担；通过减免或补贴营销费用、补贴商户因疫情退改造成的损失、加速商户资金周转等措施，累计为中小商户纾困减负约20亿元；携程先后出台了“同袍计划”“旅游复兴V计划”等一系列措施，通过BOSS直播、联合地方政府发放消费券等方式，积极推动行业复苏。

疫情初期，我和董事局主席梁建章零薪，公司高管层自愿降薪最低至半薪，其他员工暂缓涨薪，服务部门一线员工则正常调涨薪资。三年来，携程深耕国内、心怀全球，蓄积了旅游业有生力量，持续加强内功修炼积累，不断强化产品服务创新。

二、携程“乡村旅游振兴战略”取得显著进展

2021年3月，携程集团积极响应国家乡村振兴号召，启动“乡村旅游振兴”

战略，近一年时间，先后在安徽、河南、新疆、江西、贵州、陕西等九省落地 14 座携程度假农庄。农庄的出现，不仅为当地创造了新的就业机会，也为年轻人提供了“回乡工作”的机会。从 19 岁的酒店管理专业的实习生，到 59 岁的保安、保洁人员，“家门口上班”成了农庄吸引本地人的一项关键因素。据统计，携程度假农庄安徽金寨大湾店的本地员工目前占比已超过了 80%，河南小有洞天店当地村民员工占比则为 100%。农庄人均工资较当地平均工资水平最高超过 60%，也为本地年轻人留下来和返乡的选择增加了一份经济上的吸引力。

携程度假农庄始终践行“提升乡村住宿品质、提供更多就业岗位、完善乡村产业链、强化文旅融合”的承诺。我们高兴地看到，携程度假农庄的建设落地，既解决了乡村旅游目的地缺少高品质住宿产品的短板，也增加了当地百姓的收入，创造了更多本地就业机会，为当地旅游产业更好地发展提供了重要条件。到 2025 年，携程计划打造 10 家标杆性质的公益度假农庄，规模化赋能 100 家携程度假农庄，建设乡村振兴学院培养 10 000 名乡村旅游专业人才。

三、积极倡导绿色旅游，发布“可持续旅行 LESS 计划”

为积极响应党中央“碳达峰碳中和”双碳战略，践行习近平总书记“绿水青山就是金山银山”指示要求，携程秉持低碳和环保的发展理念，7 月 27 日，携程集团发布“可持续旅行 LESS 计划”，整体和系统地推进企业内和产业链的可持续发展，携程 APP 将陆续上线“绿色住”“绿色飞”“绿色行”“绿色差旅”服务。在我们已经上线的“绿野仙踪”功能中，可以看到航班碳排放数据，目前已经覆盖绝大多数航班。携程租车团队已有超过1200个合作伙伴加入“LESS 计划”，部署了 6000 多辆新能源车，覆盖全国约 130 个城市，携程租车累计服务 20 万绿色出行用户，新能源订单正以 130% 的增长趋势发展，累计减少的碳排放相当于种植 27 万棵树。我们与生态合作伙伴联合推出超一万个低碳旅行产品，带动 1 亿人参与低碳可持续旅行实践。

四、积极推动国内旅游市场振兴

国家最近出台了疫情防控二十条和新十条，深受疫情影响的旅游业终于迎来了复苏的曙光，携程将踔厉奋发砥砺前行，助力行业振兴。

三年来，旅游业产业格局和消费者需求都发生了微妙变化。消费者需求更细分、非线性变化，而旅游生态链的断续发展甚至部分断裂对承接即将到来的旅游爆发机会带来挑战。为此，12 月 8 日携程集团推出“2023 旅游振兴 A 计划”，发布“三重战略”助力行业和目的地与旅行者“重逢”。旅游振兴 A 计划的“三重战略”，通过建设 10 个文旅产业孵化中心，“重构行业生态”；通过千名当地向导打造千种目的地“重逢”体验，“重塑品牌价值”；通过千亿流量四季营销促进万亿旅游消费，“重振消费信心”。助力行业疫后振兴，创造文旅经济发展高峰。

首先重塑品牌价值——千名当地向导打造千种目的地“重逢”体验。携程平台活跃着数千名向导、定制师等个性化旅游服务的从业者，他们不但擅长根据用户个性化需求打造特色旅游产品，更是“重逢”体验产品，也是目的地最好的代言人。

其次重振消费信心——千亿流量四季营销促万亿旅游消费。从全球视角来看，旅行已经重回时代主题。面对复苏大势，携程推出“重振消费信心”战略，通过携程深耕完善的旅游业营销体系，助力目的地高效率高质量营销落地，在 2023 年旅游复苏元年不断创造旅游经济收入的高峰，撬动万亿旅游消费。

最后重塑行业生态——建设 10 个文旅产业孵化中心。疫情三年，全球旅游业受挫，大批中小旅行社、旅游业供应商因为游客锐减、资金链受挫走向倒闭，行业人才流失状况严峻。为了更好地帮助行业与目的地迎接转折点，携程 2023 年将在全国落地 10 座携程文旅产业孵化中心。从众创直播基地建设、文旅数据展示中心、智慧住宿项目、智慧集散中心、城市服务品牌中心、文旅产业联盟中心、文旅数字结算中心七大板块入手，在带动文旅发展与人才培养的基础上，助力目的地走向生态运营，实现旅游品质和收入的双提升。

携程曾于2020年疫情初期推出“旅游复兴V计划”，投入10亿元复苏基金，助力文旅行业复苏。此次在三年后再次推出“旅游振兴 A 计划”，是继承也是升级，期待与行业和目的地共迎旅游复苏元年。

五、期待跨境旅游市场尽快复苏

展望海外旅游市场，欧美国家逐渐复苏，不少指标已超过 2019 年。我们相信，不久的将来，在文化和旅游部的指导下，中国旅游业将再次引领全球旅游业的发展。2019 年，携程确立了“高质量　全球化”发展战略，疫情以来又提出“深耕国内　心怀全球”发展思路。三年来，携程持续布局全球主要目的地，宣传中国大好河山，传播中华文化，夯实中国的入境游发展基础，做好中国人出境游准备。

党的二十大报告提出“促进世界和平与发展，推动构建人类命运共同体”。旅游是和平的使者、友谊的桥梁，国之交在民相亲，民相亲在心相通。通过旅游这种直接、自然的方式，不同文化背景和社会制度下的人民能够增进了解，彼此互鉴，相互包容，为世界和平与发展打造更坚实、更广泛的民心基础和社会基础。携程的全球化战略，一直践行国家“构建人类命运共同体”理念，希望为全球在线旅游发展贡献中国经验、中国实践、中国智慧。

入境旅游能够在“增强中华文明传播力影响力”方面发挥独特作用。不少外国人到中国之前，往往对中国持有偏见和误解；而当他们来到中国之后，通过接触真实的中国，了解中国的历史和现状，绝大部分游客会喜欢上中国。携程也正在积极落实国家“十四五”旅游业发展规划，广泛呼吁和推动大力发展入境旅游，期待更多政策落地实施，不断提高中国入境旅游的便利性。

2022 年以来我在全球走访的过程中，感受了“全世界游客都期待着来中国，全世界都期待着中国游客”的热情。旅游业即将迈入迅速复苏阶段，我相信，在不远的未来迎接我们的，将是更广阔的旅游业蓝图。

伴随中国经济发展红利，携程才得以高速成长。我们一定不辜负胡和平部长对携程的嘱托——“服务好国家，勇于承担社会责任；服务好人民，牢记满足人民旅游需求的使命；承担起行业发展重任，带领旅行社和整个行业高质量、高水平发展”。

未来，携程将围绕党的二十大报告提出的中国式现代化宏伟蓝图，聚焦高质量发展，坚持国内国际相互促进的新发展格局，既“深耕国内”，也“心怀全球”，更好地服务我们的合作伙伴，携手建立更美好的旅游生态，为我们的用户提供更高水平的服务，致力于成为全球在线旅游领域的引领者。

最后，我想将一句话分享给大家，也是当下携程的企业愿景，“While we are sending customers far away，we are bringing the world closer！”（当我们把客户带向远方，我们与世界更加紧密。）谢谢大家。

旅游度假业态创新与实践

陈灿荣
开元旅业集团董事长兼总裁

各位领导，各位同仁：

大家上午好！

开元走过了35年的酒店发展历程，随着时代的发展，市场的变化，酒店业经历了很大的变化，特别是旅游度假业态的变化更快。

旅游业态经历了以下发展轨迹：观光旅游—休闲旅游—参与性旅游—亲子度假旅游—多样性旅游（文化、教育、房车、露营）。

一、新业态支撑着旅游投资新发展

开元旅业集团近几年做了一些新的度假旅游产品，如开元观堂是以古民居为主题的酒店，开元芳草地是以乡村乡野为主题的亲子酒店，开元森泊是一站式的旅游目的地亲子酒店，开元森泊现在也已经成为全国非常具有网红特色的度假野奢酒店。这些酒店为旅游投资带来了新鲜的旅游度假的氛围，并创造了好的投资效益，特别是开元森泊。在疫情发生的3年，开的两家开元森泊乐园创造的收益2020年有4.7亿元，2021年有6.25亿元，2022年1—10月已经超过5亿元，税后利润2020年有3800万元，2021年有7091万元，2022年1—10月也已经达6800万元，三年的平均投资回报达11.58%。

此外，开元文旅公司携手当地的一些政府从策划、建造、管理、运营一条龙提供了服务，打造了绍兴柯桥古镇等项目，推进了文化和旅游的深度融合，让游客走进历史文化的空间，让以前的比较空旷的一些古镇有了更多人间烟火的场景。柯桥古镇营业不到两年，吸引顾客超过300万人次；运河古镇开业半年多，当前也已经实现了较好的经济效益。良好的社会效益和经济效益也得到了政府的高度关注，柯桥古镇的夜经济活动最近也是被浙江卫视、中央电视台多次报道，柯桥古镇成为“浙江十大文化古镇”。

二、轻资产发展的旅游模式，全国旅游大布局

开元森泊品牌打响后，已着手利用森泊的品牌以轻资产方式发展布局。在全国已有三家乐园正在建设中，明后年将陆续开业；已签约 10 多家乐园，目前正在策划设计中。我们的目标是在人口相对集中的地区级以上城市布局 2—3 家，实施品牌连锁化发展。

三、谋创新满足顾客新的需求

目前正在运营的两家森泊属于第一代产品，正在建造的三家森泊属于第二代产品，如山东日照的森泊乐园，因坐落在日照最好的海滩和海洋生物馆边，我们充分利用天然资源，将其打造成以海洋为主题的乐园和酒店；今后我们将打造更多主题的第三代、第四代产品。目前在浙江桐庐县，我们利用亚运会的马术场馆和周边被废弃的厂房，将其打造成以养马、选马、看马、玩马、赛马为主题的游乐园酒店。在此同时对第一代的产品也要不断更新和研究，根据游客的需求不断更新调整产品。

开元旅业集团将一如既往，踏实笃行，奔竞不息，与时代大潮同频、与创新发展共振，为推进中国文旅产业高质量发展贡献开元力量。

四位一体　系统科学，构筑祥源大文旅资产运管新模式

俞发祥
祥源控股董事长

尊敬的各位同行：

大家上午好！

祥源文旅企业虽然有30多年历史了，但是涉足旅游行业只有约10年时间，各位都来自大企业，祥源控股集团在旅游行业当中是新兵。很高兴接到研究院的邀请，我主要来学习和报告，下面我把祥源控股集团文旅的发展情况跟大家做一个全面的报告。

祥源文旅整体按照四位一体、系统全面科学地发展投研建运，希望成为文旅行业资产运营商的领先者。目前，祥源文旅在全国布局旅游目的地已经有将近30处。2019年，游客服务人次大概4000万，有1000多万会员，按照投、研、建、运四位一体发展。

一、投

首先讲讲祥源文旅是怎么投资的。文旅行业的投资有几个特点，相对来讲投资重，回报周期长，运营压力大。国企有先天的优势，作为一家民企，如何解决文旅的投资问题，祥源有自己的一些思考和行动。在投资方面我们分几个部分。

精准投资，我们选准、选好项目，因为相对来说旅游投资比较大，在投资当中要谨慎谨慎再谨慎，小心小心再小心。我们在投资选址的问题上科学精准

论证，具备这几个条件：山清水秀，交通便捷，文化有特色，区域的招商环境、投资环境优越，我们投资。

文旅投资相对投资大，我们通过 5—6 年时间打造了祥源文旅，特别是 2022 年，祥源文旅正式借壳上市。我们 2022 年跟建银基金成立了 40 亿元的基金，也开始实施 REITs（不动产投资信托基金）。我们在投资方面选好的项目，找到长时间和低成本的钱，否则会给项目带来很大的挑战，运营压力很大。

二、研

祥源在研发当中还是花了不少心思的。祥源文旅虽然只有 10 年历史，但是祥源文旅产业研究院成立就有 8 年时间了。2014 年祥源文旅产业研究院正式成立，从最早的五六十人发展到现在的 100 多人，对从产品的研发到消费者行为的研究，以及产品的落地都有系统性的安排与思考。我们在研究当中每年会到全球去看，这 3 年因为疫情看的时间少了。我们向同行学习、看全球项目，研究与创新出了非常多的案例。如昨天得奖的沱江夜游项目，是我们自己原创的 IP、原创的策划和设计运营。将湖南莽山五指峰景区打造成为全国知名无障碍生态旅游示范基地，残疾人都可以游玩山体，这在中国是首创。自由加速屋在业内有非常大的影响力。我们在研发当中内部有一句话：低成本极致体验，花少的钱做出让消费者满意的产品。我们的研发小伙伴们花了非常多的心思。

三、建

祥源就是从建设起家的，本身在建设上有非常好的基础，而且有建设的上市公司，所以建设对我们来说不是太难。但是如何做出高品质的建设，我们做好了两大方面。

一是我们在工艺、工法上进行了很多投入与研究。比如黄山有一所木工学校，我们每年会在这所学校招 10 个优秀的木工工匠，因为我们很多项目需要工艺工匠进行建造，做出好的品质。二是在索道和电梯方面，我们索道很多，在特种设备的安装上也应用了很多新的工艺、新的设备。

四、运

文旅产品做得好与不好，最终是让消费者满意，消费者满意排第一。刚刚前面的几位讲到了服务第一，在服务第一的基础上，首先要重视员工。祥源在文旅的员工身上花的力气是非常大的。我们招了一批行业里面志同道合的伙伴，因为真正要把一件事情做好肯定是做得喜欢并擅长。

我们持之以恒每年找管培生，找各个学校定班、定人，招好的大学生进来。经过将近10年的沉淀，我们一次可以派出10个、20个总经理，我们90后的总经理基本上已经成熟，建立了非常强大的运营团队。没有人就没有一切，特别是在当下疫情的环境下，如何控好成本、管好运营是关键。

在运营过程当中，我们有完整的营销团队，有1000万会员，通过会员系统，通过互联网推广的形式让我们可以以比较低的成本获客。从数据化、客户第一等，我们建立了祥源自己的一套科学的运营管理系统。

我今天简单地把祥源从投、研、建、运四个方面系统科学的能力跟大会的各位同行做报告，也欢迎各位同行到祥源指导交流，我们一起面对这个蓬勃发展的文旅行业。谢谢大家！

多措并举加快文商旅产业创新 蓄能增势迎接旅游业复苏振兴

梁凌峰
岭南商旅集团党委书记、董事长

尊敬的胡部长、段会长、戴斌院长，尊敬的各位领导，各位专家，各位业界朋友：

大家上午好！

非常荣幸受邀参加中国旅游集团化发展论坛。非常感谢中国旅游研究院、中国旅游协会为我们带来新一场高品质行业盛会，也非常感谢各位领导、专家学者、业界大咖给我们的启迪和引领。下面，围绕论坛主题，我以《多措并举加快文商旅产业创新　蓄能增势迎接旅游业复苏振兴》为题做分享汇报，请大家批评指正。

文商旅产业创新，是旅游业应对疫情冲击，布局未来、迎接复苏、促进高质量发展新格局的必然要求。岭南商旅集团坚持防疫情和稳经济“双统筹”，在全力组织旗下企业做好隔离酒店、志愿服务等防疫抗疫工作的同时，坚持“致力品质服务，成就美好生活”战略愿景，以“产融化、个性化、精细化、智能化、国际化”为抓手，积极探索推进文商旅产业主动变革，持续打造新产品新服务新业态新模式，努力稳住旅游市场基本面和基本盘，提升产业链和供应链的韧性和安全水平，取得了一些成效。

一、深耕传统文化

针对国际游停摆、国内游受限、本地游断续的疫情防控形势，聚焦在地传统文化资源，注入现代时尚内涵，打造在地传统文化新产品。2021年集团旗下中国大酒店联袂广州博物馆打造“粤宴中国·消失的名菜”，获评“2021全国文旅融合十大创新项目”。2022年继续深挖馆藏老菜谱线索，再接再厉推出“消失的名菜”第二季，高度还原失传的经典民国粤宴。并延伸“粤色中国·消失的月饼”和“消失的点心”等系列产品，促进餐饮产品销量增长32%，销售金额增长超过50%，被《人民日报》、中央电视台等主流媒体轮番报道，得到社会各界的高度评价，成为疫情期间传统文化传承创新和餐饮业危中寻机的一个典范。花园酒店与广东省博物馆携手推出的“百鸟献瑞”新春礼盒、“双面绣龙纹骨扇”端午礼盒，与广州大剧院联袂定制3款限量月饼礼盒等具有传统文化元素的产品，也大受市场欢迎。广之旅作为全国旅行社头部企业，深挖广州在地历史文化资源，打造出覆盖全市11区的“走读广州”系列文旅项目，使中外游客在穿街走巷中感受“南国明珠、千年商都”的历史文化名城魅力，带动本地游热潮。

二、丰富旅游供给

在时尚上，紧贴年轻人潮玩方式，以元宇宙、直播带货、车尾箱经济、露营经济、市集经济等打造网红爆品和体验活动。广州花园酒店池畔酒吧、南沙花园酒店烤吧、岭南五号酒店阅江酒吧，入选广州“夜！生活”十大网红打卡点。在商机上，紧盯近程旅游、乡村旅游、本地休闲和假日经济、夜间经济等商机，围绕消费升级新需求打造涵盖商务会展、文创社交、康体科艺、乡村生态等领域的产品与服务，2021年实现营收和利润双位数双增长。在国潮国风上，大力焕发老字号新活力，把传统文化与时尚元素融会贯通，东方宾馆联动太平洋影音公司举办“唱响星空下”帐篷音乐节，再现当年全国首家音乐茶座盛景；广州宾馆以“绣花”功夫升级改造，通过现代时尚风格还原老广州传统街巷风貌，星级名厨演绎地道广府滋味，在疫情平稳期宾客满座，成为“老品牌新活力”的鲜活样本；中华老字号爱群大酒店升级改造杏荟旋转餐厅，打造融艺术、时尚、音乐为一体的高端轻餐饮目的地，受到年轻一族热捧；百年老字号新大新启动“国潮”工程，以“唐宋元明清”为主题塑造“一层一景”，成为文商旅融合新标杆；广州友谊举办“爱尚环市东”仲夏星梦派对，打造市内首个城市广场航天航空VR体验馆。集团旗下酒店继续开展“粤菜师傅走进美丽乡村”

活动，打造乡村美食文化旅游品牌，促进农村全域旅游发展，并策划推出“走进非遗”等沉浸式体验活动，众多国家级非物质文化遗产传承人，与广大市民在花园酒店、东方宾馆、岭南五号酒店等深度体验广绣、广彩、榄雕、剪纸，感受岭南非遗之美。

三、打造品牌项目

对标国际国内一流企业、一流品牌，坚持以文塑旅、以旅彰文，大力打造业界首创、行业领先的品牌项目。集团继 2021 年与澳门旅游学院等合作，在南沙花园酒店揭牌成立粤港澳大湾区旅游教育培训基地（广州合作中心）之后，2022 年将“澳门职业技能认可基准 MORS”培训及评核体系引入广州。与中国旅游研究院共建的花园酒店博物馆成为国内首个以住宿业为主题的专业博物馆，并建立粤港澳大湾区住宿业发展研究基地；与中山图书馆合作，在南沙花园酒店建设全省首家“粤书吧”之后，又相继在中国大酒店、广州宾馆等多家星级酒店落地，成为全民阅读与特色文化有机结合的文旅融合体验新场景。广之旅入选商务部 2022 年全国 20 个“诚信兴商典型案例”，成为文旅行业唯一入选案例。花园酒店、岭南五号酒店、佛山美的鹭湖汽车主题酒店入选广东省首批十家金鼎级文化主题旅游饭店；广州花园酒店米其林餐厅再添一星，蝉联全国荣获最多米其林餐厅的酒店之一，以“名菜、名店、名厨”繁荣本地消费，使食客不断体验“舌尖上的惊喜”，打造与广州建设国际消费中心城市地位相匹配的顶级美食地标。

四、发力强基固链

聚焦围绕文商旅产业创新需求，推进产业空间布局规划，扎实做好延链补链强链工程，重点突破关乎集团规模、品牌和市场的瓶颈。旅游业在战略并购华东、华北、西北和海南等区域旅行社，在湖北等地搭建销售平台后，继续推进集团省外 C 端销售渠道体系建设，危中寻机加快疫情时期全国旅游目的地布局和运营体系建设步伐，目前异地分支机构对旅游业的营收贡献占比近 30%；酒店业拓展酒店、公寓、营地和商业综合体等近 60 个项目，管理房量从 11 000 多间增至 28 000 多间，增幅 155%。策划运营国家级田园观光综合体项目；白云国际会议中心二期项目全面竣工；南沙花园酒店二期项目稳步推进，为集团文商旅产业创新发展、突破增长夯实基础。

五、加码科技赋能

围绕集团吃、住、行、游、购、娱多元化业态，构建数据与业务双中台创新体系，实现多业态数据整合，智慧化双向赋能，获评2022年旅游创业创新案例。构建文商旅产业营销服务平台，持续提升数字化运营与服务能效。2022年，旅游住宿板块会员逆势增长。易起行公司成为广东智慧旅游工程技术研究中心，拥有国家发明专利和软件著作权43项。建设数字化科技平台公司，利用“云物移大智”等新技术对传统产业进行全方位、全链条的改造，推动智慧商业模式创新。与广州南方学院建立“产业创新学院”，探索共建旅游产业VR、大数据分析实验室。搭建数字人民币使用场景，实现在旅游、零售、酒店和食品领域全覆盖，成为广州首批应用数字人民币的商旅企业。全面构建线上联动发展的电商矩阵，集团旗下“易起行”“行走网”“岭客汇”“广百荟”“广州友谊网乐购”等自营电商平台矩阵覆盖全国，涵盖旅游、酒店、商贸、食品等业务，为近1500万会员提供全场景、全方位互动服务，有力支持文商旅产业创新与成果转化。

党的二十大报告提出，以中国式现代化全面推进中华民族伟大复兴。旅游业内容首次被列入党的全国代表大会报告，旅游业作为国民经济战略性支柱产业的地位不会改变。展望未来，正如戴斌院长撰文所指出的，“旅游业面临着理念重构和实践创新的现实课题”。随着防疫政策的不断优化，旅游业复苏的春天将不期而至，新的机遇、新的挑战也将接踵而来。岭南商旅集团将全面贯彻党的二十大精神，与各位同行携手并肩，以新思维凝聚共识，以创新性实践加快高质量发展，为中国式现代化贡献岭南力量。

最后，预祝本次论坛取得圆满成功，谢谢大家！

疫情下文旅行业的业态创新与产业融合

白　凡
首旅集团总经理

尊敬的胡部长、段会长、戴斌院长，各位领导，各位同仁：

大家上午好！

首先非常感谢主办方的诚挚邀请，很荣幸有机会参加 2022 中国旅游集团化发展论坛，下面我结合论坛主题，以首旅集团创新融合的实践和感悟，与大家分享我对疫情下文旅行业的业态创新与产业融合发展的一些思考。

一、业态创新与产业融合的宏观环境与发展趋势

一场突如其来的疫情，对全球经济造成了严重冲击，再加之世界正处于百年未有之大变局，受此影响，我国经济发展环境的复杂性、严峻性和不确定性上升。面对百年变局和世纪疫情相互叠加的复杂局面，我国经济结构调整和消费转型的步伐进一步加快，在工业化、城市化、农业现代化叠加信息化、数字化、智能化深度发展的背景下，新消费加速释放，新融合加速扩展，新格局加速形成。中央经济工作会议在部署 2022 年经济工作重点时提出，要深化供给侧结构性改革，重在畅通国内大循环，重在突破供给约束堵点，重在打通生产、分配、流通、消费各环节。

2022 年以来，国家相继出台、实施了一系列政策措施，稳住经济，促进消费，扩大就业。特别是 10 月党的二十大胜利召开，开启了全面建设社会主义现代化国家新征程。总体来看，在国内大循环和国内国际双循环政策指引下，在各类助生产、促消费举措推动和精准疫情防控措施落实下，国内消费逐步恢复，呈现出新型消费较快发展、实体商业有所回暖、产业支撑得到加强、消费拉动

作用增强等特点。我国发展质量稳步提升，科技创新成果丰硕，改革开放全面深化，人民生活得到有效保障。

国内旅游市场受疫情影响，游客消费偏好和出行方式显著变化，人们出游时间呈现碎片化、出游距离呈现短途化，出游预算缩减。积压的旅游出行需求在疫情防控形势逐步好转后将迎来持续释放，随着各项纾困及促消费政策的落地，旅游市场热度显著提升。在需求端，消费回流趋势明显，出境旅游转向国内，“Z 世代”崛起，“千禧一代”以及“小镇青年”成为市场消费的主要力量。新消费群体更倾向于高品质、定制化、体验化的旅游产品和差异化、精细化的旅游服务。在供给端，供需错配，高品质供给不足，数字化、信息化对传统供给方式、产品体验带来冲击。

新融合加速扩展。一是旅游产业融合呈现新趋势，旅游与文化深度融合，“观演 + 旅游”“研学 + 旅游”等加速推动旅游业态创新和产业融合。二是旅游企业融合呈现新态势，跨界合作、强强联合等促进新业态精彩纷呈，首旅酒店与凯悦集团合作全新打造逸扉品牌，定位中高端商旅市场。三是科技赋能发展呈现新体验，北京环球度假区项目中“哈利 · 波特禁忌之旅”“变形金刚传奇现场”等沉浸式体验，互助式交流呈现的科技赋能新业态受到了“Z 世代”新消费群体的青睐。总体来看，无论是产业融合，还是企业融合，融合创新、科技赋能已经成为推动文化和旅游产业高质量创新发展的主要方向。

新格局加速形成。疫情发生以来，我国旅游市场加速重构，国内旅游对出境游、近程游对中远程游的市场替代越来越明显，近程游拉动了都市休闲和周边出游及微度假。旅游市场格局演变对推动我们加快形成以国内循环为主、国际国内互促的双循环经济发展新格局，将产生积极而深远的影响。

二、业态创新与产业融合的特征形成与实践方向

业态创新和产业融合已经成为旅游转型升级的驱动力，成为培育旅游经济新增长点的最重要途径。新常态下，业态创新和产业融合表现出较强的时代性、创新性、动态性和科技性，同时呈现传统要素创新化、业态融合化、产业生态化、模式定制化与规模化的发展趋势。

对于文旅产业和文旅企业来说，做好业态创新和产业融合发展，我认为需要做好七个坚持：一是坚持市场导向，敏锐把握市场信号，积极回应市场需求。

二是坚持文化引领，努力打造兼具文化和旅游特色新业态、新主体、新模式，满足人民群众的精神文化需求。三是坚持创新推动，一方面推动业态创新、模式创新、产品创新和服务创新，促进产业结构升级，链条优化；另一方面加大旅游科技投入，借力旅游科技优化消费应用场景，升级产业载体渠道，提高质量效益和核心竞争力。四是坚持内容为王，通过“轻资产、重内容”“IP+”并举的方式不断扩展，掌握稀有的内容资源建立产品、服务、场景的壁垒与稀缺性。五是坚持服务至上，以“中国服务”理念指导企业实际，推动“产、学、研”协同创新，提供“有温度的服务”。六是坚持绿色环保，以低碳旅游新业态引领旅游业跨越式发展。七是坚持产融结合，借助资本的“吞吐吸纳”“聚合裂变”能力，赋能传统的生产能力、营销能力、经营管理能力，提升企业的核心竞争力。

三、首旅集团业态创新与产业融合的实践探索

在新消费加速释放、新融合加速扩展、新格局加速形成的新形势下，首旅集团始终坚持以“消费者价值”为核心的经营理念，积极推进“调结构”“促协同”“育先机”三大经营策略，持续优化产业结构，整合集团内外资源，抓住机遇，组合出击，致力于推动业态创新和产业融合发展。

一是布局新场景。经过 25 年的积累与实践，首旅集团已掌控丰富多元的线下场景资源，具备专业资深的线下运营能力，在文娱、商业、住宿、餐饮、出行五大旅游、生活场景中，均有多品牌战略布局，并不断纵深发展。与此同时，首旅集团紧抓新消费趋势和“共生共融”的行业趋势，布局“内容”“服务”战略业务单元，以轻资产、标准化、重协同的理念不断渗透现有实体场景，完善从获客到留客的旅游全产业链。

目前，首旅集团构建优质高效的产业新体系，组建首旅旅行服务公司和首旅协同服务公司，这两个专业化公司，是首旅集团“服务”战略业务单元的重要载体，是“促协同”这个经营策略的具体落实。首旅旅行服务公司将进一步聚焦首旅主业的专业化管理，整合首旅旗下“康辉”“神舟”“诺舟旅行”等品牌，重组和变革旅行服务业务，打造“首旅旅行”新品牌，提振市场信心，增强市场影响力。首旅协同服务公司以支撑集团整体战略、服务所属企业高质量发展为导向，将进一步实现资源归集和支付归集，通过整合采购、支付、客源、

数字化运营等业务，梳理产业链条并迭代运营模式，为企业提供产品服务和增量效益。

北京环球度假区则是以文创知识产权（IP）为核心的复合型产业代表，对于首旅集团实现轻资产协同、文化内容结合、传统产业转型具有重要的推动引领作用。未来，首旅集团将通过线上线下融合发展，将更多精彩文化内容嵌入实体场景，为客户提供更加精彩的消费体验。

二是强化科技赋能。依托文旅主导功能，面向新消费和新科技发展趋势，强化“科技赋能”发展理念，构建一批人工智能与边缘计算、数字旅游、数字会展、商业智能、智能物联、智慧交通等“高精尖”科创技术应用场景，树立文化科技行业融合标准。首旅集团在“十四五”总规下特别编制了数字化子规划，启动了数字化消费体系和管控基础设施建设，打造数字化生态平台，一期项目包含协同运营平台、协同管控平台、数字化底座、项目总集成服务四部分，取得了北京市国资委国有资本金支持，形成了“聚合资源，生态连接”的顶层设计，以客户为中心，以协同为生态，运用数字科技力量，赋能首旅体系各级企业做强 ToB，做优 ToC。

三是打造产业集群。坚持以核心产业为依托，形成重点产业对上下游产业发展的带动机制。以北京环球度假区为核心，不断提高环球外溢效应的承接能力，首旅旗下旅行社、酒店、餐饮、出行业态与环球项目深度对接，形成“1+X”的产业布局和衍生服务的供给，确保游客获得高品质服务体验，最大限度承载环球游客溢出效应。

按照“国际化、产业化、消费集聚化”的要求，以“实现产业发展和消费中心两大功能，践行绿色发展和科技赋能两大理念”为发展愿景，抓紧规划布局一批高品质商业场所、精品酒店，吸引一批文化设计、动漫游戏、演出演艺、数字娱乐、家庭娱乐、会议会展等优质项目落地。在北京环球度假区北部、东部筹划两个大型消费中心项目，强化功能配套、打造世界级商圈，形成具有广域辐射力的旅游消费集聚区。目前，与市属国企共同投资打造的张家湾地铁上盖综合体项目已经动工建设，依托北京野生动物园升级打造的北京京南文化旅游度假区项目、与北京国企合作建设的北京大熊猫科研繁育基地项目已完成规划设计，正在报批过程中。首旅集团发挥文旅资源全产业链优势，在这几个项目中积极导入首旅旗下商业、酒店、会展、物业管理等业态优质资源，并由首旅统一运营，形成聚集首旅品牌的休闲度假产业集群，实现首旅各业态的协同发展。

同时，首旅集团与通州老城区、张家湾设计小镇、台湖演艺小镇、副中心城市绿心建立紧密的产业联动和项目合作，目前已经确定的项目有打造通州文化旅游区新地标的首旅总部大楼项目，张家湾设计小镇配套酒店功能项目怡禾生物项目，助力城市副中心成为北京深化服务业扩大开放文旅领域的重要国际窗口和产业集聚区。此外，首旅集团在推动传统商业转型升级、老字号守正创新、线上线下协同发展等方面也进行了业态创新和产业融合发展方面的积极探索，西单商场、友谊商店、王府井金街购物中心升级改造项目、全聚德新形象店等都在推进过程中，不久的将来就会与大家见面，这些都为未来首旅集团业态创新与产业融合发展提供了宝贵经验和想象空间。

“十四五”期间，首旅集团将遵循“立足首都、辐射全国、品牌引领、资本助力、智慧赋能”的发展使命，坚持以“精彩生活方式服务商”为发展愿景，聚焦主业、担当作为，全力构建“5+1+1”产业发展格局。在此，首旅集团愿向各行业优秀企业学习，携手共生、互惠共赢，在“十四五”规划的宏伟蓝图中共同谱写新的篇章。

最后，预祝本次论坛圆满成功，谢谢大家！

2023年乡村旅游、城市休闲大有可为

洪清华
景域驴妈妈集团董事长

尊敬的戴院长及各位领导、同仁：

大家好！

围绕大会议题旅游市场变化及投资策略，我谈谈自己的看法。当下国际国内形势依然复杂，各种不确定性如“黑天鹅”“灰犀牛”事件时有发生。所以，只能就目前现状及趋势做个人判断，抛砖引玉，望各位同仁批评指正。

三年疫情，文旅行业同仁生活得都很艰辛，大家都在过苦日子。不过好消息也来了，新冠致病力在不断减弱。中央及各地都在持续优化防疫措施，社会流动性得到一定释放。当然，目前新冠传染性依然很强，感染人数一定时间内大幅提升，并会造成部分人群恐慌，进而导致出游意愿降低，给旅游业带来诸多不确定性。但整体来看，有非常大的利好。

一、2023年旅游市场趋势总体判断

（1）国内旅游市场。2023年上半年疫情可能依然处于扩散期，尤其年初。不少消费者某种程度上恐慌于出行，旅游意愿会受抑制。但城市周边乡村游、微度假及城市休闲度假，会受到多数居民青睐。暑期，国内旅游市场会显著复苏，云贵川、大西北长线旅游会再次成为热点。十一长假期间，旅游市场人次预计会达到高峰值。冬季，海南、云南西双版纳等避寒游，东北、新疆、内蒙古等地冰雪、滑雪游，将成为突出亮点。国内游市场2023年还是非常值得期待的。

（2）出入境旅游市场。2023年上半年由于各种原因，出境游不会迅速恢复，

但总体是利好的。疫散花开是趋势，但花只会慢慢开。下半年入境商务游会进一步放宽，小部分出境目的地开放。入境游会优于出境游先行放开。

（3）受青睐的旅游产品和方式。私密性好的、安全性高的大城市周边乡村休闲、微度假业态受欢迎；生态、环保、户外、野营产品受青睐。海南、云贵川、大西北为代表的特色旅游目的地变得强劲。创新型、科技型、美好生活型的城市旅游也会成为热门。需要注意的是，老年游在 2023 年会受到一定抑制，因为疫情传染性强，老年人抵抗力相对较弱。从人气产品来看，靠近客源市场的高品质的休闲业态会迎来第一批大增长，如上海迪士尼乐园、北京环球影城、无锡拈花湾、珠海长隆及广州长隆等；尤其是品质好、美誉度高、适合重游的项目、文商旅创意街区等，如长安十二时辰、景德镇高岭·中国村大唐茶市（沉浸式唐风街区）等颜值高、新鲜感强的项目。

高品质休闲度假目的地，有三亚亚特兰蒂斯，有湖州太湖、安吉灵峰、德清莫干山等特色鲜明的旅游度假区。以莫干山特色民宿集群旅游区为例，单一民宿有点难，但是众多特色民宿形成目的地景区，高品质的为主，会受到大家欢迎。相反传统长线景区，尤其以传统团队游客为主的景区，会受到很大挑战。也就是说，中国旅游市场现在已经到了存量博弈的阶段，文旅融合、高质量增长，才是未来主旋律。

二、投资策略

深刻领悟中央精神，政府目前在过紧日子、苦日子，企业更要过苦日子、紧日子。虽然三年疫情基本过去，但我们绝不能躺平，也不能激进。在投资策略方面，一定要谨慎乐观、匍匐前进。老话讲，下雪不冷化雪冷。

2020 年以前，中国旅游业经历了 20 年高歌猛进，存量巨大，据不完全统计有 100 万亿资产。然而存量博弈，红海竞争，同质化旅游产品竞争也在降低行业利润率。以资源环境型、供给型为主，加速开发产品供给和促进旅游扶贫，表现为旅游的投资拉动。

2023，面对饱和的旅游市场，国家可能出台更多需求型政策，刺激市场，拉动消费。需求侧投资会迎来更多机遇。上面提到的市场上受追捧的产品，值得关注和投资。当前，旅游已经过了有什么资源做什么产品的时代，而是要根据市场需求趋势，打造、更新产品与业态。其中，乡村旅游和城市旅游，有更多着力点。

乡村振兴。乡村旅游这几年发展得还是很好的，虽然也受到疫情影响。党的二十大报告指出，要全面推进乡村振兴。全面建设社会主义现代化国家，最艰巨最繁重的任务仍然在农村。所以要做好乡村旅游大产业，培育、放大乡村振兴新动能。旅游绝对是乡村振兴最好的催化剂，也是最佳产业。活力是乡村振兴大的动力，乡村振兴需要聚集更多人气，带来新消费、新想法、新探索、新业态。乡村振兴现在可结合国家多种专项债、政策性的金融工具，建设一批创新乡村旅游项目，会是很好的机会。

另外，城市旅游也将带来前所未有的投资机会。前段时间看到戴斌院长的一篇文章，认为新时代旅游工作重心要及时转变到城市中来，城市是最重要的客源市场，市场扩容，消费升级，疫情行为变迁，供给侧结构性改革在需求侧管理，会给整个城市旅游带来新的生机。中国 GDP 过万亿的城市有 24 个。城市是最重要的旅游目的地，也是最重要的集散地，有很多最集中的旅游创业创新的新空间。资本、技术、文化、消费、法治的环境也是旅游投资和生态发育的肥沃土壤。尤其是科技这一块，科技赋能文旅，包括元宇宙。元宇宙里面，我认为 VR、AR、MR、XR，这些技术应用现在越来越成熟。VR 技术会让游客完全沉浸在一个穿越时空的独特场景中。

科技、艺术、创新会激活城市的资源，是投资最好的机会。无文旅不企业，无城市不文旅。上海用艺术来赋能工业遗存，杨浦滨江打造的工业旅游主题线路很受欢迎，上海纺织博物馆、上海造币博物馆等附入新的艺术、科技力量，很受追捧。我们奇创旅游集团旗下也推出了数字文旅“小老虎工程”，包括服务峨眉山、黄鹤楼、灵山、八达岭长城等知名文旅景区开发数字藏品，操盘打造国内首条元宇宙街区杭州武林路项目的犀奇数字科技；推出了国内首个山海经 IP 主题大型光影互动类综合性艺术展《探秘山海经》的奇创山海经科技公司，主打自主研发集成化的智慧景区实效运营管控平台的奇创智慧景区等。城市与艺术的融合，会吸引很多国内外收藏家、设计师、策展人策展，激活城市各方面的空间。如重庆城市更新中，旅游开发与市场休闲相结合，让渝中半岛十八梯老街区成为年轻人喜爱的休闲新空间。开发旅游体验新场景，城市里面的博物馆、图书馆、郊野公园、市民公园、休闲街区、购物中心等公共空间是非常重要的。通过文化、艺术、教育、科研、商业，还有生活服务等存量资源能够把其中一些激活。大城市周边的一些度假区项目，包括像迪士尼和环球影城，给上海、北京带来更多多彩的生活空间、时尚的气息、创新的活力。上海“建筑可阅读、城市微旅行”、无锡江南水弄堂运河绝版地也是广受欢迎的。南京喜事、北京亮马河国际风情水岸、深圳前海、珠海横琴，这些也已经成为整个城市的新名片。2023 年，还会有更多城市旅游的空间被激活。

概括而言，2023 年乡村旅游一定会被全力推动，这是国家大战略，也是我们文旅人的情怀。城市旅游也有很多投资机会，包括市场端调整带来的不断创新。此外，科技赋能文旅，对元宇宙场景的更多开发利用。文化融合，文创激活传统文化赋予其内涵，都是很好的投资机会。我们需要整个产业链上的创新项目，如美景、美食、美宿、美购、美行、美玩，这里面都是要以 IP 来引领，以科技来赋能，以新业态来激活。当然，高质量发展、可持续发展，关键还是要有运营能力，我们文旅人要在运营上下更多功夫。众所周知，我国旅游产业发展不缺资源、也不缺市场，难点在于创新、运营，创造新的场景、新的消费体验。这里面的机会真的非常多。

虽然我们现在还是很艰辛，还在匍匐前进，但春天已经在路上了。更何况，纵有疾风起，人生不言弃。2023 年是很值得期待的。在此，也祝我们所有文旅人，能够尽快走出颓丧、走向绽放、永不言弃、安康顺意。谢谢！

量身定做　量体裁衣　量力而行，调整经营理念和投资策略

吴国平
拈花湾文化投资发展有限公司董事长

各位领导、各位同仁：

首先感谢戴院长的盛情邀请！非常荣幸来参加2022中国旅游集团化发展论坛，今天下午分论坛的主题是市场变化与投资策略。

《易经》云："变者，天道也"，变是常态，变是永恒，变是不变。我从事旅游行业20多年，在这个过程当中，深刻感受到中国旅游行业发展的变化。我们也在不断探索投资战略，从我们的角度来看，有三个"量"的思考与实践。

一、量身定做

从风景到场景，这是戴院长提出来的一个观点，我也非常赞同。传统景区要强化场景营造和内容创造，我们的理解就是文旅融合的根本之道，就是要把不同的文化、不同的IP创造转换成不同的场景、情景、意境，不同的故事线、情绪线、游览线。现在我们到每个地方去做项目，最看中的就是当地的文化底蕴，每种文化都是独一无二的，每个产品都要量身定做，关键在于挖掘什么文化，转换什么产品，这个也是我们灵山20多年做文旅的看家本领，概括为"创意、创新、创造"的"三创"精神，就是文化的解读能力以及对产品的转换能力。始终敬畏文化、敬畏历史、敬畏先贤，做一个项目成一个精品。比如灵山胜境是佛教文化，拈花湾是从禅文化里面转换出来的，尼山圣境是从儒家文化当中转化出来的，南京金陵小城是从风雅文化转换而成的，现在做的惠山古镇

三期项目从二泉映月这首曲子延伸到国乐文化，在烟台做的崆峒胜境项目就是八仙过海的神话传说等。中华民族有五千多年的文明，文化底蕴实在是太深厚了，这也是我们文旅深度融合生生不息的动力和源泉。量身定做主要是文化的活化转换，构建独具一格、大美唯美的场景问题。

二、量体裁衣

前几天召开的中央政治局会议提出，把实施扩大内需战略同深化供给侧结构性改革有机结合起来，实现质的有效提升和量的合理增长。文旅行业也是这样，过去文旅产业可谓是资本逐鹿、英雄辈出、政府倾心。一些资本大鳄纷纷转型跟投，大水漫灌，旅游企业的规模急剧增长。但是同时，我们应该看到行业内也有不同的声音，加之疫情影响，旅游行业进入了低谷期与冷静期。一方面要认识到疫情对整个旅游业的重大创伤以及旅游业本身长期存在的供需错配、结构失衡、投资低效等现象；另一方面要认识到高质量发展是时代的主旋律。

当下旅游业正处在转型期，正进入从量到质的爬坡阶段，关键还是要有高品质产品的供给，要着力提升品位和品质，要从摊大饼式扩张规模转向量体裁衣地提升品质。从过去的实践来看，我们做的项目大多数是大题材、大文化、大投入的项目，最终形成了大效果、大品牌。从现在来看，我们也是根据市场的变化提出了大中小微拈花湾的模式，就是要根据市场定规模，根据地域定客群，在一系列的综合研判后再决定做大项目还是做中小微项目。这里有很多方面的考量，地方的城市能级、宏观市场和区域市场的情况、项目现状以及可利用文旅资源等情况，关键是区域人口消费性支出等。基于这样一种逻辑关系，我们现在在做项目的时候专门有一个产品研发部，这个部门的老总由 CEO 兼任，下面有四个板块——创意策划、规划管理、开发策略、运营策略，这四个部门是相对独立的，但又互相串联，互有交集，形成闭环。我们从集团业务开始，会从需求端、资源端匹配，会对区域市场和客群市场结构进行全面深入分析，因地制宜地确定符合地域属性和甲方需求的产品模式。在这个环节里，我们就是要根据开发策略及运营策略，搞清楚一个项目的规模体量以及产品模块是大中小微哪一种，量体裁衣主要讲的就是把握规模与品质的问题。

三、量力而行

大家都知道世界经济总体上进入下行期，国内经济受世界经济与疫情的多重影响，老百姓的就业、收入都会受到限制、影响，预期会减少，这种大的形势也会影响到整个旅游行业。现在做项目要审时度势，看菜吃饭，也就是说有多少钱做多少事，将总投入控制在一定范围，关键要算清楚投入一本账、运维一本账、产出一本账，是一种运营前置，以运营为导向，资源整合精细化运营、精细化投资的开发模式。到最后核心是看能不能赚钱，今后没有运营的前置就没有产品的把握，就没有精准的预算概算，也就没有项目的最终效益。

量力而行也就是如何把握好投入与产出相匹配的问题。总而言之，三年疫情让很多人谈旅色变。近期在党中央、国务院的坚强领导下，结合疫情发展实际，文旅部也已经正式发文景区不再要求查验核酸健康码，各地陆续调整了防控政策，这让旅游人看到了胜利的曙光。经此一疫，景区怎么看？怎么办？旅游人首先要有信心，信心比黄金更重要，向前看。最困难的时候已经过去了。同时，我们也不能盲目乐观。在此要顺应大势，疫情常态化时代要求我们要根据不断变化的形势来调整我们的经营理念和投资策略。古人云，法无定法，然后知非法法也。

祝福大家在新时代新征程上取得新成绩，我就分享这些，谢谢大家！

新时代城市文旅产品研发与项目开发

——以大运河国家文化公园（杭州段）为例

陆晓亮
杭州市商旅集团（运河集团）党委书记、董事长

尊敬的戴院长，各位同仁：

感谢中国旅游研究院、中国旅游协会提供这个平台，向各位汇报近年来打造文旅融合目的地方面的探索和实践。

一、背景概况

（一）运河老城区段综保工程

2002 年以来，杭州市运河集团深入实施运河综合保护与整治开发工程，先后完成了“还河于民”“申报世遗”两大目标，为“打造世界级旅游产品”奠定了基础。但在文旅融合方面还存在一些问题：一是重硬件轻软件，二是重建设轻运营，三是重形式轻功能。

（二）国家文化公园建设

2006 年 12 月 31 日，时任浙江省委书记的习近平乘坐运河集团水上巴士西湖号考察运河杭州段，要求：希望你们用好运河这张“金名片”，进一步强化运河的生态、文化、旅游、休闲、商贸、居住功能，把运河真正打造成具有时代特征、杭州特色的景观河、生态河、文化河，真正成为“人民的运河”“游客的运河”。

2019 年 2 月，中共中央办公厅、国务院办公厅印发《大运河文化保护传承利用规划纲要》。2019 年 7 月，中央全面深化改革委员会第九次会议审议通过

了《长城、大运河、长征国家文化公园建设方案》。2019 年 12 月，中共中央办公厅、国务院办公厅印发《长城、大运河、长征国家文化公园建设方案》。

（三）杭州大城北迎来发展机遇

杭州大城北是大运河（杭州段）主要流经区域，也是杭州近现代工业的重要发源地，特别是运河两岸分布了很多依托水运优势的工业企业，严重制约了城北地区的城市化建设和转型升级。2016 年，借助 G20 杭州峰会契机，以杭州钢铁厂为代表的一批工业企业关停与搬迁，大城北地区转型发展迎来了空间与机会。

我们在大城北地区运河沿岸划定 3.5 平方千米的示范区，探索实践以国家文化公园建设带动运河两岸文旅融合高质量发展。

二、示范区策划规划

城市也是一种商品。

（一）总体定位

围绕青年人和新杭州人群体、聚焦文化创意，为杭州城市发展提供新形象、新内容、新模式。并贯彻六大理念来实现这一定位：

一是先引人再引产业。通过打造人文环境、完善文化功能，吸引高端人才主动涌入，引导带动高端产业集聚。

二是坚持打造文化地标，体现国际水平。策划规划一批文化标志性项目，邀请赫尔佐格和德默隆、隈研吾、刘家琨、马岩松等世界级设计团队参与项目的方案设计。

三是运营为先。以示范区的整体运营、管理需求为出发点，使得空间规划的打造满足示范区后续的运营管理要求。

四是艺文切入。将艺术文化塑造成区域的主题和核心竞争力，打造保护好传承好利用好大运河的当代文化地标区、面向未来的杭州人文生活高地和面向世界的艺文城市示范区。

五是以城市更新推动“工业锈带”转变为“生活秀带”。对老厂房搬迁后的工业遗存进行科学评估和保护，保留城市记忆，合理改造滨水空间，打造公共休闲活动场所。

六是坚持以人民为中心，聚焦人民群众的需求。合理安排生产、生活、生态空间，努力创造宜业、宜居、宜乐、宜游的良好环境。

（二）实施路径

发挥示范区的示范引领作用，努力实现大城北发展的四大转变：在价值目标上，从强调“空间增量”转向“人文含量”；在驱动力上，从依赖“政策驱动”转向“艺文动力”；在集聚要素上，从依托“资本要素”转向“产业培育”；在管理模式上，从常规的“城市管理”转向“品牌赋能、运营增值”。

我们提出了两项创新工作路径。一是“四位一体”策划规划：按照“策划规划、控制性详细规划、城市设计导则、标志性项目建筑设计”四位一体，推进规划落地，确保一张蓝图绘到底。二是“全生命周期”项目管理：以项目的市场定位和运营管理需求为出发点，实现项目策划、规划、设计、施工、运营管理整套闭环，保证项目的高标准建设和可持续运营。

（三）发展模式

在示范区内探索实践“生态优先、文化引领、产业培育”的保护和开发模式，即充分发挥区域内运河沿岸生态、文化资源优势，高品质打造公共环境，高标准完善文化功能，使生态、文化成为区域的核心竞争力，通过宜居环境和优秀文化吸引高端人才流入，从而引导带动人才密集型的高端产业发展和集聚，将生态文化优势转化为产业优势，实现产城融合发展。

三、现有成效

我们在示范区内以及运河沿岸重点打造国家文化公园十大标志性项目，目前，大运河老城区段水岸互动文旅融合提升工程、小河公园已经建成亮相，大运河国家文化公园标志性项目成果初显。

其中，京杭大运河博物院、大运河滨水公共空间、大城北中央景观大道、大运河杭钢工业旧址综保项目、大运河未来艺术与科技中心等 6 个项目组成的“大运河世界文化遗产公园”，2019 年底作为浙江省唯一项目上报并成功列为大运河国家文化公园国家级标志性工程。

2021 年 5 月 28 日，中宣部、国家发改委等 24 个国家部委在杭州召开大运河国家文化公园建设现场会暨第三次文化保护传承利用工作省部际联席会议，与会领导对大运河国家文化公园杭州段的规划建设予以高度评价，并现场考察了大运河杭钢工业旧址综保项目。

四、目标展望

（一）标志性项目建设

2023年杭州亚运会前，国家文化公园十大标志性项目中，大运河老城区段水岸互动文旅融合提升工程、小河公园和武林门码头、大运河滨水公共空间、杭钢工业旧址综保项目（一期）、大城北中央景观大道、水上板块六大标志性项目群基本建成亮相。“十四五”期末，京杭大运河博物院、运河湾TOD、杭钢TOD、大运河未来艺术与科技中心也将建成亮相。

（二）文旅产业培育

通过十大标志性项目建设，为大运河沿岸产业发展提供了空间场景，重点培育数字经济、文化创意、水上经济等主导产业。

我们依托大运河杭钢工业旧址综保项目、大运河未来艺术与科技中心、小河公园二期谋划了三个产业园区，打造大城北地区文化和创意产业集聚的桥头堡，创建总产值百亿级别的文化和科技融合示范基地。

利用区域内的大运河、杭钢河、电厂河等水系资源，打造水上巴士、游船、邮轮、游艇、水上运动五大板块水上产业集群，力争到2025年，水上产业带动关联消费总体规模（GMV）达到70亿元，实现平台消费人次突破250万人次。

五、启迪

戴斌院长在2022中国城市旅游发展论坛上提出：“新时代旅游工作重心要及时转移到城市中来”。对杭州而言，旅游业的发展基本等同于城市的竞争实力。我们认为，目的地旅游产品就像一个星系，有恒星、行星、卫星。重量级旅游产品就是“恒星”，比如杭州的西湖、上海迪士尼，其他还有一些“行星”级产品，以及众多的“卫星”级产品。行星绕着恒星转，卫星绕着行星转。打造一颗“恒星”级别的产品，至少以10年为一个周期，硬件上至少投入500亿～1000亿元，而且必须方向正确、持之以恒。对城市发展战略而言，重中之重是要先考虑清楚目的地旅游产品中的“恒星”是什么，怎样打造。

公共文化和商业体系是城市旅游竞争力的关键。如果把大运河看作“恒星”，那么国家文化公园标志性项目就是“行星”级产品，标志性项目内以及周边的主力店、品牌、活动就是“卫星”级产品。我们在示范区的规划建设中充分意识到城市的文化、艺术、教育、科研、商业和生活服务等资源对旅游发展的重要性，充分意识到市民游客对文博场馆、公共文化、公共艺术、商业街区日益增长的诉求，并将这些资源需求和场景诉求在国家文化公园标志性项目中予以落实。

以上是我们近几年来的一些工作探索和实践。再次感谢中国旅游研究院、中国旅游协会，感谢各位领导和同仁！

创造高效益产品，推动高质量发展

张　磊
明宇商旅股份有限公司高级副总裁

各位领导、专家、同行：

大家下午好!

非常荣幸出席中国旅游集团化发展论坛。借此机会，结合明宇集团20多年的酒店投资营运实践，分享酒店产品研发与项目开发的体会。

党的二十大报告指出，高质量发展是全面建设社会主义现代化国家的首要任务，对酒店行业，既是历史机遇，更是严峻挑战。中国酒店业，尤其是高端酒店，普遍投资收益低下，低于通胀率的酒店比比皆是，与高质量发展的差距很大。投资收益低下的底层原因，就是产品低效：坪效低、能效低、人效低。因此，要推动行业的高质量发展，必须溯本追源，从产品研发和项目开发的源头抓起——创造高效产品。

如何创造高效产品？明宇集团的核心经验，就是始终坚持“总成本领先，创最优性价比产品”的投资经营理念，在这个理念指引下，始终围绕“三效领先”（坪效、能效、人效）来研发产品和开发项目：

（1）空间价值最大化，创造坪效领先。“让每个空间产生金子”，就是我们在产品研发上追求空间价值最大化的形象表达。比如，明宇第一家全服务五星级酒店，单个客房分摊面积仅80平方米，远低于160多平方米的行业平均标准，开业十多年均保持年投资收益率高于15%的水平。

（2）机电设备“四性平衡”，创造能效领先。明宇在酒店机电设备的选型配置上，基于长期大数据的积累激活，科学做到功能性、安全性、舒适性与经济性的“四性平衡”，极大减少初期投入的同时，运行能耗更较行业平均水平节约25%以上。

（3）多拳组合，创造人效领先。明宇通过始于产品研发源头的功能流线合理规划、科技赋能、组织创新、流程再造等“组合拳”的运用，创造了单个员工薪酬具有竞争优势，而总人工成本领先的特别竞争优势，旗下开发的高端全服务酒店人工成本占营收比保持在 26% 左右，远低于行业平均水平。

明宇在产品研发和项目开发上的经验和优势，在以下两个案例上得到充分体现。

第一个案例：成都瑯珀酒店——高效奢华酒店的杰出代表。2020 年，明宇厚积薄发，以“温润如玉，谦尊而光”的“瑯珀”自主品牌，选址成都东大街西部金融中心 240 米超高层建筑，正式进军奢华酒店市场。在疫情发生的严峻形势下，敢于逆风而行，重要原因之一，就是在产品研发上的深厚积累，握有“总成本领先，创最优性价比产品”的利器，可以打破奢华酒店“赔钱赚吆喝”的魔咒——事实证明，我们做到了。从投资端看，成本领先凸显：包括二次机电、装修、经营物资、开办费在内，单位平方米投资不足 7000 元，仅是同区域同档次酒店的 2/3；从市场反应看，性价优势凸显，深受消费者青睐：明星大咖络绎不绝地下榻酒店，全球各类奢侈高端品牌如香奈儿、古驰等纷纷在酒店举办新品发布会或主题活动，酒店 RevPAR 一直稳居成都大型高端酒店前五，远高于在蓉的绝大多数国际国内奢华酒店。

第二个案例：成都起思酒店——高效精选酒店的杰出代表。这是明宇全新研发打造的一个定制化精选酒店品牌，灵感来源于在旅途打卡点，朋友们一起合影时喊的口号—— cheese。它是以影像艺术、光影文化主题，专为年轻消费者定制打造的全新一代中高端精选酒店。根据酒店定位，针对中国酒店“输在坪效”的痛点，在产品研发上，我们更加精打细算、科学取舍，一个一个点去精细考量、一寸一寸空间去死抠，将成本控制、性价优势做到了极致，创造了“性价平衡最优化”“产品组合动态化”“产品复制模块化”“管理服务标准化”的高效产品模型。凭借这一创新高效产品，引发众多投资人追捧，成功于 2019 年促成投资人在成都东大街以 7800 元的楼面地价取得酒店地块，在 3.2 万方的计容面积中，除商业 6000 方外，仅 2.6 万方的酒店面积，精致布局了 536 间客房，单房分摊面积 48.5 平方米，项目除楼面地价外的全口径投资成本每平方米不到八千元。始于产品研发的极强成本领先优势、极高性价比优势，为创造良好投资回报奠定了坚实基础，因而，明宇以全口径投资成本、不低于 7% 的年化收益、超额分成的方式，对酒店兜底经营，首开行业高回报风险式管理的先河。

各位同行，在房地产浪潮退却、金融市场越发理性的大背景下，中国经济将迈向高质量发展的新发展格局，而高档、豪华、奢华酒店行业的高质量发展一定是围绕酒店资产价值最大化展开的。创造资产价值最大化的源头，就在于从供给侧抓起的高效产品研发与项目开发，明宇将一如既往，以“总成本领先，创最优性价比产品”的核心理念作为产品研发与项目开发的指南，创造卓越酒店资产价值，为中国旅游饭店行业的高质量发展不断贡献新的产品、新的项目、新的力量。

深刻理解中国式现代化，把握旅游业发展新机遇

倪阳平
中青旅党委书记、董事长

大家下午好！

很高兴参加本次中国旅游集团化发展论坛，这两天很多嘉宾做了精彩的分享，我听了受益匪浅。

疫情三年，应该说旅游业受到巨大的冲击，人们从内心深处渴望早日恢复到常态化的生活。我们很高兴看到最近国家卫生健康委员会、文化和旅游部相继出台了一些政策，进一步优化精准防疫政策，各级政府在抓好防疫工作的同时有一些包机海外招商的举措，社会经济发展出现了向好的端倪。此时此刻，旅游业同仁特别需要坚定信心，旅游业也特别需要韧性复苏。

中国旅游业未来的前景如何？作为中国旅游业的国家队，中青旅如何看待疫后旅游业的发展？今天我的分享主要从理论方面、宏观方面做一些思考。首先从党的二十大报告中寻找答案，把旅游业放到中国式现代化历史进程中去思考未来。我今天分享的主题是“深刻理解中国式现代化，把握旅游业发展新机遇”。

习近平总书记在党的二十大报告中指出，从现在起，中国共产党的中心任务就是团结带领全国各族人民，全面建成社会主义现代化强国，实现第二个百年奋斗目标，以中国式现代化全面推进中华民族伟大复兴。中国式现代化是人口规模巨大的现代化，是全体人民共同富裕的现代化，是物质文明和精神文明相协调的现代化，是人与自然和谐共生的现代化，是走和平发展道路的现代化。习近平总书记关于中国式现代化的重要论断为旅游业的发展指明了方向，我们要深刻领会和把握蕴含在中国式现代化进程中旅游业的重大机遇，在中华民族伟大复兴过程中做出旅游人的贡献。

在中国式现代化建设进程中，旅游业的重大机遇是什么？我认为，人口规模巨大是旅游业发展的根本底气，共同富裕是旅游业发展的最大信心，物质和精神文明相协调是旅游业发展的价值追求，人与自然和谐共生是旅游业发展的

产业红利，和平发展是旅游业发展的安全保障。下面简要讲一下我们的理解。

一、人口规模巨大是旅游业发展的根本底气

由于历史原因，在相当长的一段时间内，我国的旅游业并没有作为一个独立的行业存在，改革开放后，伴随入境游、国内游和出境游的逐渐放开，我国旅游业逐步迎来爆发式发展。1978 年世界总人口 43 亿，我国人口 9.56 亿，1978 年我国入境游客 180 万人次，是改革开放之前 20 年的总和，那时候还没有国内游和出境游。2019 年世界总人口达到 75 亿，我国总人口 13.9 亿，我国旅游人次达到 60 亿。在这里除了中国张开臂膀拥抱世界以外，中国和世界旅游人口基数不断增加是主要原因。从中青旅的实践中也体现了这一趋势，2006 年乌镇游客人数 159 万，到 2019 年达到 918 万。今年全球人口超过 80 亿，我国总人口 14.05 亿。根据中国人口与发展研究中心预测，到 2035 年，我国人口总体还会保持在 14 亿左右，劳动人口 9 亿以上。我们认为，中国依然是世界主要的旅游目的地和客源地之一，人口规模巨大，中国式现代化依然是推动旅游业发展的最大动能，这也是中国旅游业能够蓬勃发展的根本底气。

二、共同富裕是中国旅游业发展的最大信心

20 世纪人们在谈论什么是小康社会的时候，把“吃有肉、住有楼、还有余钱去旅游”作为小康生活的判断标准，这是旅游与人民对美好生活的追求之间最朴素、最生动、最形象的肯定。1978 年中国城镇人均可支配收入 343 元，2019 年全国居民人均可支配收入 30 733 元，中国旅游业总收入达到 6.63 万亿元，对 GDP 贡献达到 10.94 万亿元，占 GDP11.05%，居世界第二位。正是人民收入的不断增加，才有更多的余钱来增加旅游消费。在迈向中国式现代化的新征程中，共同富裕让更多的人腰包鼓起来，更有余钱支出在文化旅游方面的消费，满足对美好生活的向往。因此，共同富裕的中国式现代化是旅游业发展的最大信心。

三、物质和精神文明相协调是旅游业发展的价值追求

习近平总书记深刻指出，“物质富足、精神富有是社会主义现代化的根本要

求”。中国当代旅游业经历了从组团游、观光游到定制游、度假游的阶段。疫情前，出国游、个性游方兴未艾，疫情期间，周边游、乡村游、博物馆游、露营游等新兴旅游方式兴起。2022 年，中青旅围绕新需求和新变化，相继发布了针对城市周边游的遨游露营家系列产品、城市休闲的齐聚产品、城市生态融合的梦回庐陵文旅景观改造等系列产品，深度挖掘在地文化，丰富旅游目的地的项目开发，受到用户的喜爱。人们在物质生活得到丰富以后，希望得到更多精神享受和文化享受。

党的二十大报告中指出，要坚持“以文塑旅、以旅彰文，推进文化和旅游深度融合发展”，这就要求用文化重塑旅游，赋予旅游产品更多的文化内涵。中国旅游业的使命应该在中国式现代化的历史进程中找到答案，那就是担当起“讲好中国故事”的传播使命，要让人民在旅游中更多感受中华优秀传统文化的魅力，物质和精神文明相协调应该成为中国旅游业的价值追求。

四、人与自然和谐共生是旅游业发展的产业红利

人是大自然的产物，人与自然和谐共生是必由之路。旅游是五大幸福产业之首，是美好产业，也是绿色产业，人与自然的和谐共生能够让游客产生更多的美好体验。旅游业是人与自然和谐共生的天然践行者，是“两山”理论的天然拥护者，人与自然和谐共生是旅游业发展的产业红利，一个地方只有好的生态才有更多旅游美好的生态场景。有了好的生态场景，人们在旅游中才能有更好的体验，旅游业才能更好地发展。

人与自然和谐共生的辩证关系要求我们有系统的思维，要积极探索低碳旅游、生态旅游、环保旅游等发展新机遇，要将对自然爱护、保护作为每个旅游人的天然职责。数据显示，2019 年我国碳排放量达到 101.7 亿吨，占全球总量的 28%，“双碳”战略面临严峻挑战。旅游业是绿水青山的碳汇富矿，蕴藏着巨大的碳机遇。当前中青旅正在思考探索旅游产业碳交易的问题，这既是人与自然和谐共生的必然要求，也是旅游业发展的重大机遇。我们倡导绿色低碳的文旅新生活，尝试搭建低碳生活应用，希望在碳旅融合、服务标准及培训文旅碳汇交易领域寻求落地解决方案，将旅游业的各个环节通过绿色低碳的方式转化成碳积分，用于旅游消费，既促进人与自然的和谐共生，又提高旅游用户的美好体验。我们希望所有的旅游企业都能够像爱护自己的眼睛一样爱护大自然，做

人与自然和谐发展的典范。

五、和平发展是旅游业发展的安全保障

地球是色彩斑斓的地球村，人类是守望相助的共同体。每个国家的公民都有权利感受世界的美好景色和感悟多彩的人文风俗，这需要和平发展道路的大生态。只有和平共处，人类才有未来，只有和平发展，旅游业才有安全保障。旅游业具有天然的国际流动属性，没有国际化经营能力很难说是一流的旅游企业。中青旅作为中国最早具有海外游客接待资质的旅游企业之一，入境业务已涵盖英、法、德、日、俄、韩等十几个语种百余个境外客源地，是中国接待入境游客最多的企业之一。作为中国旅游业的一分子，我代表中青旅在此呼吁，坚持人类命运共同体，坚持和平共处，让世界各国人民自由流动，让各种文明相互促进，这是我们每个中国旅游人能为世界做出的贡献。

各位同仁，坚定信心，韧性复苏，中青旅和大家一样。三年来，我们咬牙坚持，坚持眼睛向内苦练内功，通过连通工程、创新行动、赛马计划等一系列工作的开展，加强技术更新、产业链打通、人才延揽、管理内控，不断优化提升自身能力，弥补短板。同时，加快元宇宙探索、业务模型创新，协同生态圈建设，战略优化，坚韧期待行业复苏。未来三年坚持聚焦旅游主业，坚持文旅融合，坚持深耕中国，坚持以数字中青旅、文化中青旅、生态中青旅、质量中青旅、安全中青旅为工作抓手，不断推进信息化、数字化、智能化建设，推进文化赋能旅游产品，推进敏捷、高效、协同的生态圈建设，推进高质量发展，推进合规安全的管理架构，建设一个新的未来中青旅。

中青旅将进一步聚焦主责主业，以旅游目的地的投资运营管理和旅游综合服务为核心能力，以旅游综合产品更好地服务人民群众对美好生活的追求，以旅游目的地的开发助力共同富裕。坚持“以文塑旅、以旅彰文”的价值追求，做讲好中国故事的国际传播者，以绿色、生态、低碳旅行践行人与自然的和谐发展，以更多的文化旅游产品促进世界各国人民的交流互动，为建设美丽、丰饶的地球村做出贡献。

谢谢大家！

创身边之“微”妙，赋生活以“美”好

奚建平
南京旅游集团党委副书记　董事

尊敬的戴斌院长，各位领导、各位同行、各位朋友：

感谢中国旅游研究院，非常高兴2022中国旅游集团化发展论坛如约而至，非常荣幸借此机会与各位同仁共谋发展，共话未来。

“发现新需求、培育新动能”，一直是旅游企业关注的焦点，更是疫情影响之下，市场主体破局、破题的关键。在出游半径缩小、本地游和微度假成为旅游市场复苏支撑力量的趋势下，南京旅游集团作为深耕于城市的地方国有企业，立足本地，以目的地建设为重心，从微处入手，将美景绘就，围绕创身边之微妙、赋生活以美好，不断创造旅游供给，创新发展动能，创意五“微”、五“美”。

一、微更新，塑造场景之美

近程、高频的本地游客休闲市场，对业态产品的创新迭代满怀新期待，营造“常来常新”的场景是引流的关键。集团打造的熙南里历史文化街区从2019年大板巷主街开街、2020年南京喜事沉浸式演出亮相、2021年鱼龙巷集装箱街区开街，到2022年“大师工作室”创意产业入住，一直以场景创新为驱动，推动城市渐进生长。同时，街区持续引进文艺、网红潮店、特色鲜明的微店、微景成为人们喜欢熙南里的理由。2022年8月，熙南里正式入选国家文旅夜间消费聚集区。

集团水木秦淮艺术街区位于外秦淮河畔，紧邻南京艺术学院和江苏省国画院。街区聚焦艺术主题，打造水岸一体的创新场景。水上，欧式游船串联城市风景、龙舟竞渡彰显文化底蕴；岸上，有艺术馆、画廊、读书空间、混搭音乐餐厅与时尚店铺，文艺范、国际范、烟火气相得益彰。还打造足球场、篮球场、轮滑球场，导入赛艇、帆船、皮划艇等新业态，极大丰富了本地生活圈，成为受市民喜欢的网红目的地。

二、微活动，绽放文化之美

2022 年以来，集团品牌活动已不再刻意追求规模，更用心用文化精雕细琢。依托中华传统文化，集团不断创新节庆，端午民俗长龙艺术舞动艺术街区，七夕牛郎织女相会金陵 Style，中秋笪桥灯市点亮万家灯火，重阳幕府登高相聚山顶云端。拥抱城市时尚文化，集团持续释放活力，熙南里街区“不止有咖啡节”、水木秦淮、冰激凌节、聚宝山公园、户外运动嘉年华等活动引领时尚、引爆潮消费。汇聚古都人文气息，自 2020 年起，集团联合南京市文联策划组织“见微知著—— 24+ 城市微展活动”，布局、布展近百家城市“微展厅”，绘制独具韵味的“南京文艺地图”，让文艺青年在“小而美”的展览中品味“文学之都”。

三、微度假，展映山水之美

本地的山水之间既藏着诗意与美好，也寄托着市民对美好生活的憧憬与期待。在幕燕滨江风貌区，飞行营地结合露营、直升机、房车、观光小火车野趣等新体验项目，与长江下游唯一的长江传奇滨江游轮共同带来全新的水陆空体验，让市民不必远行就能沉浸于江山如画、繁花似锦的绝美风景，屡获市民好评。紫金山庄酒店以湖光山色为底色，草坪婚礼、中式画舫、西式游艇、欧式马车、帆船、观鸟、垂钓等产品，共同营造微度假的“都市桃源”。在聚宝山公园，轻极限、无动力与微度假创新融合，市民不离城市就能体验低空蹦极、疯狂滑道、高空秋千等网红项目，打卡江苏最大规模专业卡丁车、马术、真人 CS，还可以在 Pinocat 营地体验精致露营，在汉服文化体验变装，在黑珍珠餐厅享受美味，快慢有序，动静相宜。从前的市民郊野公园变成今天的度假胜地，绿水青山化身金山银山。

即将开放运营的金陵 Style 浪漫中心，坐落于南京城市地标紫金山与玄武湖之间，在数千年传承的自然山水间，将美好生活编织进现代城市天际线。围绕运动时尚、文化体验和跨界零售等业态，一批首店名店汇集，引领潮流消费。市民游客可以从这里启程，饱览山水之美，触摸城市脉络，品读人文精神，爱上绝美南京。

四、微市集，点亮烟火之美

“夜色美”是城市美的重要组成部分，夜间文旅消费正成为推动夜经济发展的新增长极。2022 年，五马渡后备箱市集在全国火热出圈，成为夜金陵的典型代表，更点亮了长江之滨的烟火气。“五马渡”源自中国历史上第一次“衣冠南渡”，也是南京后备箱市集起源并壮大的地方。2022 年，集团紧抓城市“微消费”的趋势，重点孵化、打造了五马渡后备箱市集，一个个后备箱就是丝绸文化的流动博物馆，宣传消防知识的消防车不断走进市集，跨界、多元、融合的主题，加上户外音乐节、露天电影、新厂牌音乐、酒啡移动小酒馆，让这里的烟火气更具时尚潮流气息，成为年轻人的社交场。夜潮流、夜文化，在长江之畔洒满文艺之光。

五、微演艺，沉浸奇幻之美

近年来，沉浸式产品逐渐成为夜间文旅消费的热点，正是市场喜爱的风口。2022 年 6 月，联合南京民俗博物馆共同打造的沉浸式夜游新项目《甘宅雅韵》正式亮相。它既是一场灯光秀，又是一场文化秀、艺术秀。我们依托南京现存规模最大、形制最完整的古民居建筑“甘熙故居”的空间布局和文化故事，利用光影科技营造“熙南幻境”，融合昆曲演艺、全息空间、文化雅集、非遗展示等多种形式，通过“行进式夜游与沉浸式演艺”的创新叠加，为游客塑造“灯在景中生，人在灯中游”的游园体验，为城市塑造有载体、有记忆、有特色的夜游品牌。

此外，集团全新试行的《夜泊秦淮》西五华里沉浸式游船，该项目创新投影方式，人随船动，画随人动，在行进中阅览金陵名画、名作，重温秦淮瑰丽，品味人文之城。

拥抱变化，创新破题，在推动旅游业韧性复苏和可持续发展的道路上，南京旅游集团将继续秉承“创新引领未来”的理念，打造新场景，创意新产品，构建新平台，全力推进旅游目的地建设。在这里，热忱欢迎各位企业家把优秀的文旅项目带到南京来，共襄盛举，合作共赢。谢谢大家！

对话会 & 圆桌研讨

创业照耀旅游的星空，创新引领旅游的前行

——戴斌院长与青年企业家对话会观点摘要

2022 中国旅游集团化发展论坛于 12 月 11—12 日以线上和线下相结合的方式召开，主会场设在北京和上海。12 月 11 日下午，中国旅游研究院戴斌院长围绕“潮品牌、新势力和中国旅游的未来”，与去哪儿网 CEO 陈刚，银基文旅集团董事长李东铭，上海欧愉科技有限公司董事长史央清，新绎控股有限公司总裁李晓菲，江苏水乡周庄旅游股份有限公司董事长张卫青，呼伦贝尔巴尔虎蒙古部落联合创始人、总经理玉梅，进行在线高端对话。主要对话实况如下。

戴斌：大家下午好！我们继续聊一聊潮品牌、新势力，聊一聊中国旅游的未来。今天在场的六位都是旅游界非常有影响力的人，也是我的老朋友。第一个话题问问陈刚陈总，记得 2021 年我们到“去哪儿网”调研的时候，我说过一句话“无论去哪儿，归来仍少年”，触发我这个灵感的是有一个产品叫“人生第一张机票”，“去哪儿”的努力让很多小镇青年可以第一次坐上飞机出去旅行。请问陈总，当初我们为什么做这么一个产品？

陈刚：戴院长、各位企业家好，其实这个产品是先有做机票这件事。随着平台规模扩大，我们实际上每年都会统计一下在我们平台上第一次坐飞机的人，总结出来这样非常有意思的发现。所有的旅游公司的使命归结为：第一，探索世界；第二，人生幸福。我们提出“人生第一张机票”，既代表了这件事情对于消费者的重要性，人生第一张机票这个场景、高中毕业之后第一次出门是非常高光的时刻等，都是消费者非常重要的时刻。作为旅游从业者，我们能够参与游客的第一次高光时刻，是非常令人激动和自豪的，并且可以作为我们长期使命的一部分。

戴斌：应该感谢陈总和这些企业家，你们的创新努力让我们享受到了高品质的旅行服务。陈总，当我们发现这样一个需求、进入这个领域的时候，为什

么没有想先服务于大企业家等高端客户群体？换句话说，我们是怎么发现这个市场的？

陈刚：首先这是市场的选择。去哪儿进入行业的时间稍晚，在移动互联网开始的时候，最先获得收益的肯定是一二线城市。一二线城市饱和之后，我们最近几年的战略往三四五线市场渗透。新的客户主要来自三线到五线城市，这些客户便会遇到我刚才讲的场景，例如出门去读大学和出门去找工作，这些场景决定了它们的用户属性。其次是去哪儿网的定位。我们以前的主营服务是搜索引擎。“总有你想要的低价”，这个口号喊了十六七年，我们的品牌给消费者的市场印象便是能够帮你找到性价比高的机票。因此从市场的角度，小镇青年的分布是非常广泛的，数量也是非常庞大的，我相信未来这个趋势还会持续比较长时间。

戴斌：陈刚总的这番话让我非常感动。党的二十大提出共同富裕，用中国式现代化推进中华民族的全面复兴。在这个过程当中，我们更加要坚持大众旅游的人民性。我相信，有去哪儿这样的情怀，加上我们的技术，一定会走得更远，一定会让我们更多的父老乡亲从去哪儿那里受益。

说到农村，今天的旅游不仅是城里人到农村去旅游，农村来接待。广大农民也同样需要从旅游发展中受益，让他们参与旅游进程。刚才的案例当中就有“‘灯舞连平’乡村振兴示范带：让美丽乡村连起来，让广大农民富起来”，也有“周庄旅游‘香村·祁庄’项目：践行主客共享理念，探索嵌入式乡村共生模式”。有请江苏水乡周庄旅游股份有限公司董事长张卫青跟大家分享一下，我们从一平方千米的文化遗产型景区向周边扩张的时候，为什么没有采用挖票式的战术，把整个村庄拿下来，而采用了看上去笨笨的办法，一户一户去谈。请问当时为什么选择保留烟火气，把游客带到当地居民常态化生活空间的嵌入式发展道路？

张卫青：实际上乡村的嵌入式发展模式，是我们30多年古镇旅游开发模式的演进。30多年之前，周庄于1988年成立旅游公司，开始做古镇旅游，当时也开创了中国古镇旅游的先河。我记得当年跟您在学校读书的时候，旅游资源里面没有古镇旅游这一栏的。后来我毕业之后从事工作到了周庄，那时候周庄在业界有了一定的知名度。从历史来看，可以说水乡古镇旅游的第一个先行者便是周庄，我们1989年便售出了第一张门票。古镇开发的模式是“嵌入式”，所谓“嵌入式”最大的目的首先是从保护出发，再通过发展来更好地保护，最后落脚点还是保护。现在古镇的整体发展以及我们的诉求最后还是要实现“主客共享”。我们发展了 30 多年的旅游，不是说让原住民逐渐远离自己的家乡，让外来游客充实进来，而是让原住民和新旅客能够融合共享现在发展的成果。我们在古镇的发展调查当中发现，当地百姓对于旅游的支持度达到 95% 以上。

我们 2016 年从企业发展的角度考虑，古镇的开发是有限度的，因此跳出古镇做旅游，选择离古镇很近的乡村。当时考察的时候发现乡村有部分闲置的物业，如果能把闲置的物业利用起来，赋以周庄原有的旅游特色，做成一个特色乡村，对整体公司的战略和整体村庄的发展都有好处。恰逢江苏省推行知识田园示范点，这是当时在浙江特色小镇的基础上江苏创新的一个做法，又逢国家的乡村振兴战略推行乡村提升和共同富裕。这个大背景给了我们公司更大的发展目标。作为地方的国有公司，我们的理念就是要推动当地的发展和主客共享。

“香村 · 祁庄”项目戴院长考察过，很荣幸今天入选了案例。通过五年左右的时间，初步实现了我们原来的目标——共同富裕，在这个过程中实现了几个统筹：一是社会治理进行了有效统筹，把政府、村民和企业的关系通过这个项目理顺。二是实现社会资源的统筹，把原来的闲置物业、脏乱差的空间、闲置的田地通过旅游项目的开发和环境治理进行了有效提升，变成了能够让都市人留恋的场景。三是实现财富的统筹。我们作为国企不是把所有的资源全占了，而是将所有利益分享，跟村里的公司一起合作，成立了合作公司，吸纳了村里的劳动力，同时带动了其他村民自身发展的旅游项目，基本实现了经济效益的统筹和共享。特别是在社会层面也实现了共享，通过旅游的开发让游客能够走到村里面，让村民能够感受更友好的美好生活氛围。原来乡村相对来讲都是比较闭塞和单一的，有了不同地方来的游客之后，整体村民的素养和生活的情趣在这个过程中也提升了，我认为这也是一笔财富。

戴斌：谢谢卫青，我当时看到这个案例有两点特别深的感受。一是从需求侧来讲，随着大众旅游进入全面发展新阶段以后，特别是广大游客旅行经验的成熟，大家到一个地方去不仅要看看山水，听听故事，更要深入地体验当地的生活环境和生活方式。我说过一句话，旅游业的观光旅游时代可能是走亲戚，但是现在的旅游可能像串朋友。这时候就没有办法只让我看你的客厅，不让我看你的其他生活场景。我梦想中的乡村旅游应该是“鸡犬之声可以相闻，老死也要往来”，因为最美的风景永远是人的连接，符合了发展的需要。

二是把当地的村民纳进来了。很多地方的发展也会考虑村民的利益，但是往往只考虑就业的利益，周庄还考虑了通过自己的财富效应增加收入的可能性。如果资本全部买下，村民都变成打工的了，这可能也是一种模式，但是对于农民来说是不是最好的模式？至少周庄给我们探索出了一条路子。这样一种方式会不会遭到股东的反对？股东是否觉得挣钱太慢了，有没有受到过这样的质疑？

张卫青：古镇的经营方式，对经营者来讲，对资本来讲，最好是整个村庄全部买下来，统一经营管理。作为地方国企，我们还是有自己的情怀和初衷的。我们的初衷是希望通过我们的发展带动地方的发展，而不是通过地方资源的出让使我们发展。在周旅人，包括我们的股东，都是高度认可这样一种做法的，也希望借这个平台能够将我们周庄嵌入式发展的模式在国内更多的地方推广。这才是长存之道。

戴斌：20 年前我在中青旅任董事的时候，去乌镇考察，我记得有一天晚上与当时的 CEO 蒋建宁先生坐在船上，一边走一边聊，觉得这个地方挺好，但是总有一种恍惚，石板桥可能是白天看到老大爷洒下青春汗水的地方，街道上的小摊哪怕是一个卖化妆品的小店，可能是我们白天看过那个老奶奶留下美好爱情的地方。如果这些老人都离开了，这个地方就是我们的了又怎么样呢？那可能只是一个建筑的博物馆。所以我到江南水乡去的时候，除了周庄，特别喜欢去西塘、角直和南浔，因为它是活的，有游客来，当地人也在那儿生活。我经常讲，繁华不只为追忆。只要当地人生活幸福，我过来分享就可以了。希望在未来的发展过程中能够走嵌入式共商、共建、共享的发展道路，可能慢一点，当有一天我们上市面临更大股东的压力，将来引入投资者的时候，要取得这样一种平衡。

说到对传统文化的坚守和创新之间的关系，我想请教一下草原英雄小姐妹——玉梅同志，我在呼伦贝尔途中发现，你们两个姐妹作为创业者，当年在北京学习的大学生，回到内蒙古，你们的项目所在地甚至离海拉尔区还有 145 千米。当时为什么选择这个地方创业，想传承巴尔虎旗蒙古部落的文化，又是一步步怎么走过来的，过去三年当中有什么样的心路历程，能不能跟我们分享一下？

玉梅：谢谢戴院长，谢谢中国旅游研究院给我们这个机会，让我们参与此次论坛，让我有幸向各位专家和老师学习。我当时回来建景区的初衷真是有一份思念，因为在外地求学，很思念家乡，慢慢由思恋变为眷恋、收获、感动。我们创业的景区面积目前是 4000 多亩，是我和姐姐成长的地方，从小在这里采野鸭蛋、采韭菜花，后来我们俩在北京上学想家。我说既然想家了，那我们就回去吧。回来后我们发现，跟我们一起长大的孩子有好多都已经不上学了，他们也有了孩子。我俩当时开这个景区的初衷就是想带动他们，当时带动我们的兄弟姐妹，现在发展到带动他们的孩子，让他们脱贫致富，让他们走出呼伦贝尔，走出内蒙古，去更远的地方学习各项技能。当时是这样的初衷。

戴斌：现在觉得最难的是什么？如果今天在线的有 1.5 万人，特别是各个大集团大企业的人都在，让你提两个问题的话，你想提什么样的问题可以帮到你？

玉梅：首先感谢戴院长急我所急，让我能够获取帮助。我们现在主要的问题就是呼伦贝尔大草原不仅辽阔、美丽，而且有很多深厚的人文文化。为什么“马之舞”项目一经推出，便能够得到游客的共鸣，我们所展现出来的原生态、真性情，每每游客看到之后都很震撼，还有很多流着泪看完的游客。以现有的实力，我们很多景区没有开发出来，景区目前有 4000 亩，但是现在只开发了 1000 亩，还有好多沉浸式产品和原生态的文化需要大集团帮助我们开发。

我们所拥有的是全心全意为草原服务的牧民们，虽然他们一开始什么也不懂，但是他们有真性情有真情感，只要是为他们的家园、他们的这片土地、他们的文化，他们会使尽他们的全力，这份感情很真很真。这三年来其实我们很难，但是就因为他们那种真感情，让我们姐妹始终坚持着。我们还要坚持，永远坚持，为了我们家乡这片土地。

戴斌：谢谢玉梅，我当时去的时候你的这份坚守打动了我，我一定邀请你到这个舞台上跟大家见见面。如果再去巴尔虎蒙古部落，你会用蒙古族最高的礼仪迎接我，希望你迎接的不仅是我，还有我们千千万万的游客。游客怎样去？离不开中旅旅行、春秋国旅这样大型的旅行社，更离不开携程、去哪儿、马蜂窝这样的 OTA，它们会把客人带过去，会把我们的巴尔虎蒙古部落宣传出去。只有客人来了，投资者才会来。请问陈刚总，能不能在我们去哪儿网上推一推巴尔虎蒙古部落？

陈刚：我其实对刚刚玉梅总讲的感同身受。第一，巴尔虎蒙古部落这种具备文化内涵，并且有非常强的传播价值，其实在过去几年也展现出来了。只不过因为大家不能出门，只是体验周边游，而到不了巴尔虎蒙古部落。我相信疫情以后，该项目还会继续流行比较长的时间。过去大家认识到，现在旅游产品要从数字化信息演变成具备文化内涵或者品牌特征、传播特征的，要有比较好的机制。第二，不止去哪儿平台，现在 OTA 平台都有一个非常大的趋势，都在推内容和交易的结合。内容是所有的源头驱动，相信接下来我们还是会跟所有的供应商一起合作。具体到这个案例需要怎么做，玉梅总线下我们可以再沟通一下。这应该是不错的产品，跟我们的战略是匹配的。

戴斌：把项目办好，除了有客源、有资本，其实更重要的是要有人才，要有事业。说到人才和事业，我想再介绍一位朋友，我们今天精选案例之一竞鹅酒店的创始人，原来布丁酒店的创始人，史央清史总。最初我是有疑惑的，电竞酒店有多大的客源市场？会有人因为需要打个电竞而住店吗？史总可能把我们对酒店的概念颠覆了。过去住酒店住得舒服了，我找点事做去娱乐一下。现在倒过来，为了娱乐找一个酒店。我当时写颁奖词的时候，写到“能不能给我一个酒店，让我味蕾绽放、梦里花开，希望给我一个空间，没有人走过的空间”，所有的创新都是在无人之境中寻找出来的。史总能不能分享一下，您从布丁到竞鹅创业的心路历程？

史央清：戴院长刚才讲到现实场景，本质上我们还是基于两个客观的市场环境。第一是大的市场需求的变化。随着整个数字经济的发展，以 85 后、90 后、00 后为核心的“Z 世代”消费还在快速崛起。整个电子竞技的普及度在不断增加，原来是小众文化，目前在逐步走向大众文化，甚至明年会入选成为杭州亚运会的一个正式项目。同时，我们看到整个市场环境的变化，2021 年中国电竞爱好者有将近 4 亿人。我们发现一个机会，像这些极具文化属性、IP 属性、科技属性、社群属性、社交属性的数字 IP，结合现实场景将会带来更多的产业潜能、释放更多的产业机会，用户的新需求带给我们新的机会。

落地到我们创业的住宿业现实环境里面，我们发现开业以来将近四个月的时间里，入住率超过 95%，复购率达到 40% 以上，这个数据对以往来说是不可思议的。这个不可思议的背后我们还发现什么？用户需求的变化。现在到电竞酒店消费的大多是本地青年、本地游，即使在疫情当下，他们来我们这里不仅仅是为住宿，更是为了邀请周边的年轻人，一起跟数字虚拟人对话，一起打一场比赛，一起聊聊今天发生的事情。很多同行和消费者来了我们这里以后说，你们这儿不像酒店，也不像电竞酒店，似乎刷新了一种新的认知，非常像元宇宙，非常像虚拟数字技术走进真实的住宿场景，这也给我们比较大的鼓励。这也是目前看比较值得欣慰和欣喜的地方，发现了一个新的机会、一种新的潜能。

戴斌：我在写颁奖词的时候提到“这是城市旅游的新物种”。很多东西不要怕别人没法定义你，真正的创业创新者是下定义者，不是被别人定义的。从您一路创业过来，我一路都在关注，我希望您能够不断地去定义旅游行业的业态，为什么？因为您背后有消费者。当消费者去定义我们旅游业的时候，我们就有了乘风破浪前进的力量。倒退 20 年，我们可能没有人会把携程、去哪儿当成旅行社，现在叫它 OTA，本质上还是旅行社。倒退 20 年，我们也没有人把如家、七天、汉庭、布丁当成酒店，今天它们都是我们旅游行业核心的主导力量、骨干力量。旅游业没有什么天然的嫡系部队，也没有永远的主力军。谁能够满足广大人民群众对旅游休闲生活的新需要，谁就是我们的嫡系部队；谁能够高效率地去获取资源，能够经营好企业，那谁就是我们的主力军。我们 20 强集团每年来来往往，网上说永远有霸榜的，有人离场，有人进场，这是市场的常态。谢谢史总分享的竞鹅酒店的案例。不知道下一个创业方向是什么，但是我相信一定是面向 C 端、是广大游客旅游休闲所需要的，那才是您的广阔空间。

所有的创业者开始的时候都是不被人理解的，但当你成功创造了一个新物种的时候，你会成为别人的学习榜样，衷心祝福祝愿。再介绍一位新朋友，晓菲总，新奥集团的掌门人。说起新奥在旅游业界不见得很熟悉，但是提到一家上市公司，西藏旅游，大家都会知道，晓菲总就是西藏旅游的掌门人，也是控股方。晓菲总给我们介绍一下，作为做能源的一家企业进到旅游业中来，您觉得旅游业和能源相比，它的需求特征是什么？投资模式又是什么？

李晓菲：新绎是新奥集团底下的生活品牌，大家知道新奥是做能源的，突然之间做文旅、健康。最早做这件事情是 2020 年前后，集团有一个新的战略：美丽生态和美好生活。我们不仅要做清洁能源、美丽生态，还要赋能美好生活。满足人民美好生活的想法，这是我们奋斗的目标。2010 年集团成立了新绎这个品牌，从事文化旅游健康领域。从能源到旅游，我们一开始走了一些弯路，但是做能源给我们做旅游最好的信念，是坚持做长期主义。新绎为什么能够坚持做这么多大的项目？投资人对我们有长期主义的坚持。我们一直主张练好内功，做场景，给了我们很好的从事旅游的基因，让我们能够在这个平台上结识更多的合作伙伴，做更好的内容创新，也给我们更多的发展空间。

戴斌：我们继续介绍一个很大的老板，真正做实业的，东铭总，银基文旅的掌门人。我第一次到郑州去的时候，他们给我介绍银基，客观讲我脑子蒙了一下。我这个人不拒绝任何新的东西，一说在郑州，看几个宏观的数据，郑州有超过 1000 万人口，GDP 过 10 000 亿，财政收入过 1000 亿，以我的经验，一定会产生既服务于外来游客，更服务于当地居民休闲的大项目。到现场一看，果不其然，非常好的项目，而且这几年看着它不仅投资上做起来了，管理越来越精细化，包括做的数字化转型的项目。东铭总进入旅游业这么多年来，您觉得我们的游客有哪些新的变化，为什么疫情期间大家很紧张的时期你做数字化转型？

李东铭： 银基经过前些年的积累，正好赶上 2020 年疫情的两个大项目——一个银基动物王国，一个银基冰雪酒店，开业。这两个项目前期经过非常深入的调研，开业就非常火爆，2021 年“五一”创了非常多的第一名，打破了非常多的纪录。随之而来，我们发现游客来到这里确确实实在体验感上遇到了主题乐园里面经常遇到的“排队 2 小时、游玩 3 分钟”问题。这个问题摆在我们面前，必须要解决。在寻找过程中发现，现在的数据化分析和数据化赋能也许是一个不错的方向。通过让游客在游玩之前便填问卷，能清晰地了解游客带的孩子身高、体重，哪些项目能玩，哪些项目不能玩，可以有效避免无效排队。我们还提出来“千人千线”计划，通过游客提供和我们积累的经验，帮助游客筛选需求，制订不同的路线，让游客游玩的整体体验感有大幅提升。不管怎么样，我们公司的核心价值就是让游客来到这里有一段美好的时光。目前的业态非常丰富，产品非常丰富，根据游客的特性和不同的产品，帮他组装出不同的路线，把原来标准化的产品、标准化的服务变成定制化，根据定制的情况帮游客进行一些云上预约，比如排队预约、座位预约、游玩大巴车预约，可以极大地提高他们的体验感。

戴斌： 您刚才谈话的时候，我听到一个关键词，您在说“游客”。您作为一个海外归来的受过完整商科训练的新一代企业家，我相信和我们的父辈相比，一定会有两点不同。第一，任何伟大的公司都是面向消费侧、面向终端的。只要是面向终端的项目我都会感兴趣。过去我们一直在强调资源，强调供给侧，现在更加强调需求侧，我认为这是这一代企业家跟以前不同的。第二，更加关注管理的规范和内生的动力或者内需力的增长。我们一定会走出跟父辈不一样的道路，也就是说旅游业会越来越多具有企业的属性。如果做不好企业你想做好旅游业是不可能的。在这个方面没有到场的线上的年轻企业家能够更有朝气的同时更加规范，只要心中有游客、宠着游客，企业的每一分努力游客都能感受到。

最后一个问题请教一下玉梅，你是西部地区唯一的代表，多给一点时间，你听了今天下午的会议最核心的启发是什么？

玉梅：此次论坛给了我很大的帮助，我深受启发。我觉得我们还是应该向各位老总和各位老师多多学习，开发出一些更好更有特色的新产品。三年我们也很少出去学习，见的也比较少，此次论坛给了我们很大的震撼，感谢戴斌院长，也感谢中国旅游研究院给了我们此次机会，特别感谢。

戴斌：最大的启发是认识人，任何时候人都是最有创造力的。未来是属于大家的，我们始终关注广大游客的需求，不管疫情之前还是疫情三年，人民对美好生活的向往没有改变。走不了远走近，观光没有就休闲。只要广大游客的需求是存在的，它就会像满天星斗当中最耀眼最明亮的北斗星，指导我们创业创新的方向。2016 年，我出的《国民旅游休闲讲稿》第二本书题目是“创业照耀旅游的星空”，与其说我们创业照耀了旅游的星空，不如说广大游客对美好生活的向往像北斗星一样，指引我们前进的方向。

当然，只有需求、资源还不够，还需要企业家创新的努力。企业家是破坏性的创造也好，边际性的创新也好，企业家特别是年轻一代的企业家，都是这个社会特别是旅游业中最稀缺的资源。我希望我们更多的年轻人能加入旅游的创业。因为我们做的是让广大人民群众享受美好旅游生活的伟大事业，这项事业值得我们去做。

在这场论坛结束的时候，我想说这么一句话，“创业照耀旅游的星空，创新如熊熊之火引领我们的前进”。刚才有人问我，明天会更好吗？我说明天一定会更好的，因为你相信，我也相信。谢谢大家！

【在线提问环节】

马仪亮（主持人）：我们现在进入到最后的提问环节。从在线的观众里面挑了两个问题问戴院长。第一个问题是，戴院长提到“鸡犬相闻”“老死相往来”这样的人间烟火场景，但是有的年轻人在城里面出生，没有见过没有感受过那种场景，怎么让年轻人与戴院长所说的这种场景有共鸣呢？

戴斌：大家好！这个问题其实更应该由卫青总这样的企业家来回答，我们每个人往前去倒，不用倒多了，倒三代都是从乡下出来的。乡村是我们永远的家园和乡愁，这个家园和乡愁是跟农耕文明的时代密切相关的。这个时代我们又不可能完全复制过去，我希望我们的企业家在创造这些新业态、新项目、新空间的时候，能把这个元素抽出来，把这个情感抽出来，但不是原汁原味地复制过去。我认为没有哪个过去可以复制，包括我们讲的文化遗产。所有的遗产过去都是有功能的，比如毛笔是用来写字的，当功能开始失去的时候，我们怎么找到新的功能？有的是效率的功能，有的是熨平我们情感的功能。希望我们的专家学者能够指引这个方向，政府能够创造这个环境，但是最终要像今天参加对话的这些企业家来推进的，他们会通过实践给我们答案。

马仪亮（主持人）：代表这个观众谢谢戴院长的解答。第二个问题，有网友说，疫情防控现在政策发生了变化，旅游企业的机会是不是来了？能不能给一些建议？

戴斌：机会永远都存在的，机会永远都留给有准备的人。我们要做好什么准备？第一，我们要研究需求，一定要研究市场。如果过去 40 年我们是在需求既定的情况下去发展，通过资源的整合来发展的话，那么将来一定要从市场的需求当中寻找机会。我在疫情期间反复讲过几句话，其中有一句话“得客源者得天下”。第二，认认真真研发产品，不可能只说一个概念。我经常说我们要有创造幸福生活的能力，还要有满足人们对幸福生活追求的能力。不可能每个人像周星驰的电影里那样，说我喜欢你。喜欢我就要给我美好生活，或者我们一起创造美好生活，不能只是说一个情怀就够了。要有满足广大游客对美好幸福生活追求的情怀和理想，更要有脚踏实地前行的坚守，才能够让我们美好生活的梦想照进今天的现实。

这个机会永远都是存在的，但是这个机会又是变化的，明天还会继续讨论。比如说广大游客可能现在是近程的旅游变得更加高频，这个不是跟我们没有关系，那春秋为什么可以做“春野秋梦”，做建筑可阅读、城市微旅游？这是一个新的变化。游客需要休闲度假，度假旅游起来以后，景域驴妈妈做了关麓帐篷客。我跟洪清华洪总说，这一步很大了，直接往产业链的上游去走，从渠道商变成资源商。这个过程很难，需要做人力资源方面的准备，需要做资金方面的准备，需要做商业模式的转型。如何把握疫情之后的时代需要？我想只要和广大的游客在一起，为了他们的美好生活去奋斗，就可以做到。我相信将来还会有这样那样的困难，但我们都不会被困难所打倒，谢谢！

马仪亮（主持人）：谢谢戴院长的精彩解答，刚刚戴院长说的机会一直都在，我们今天发布的这些案例都是疫情期间各个企业创新作为发现发掘出来的新机会，所以发布的过程也是一种解答了。

为了人民的旅游权利努力奋斗

——戴斌院长与旅游集团领导人高端对话观点摘要

2022 年 12 月 12 日，在中国旅游集团化发展论坛期间，中国旅游研究院戴斌院长与陕西旅游集团有限公司党委书记、董事长周冰，上海春秋国际旅行社（集团）有限公司总裁王炜，马蜂窝创始人 CEO 陈罡，上海锦江旅游控股有限公司董事长兼首席执行官郑蓓，海昌海洋公园执行董事兼执行总裁张建斌，四川省旅游投资集团党委书记、董事长任丁，贵州旅游投资控股（集团）有限责任公司党委书记、董事长徐昊在线进行了有关政策促进、产业创新与旅游复苏等问题的探讨。现将主要观点分享如下。

戴斌：2022 年，我们旅游集团在线上线下做了很多工作，首先我想请徐昊董事长跟我们分享一下，听说昨天听完会后很多的中层干部都到您的办公室里去聊，我想知道都在跟您聊什么？

对谈嘉宾：徐昊

增强行业的复苏信念，推进业务的突破创新

徐昊：谢谢戴院长，各位旅游界的同仁好。昨天我们听完研究院的成果发布之后心情非常激动。发布的成果使我们对国内游、出境游、住宿、餐饮以及旅行服务等整个旅游产业的复苏节奏更加清晰，对旅游业发展更加充满信心。在行业发展的特殊时期，希望和信心有时候确实比黄金还宝贵。我们也希望通过参加这次中国旅游集团化发展论坛，能更好指导我们在后疫情时代贵州旅游业的发展复苏，促使贵州旅游蹄疾步稳，越来越好。

戴斌：谢谢徐董，您来这个企业之前做过贵阳的副市长，从政府来到企业工作，您觉得最大的挑战是什么？

徐昊：其实我原来也参与过企业建设。2009 年按照组织的安排，参与组建贵阳市工业投资集团。我认为从某种意义上讲，政府更多是宏观谋划和指导，从企业来讲，必须脚踏实地，一项业务一项业务地去实现和突破。从政府到企业、从宏观到微观、从公共服务和政策管理到现在需要在市场上参与竞争、寻求合作，这一系列的转变还是颇具挑战的。

戴斌：谢谢徐董，我介绍一位老乡给您认识——马蜂窝的陈罡陈总。陈总也是从贵州走出的企业家，近段时间也在深耕贵州旅游市场。陈总，您对贵州贯彻落实好总书记对贵州旅游产业化的期待有什么建议吗？与徐昊总这边有达成什么样的合作吗？

对谈嘉宾：陈罡

高品质的产品和服务将是旅游业的未来市场

陈罡：疫情发生以来，我跟徐总一直保持着深入的沟通和探讨。我们不仅探讨了旅游行业在疫情之后的新变化，而且还达成了一个共识，这个共识就是高品质的产品和服务将是旅游业的未来市场，尤其是创造新兴用户需要的服务形态。疫情的发生，促使旅游产业创新和旅游产业复苏深度耦合。当自上而下的政策支持和自下而上的产品创新耦合在一起的时候，可以看到很多新的迸发。比如，黄果树的夜游项目，将水秀演艺和科技光影放到了贵州的青山绿水中、放到了原生态的自然环境里，再结合贵州多彩的民族文化，打造出中国知名的水秀产品。再比如，贵州独特的喀斯特地貌，利用暑期开展漂流项目，使游客能够感受到“爽爽的贵阳”。

戴斌：刚才您提到“爽爽的贵阳”，使我非常感兴趣。您能不能深入介绍一下，是什么样的产品能够支撑起“爽爽的贵阳”？

陈罡：“爽爽的贵阳”是一个口号式的提法，交付给市场则需要线上线下的结合、实体资产和线上资产的结合。我们 2021 年在贵州引入了新一代市场服务主体——主理人，用于打通贵州旅游线上和线下的连接。我们将新型旅行社的代表、户外俱乐部的创业者等引入马蜂窝的平台，通过数据赋能、内容支持、服务对接实现新业态和老实体的互动结合。促使 C 端消费者获得更加个性化、更加深入的服务体验，促使新老旅游业态的互利共赢，我想这才是“爽爽的贵阳”最好的验证与表达。

戴斌：谢谢，您公司的“周末请上车”也是非常好的产品，我们也希望把这些概念真正在当地变成产品，变成项目，真正助力地方的发展。

对谈嘉宾：郑蓓

强化旅游目的地酒店布局

戴斌：下一个问题来请教一下郑总。锦江在酒店方面极具实力，同时也向旅游目的地建设方面发力。因此，锦江作为大型的国有企业或者旅游集团 20 强的一线方阵，应该与地方如何耦合，以此促进地方发展呢？

郑蓓：目前，我们锦江酒店已经在全球 120 个国家有 12 000 家酒店、20 万间客房，从酒店规模来说已经是全球第二。但是我们的专业化、精细化、国际化程度和世界知名的酒店集团相比还有明显差距。

我们酒店板块未来要做两件事。第一是酒店的业态。以前我们是以中高端商务酒店为主，今后可能还要发展以休闲、度假、分时、租赁以及高端公寓为主的业态。第二是目的地布局。以前我们在商务城市布局比较多，今后我们的酒店要跟着游客的目的地来布局，也就是说，我们要在国内国外的游客的休闲度假目的地里布局更多的休闲度假酒店。因此，锦江旅游板块的定位，也将由过去传统的旅行社转变为全国领先的文旅和会展综合服务商。通过 IP 引入、客流导入和运营管理，在旅游、酒店、餐饮、客运等板块促进文旅目的地的打造。同时，我们希望能够联合业界的各位同仁，包括 IP 运营、投资建设、策划以及露营、亲子、演艺的供应商，希望各位同仁能够踊跃参与今年由我们锦江牵头成立的文旅目的地产业联盟。

戴斌：再请教一下郑总，如果锦江集团在上海进入旅游市场的话，空间布局思路是什么？需要哪些合作伙伴？会重点投哪些产品？

郑蓓：第一个问题，关于空间布局思路。其实疫情三年，全国所有的旅游目的地都有一个升级换代的需求，2022 年我们也接待了很多来自全国各地的代表团，都希望锦江能够去投资运营管理。锦江本来是一个以酒店为主业的旅游集团，我们的旅行社板块和旅游客运板块在三年之中受到重创。于是，2021 年集团开始做战略梳理和研判，既然要做文旅目的地，就应该跟酒店一样，基于游客的需求、基于消费者的需求，消费者走到哪里，我们文旅目的地的布局就可以去哪里。

第二个问题，我们需要哪些合作伙伴？锦江虽然产业链比较全面，但仍旧无法涵盖文旅目的地上下游的所有产业链。2021 年锦江集团还成立了新的城市服务板块。城市服务板块 2021 年注册的时候，在工商行政管理局根本找不到这样一个类别。我们跟他们商量，把我们的城市服务公司注册出来。什么叫城市服务？基于“物业管理 + 社区管理 + 基层治理”来服务于所有城市的校区、园区、社区和景区。其中标志性的项目就是位于上海临港新片区顶尖科学家论坛的社区。该社区由城市服务板块负责所有社区的管理运营以及人才公寓的管理，由酒店板块来运营，一家高星级酒店、一家酒店式公寓加上会展中心，由旅游板块负责会展营销和驻场服务，这个对于我们来说极具挑战。

第三，关于投资的问题。锦江在疫情期间率先推出了赋能加盟商的酒店产业基金。我们通过产业基金赋能锦江酒店品牌的加盟商，帮助其做投资改造，维持品牌的运营。2022 年，集团再次推出了新一期的产业基金，主要聚焦于酒店以及文旅产业链的募、投、建、管、退。其中，锦江有一部分自有基金，联合了金融、保险战略合作伙伴来赋能全国各地的旅游目的地升级改造。

对谈嘉宾：周冰

省内推进“王”字形产业布局，省外强化陕西旅游品牌建设

戴斌：谢谢郑总。我和锦江保持密切合作多年，希望在旅游目的地板块的发力上能够和我们酒店一样能够走得越来越好。您提到建立旅游目的地的产业联盟，相信在座的各位一定会感兴趣。说到这里，来请教一下陕旅集团的周总。《长恨歌》、延安保育院、《丝路之声》、《长安十二时辰》等文旅项目均受到各方关注。在文旅融合的过程中，陕旅集团有哪些经验可以和大家分享？

周冰：戴院长好，各位嘉宾好！刚才戴院长替贵州贵阳吸引投资，振兴贵阳旅游。戴院长振臂一呼，希望再帮陕西呼一呼，把陈总、郑总吸引过来，我在陕西欢迎大家。

疫情发生以来，陕旅集团在省内省外的基本建设和项目建设从未停滞。我们曾经在 2020 年、2021 年同时有 11 个项目在建，在极其困难的情况下，项目已陆续竣工。我们在省内形成了王字形的结构布局：在陕北有一横，4 个项目；在关中有一横，11 个项目；在陕南有一横，3 个项目；一纵，陕西地头南北长，形成一个王字形的结构。在省外有 7 个项目，如上海有酒店，在三亚有 10 平方千米的综合开发，在四川、甘肃都有自己的投资。同时，在陕西文化投资方面也做了一些探索。比如，和百老汇打造的《丝路之声》将会在 2023 年 4 月 17 日的国家歌剧院进行巡演。常态化文化演出《长恨歌》改版为《冰火长恨歌》，不仅使夏季项目在冬季焕发了活力，同时也解决了游客在野外观演的取暖问题。

在产品运营方面，我们积极使用数字化技术，维护了旅游项目和旅游景区的正常运营。在疫情期间，陕旅集团旗下 50 多家酒店大部分保持盈利状态，实属难得。

戴斌：周总，您讲到这里我插一句话。我经常讲，有病治病，没病生活，这样才是慢慢恢复常态。疫情期间 50 多家酒店还能盈利，非常了不起，希望继续保持下去，更多的集团跟上来。您继续！

周冰：我们的营销在疫情期间持续加力。我跟集团的同事讲，吃饭咱可以省一省，出差不能省，做广告不能省。越是困难，越不能在营销方面节约费用。借此给大家推广一句陕西的旅游广告“越秦岭、阅黄河、悦陕西”，这个广告词是陕旅集团旅游产业创造的。陕旅的广告“心随陕旅·一路奇迹”，来到陕西看到奇迹，你能来陕西，本身就是奇迹，陕西也是“一带一路”建设过程中存在的一个奇迹。党的二十大以后，国资委批了陕西两大支柱产业，其一就是文化旅游业。因此，希望旅游界的同仁多关注陕西，促进陕西文旅的复苏发展。

对谈嘉宾：张建斌

推进国内国际双 IP 联动，助力主题公园场景营造

戴斌：谢谢周总。我经常说，我们生活既要往后看，不能让来时的路上灯灭了，也不能看不到未来。在这方面，请建斌总跟我们分享一下，海昌海洋公园在全国各地布局后，经营思路上又有哪些变化呢?

张建斌：谢谢戴院长，非常高兴在这个振奋的时刻参加这个大会。大家都在谈春天马上就要来了，我们其实一直在期盼这一天。我个人认为，现在我们是在行业恢复阶段，但是不会特别快，企业还是要全力以赴奔跑。再者，即使恢复了这个机会是不是你的?还是要去积极地准备。我们海昌旅游集团在产品方面做了积极的探索，一是探索文旅结合的新机会，二是促进产品的高质量发展。以前，我们是一个以海洋为主题的传统主题公园企业，而如今，我们结合产业特征，引进了正能量、内容新、运作成熟的国际 IP——奥特曼，打造了包括奥特曼博物馆、奥特曼游艺中心、奥特曼冰封剧场、奥特曼主题餐厅和奥特曼电影光之店在内的中国乃至全世界第一个奥特曼主题娱乐区。

奥特曼主题馆 2022 年 7 月 24 日开业，8 月全月的收入已超千万。当然，我们也在积极推进自主 IP 的建设。比如，将科技赋能的机甲产品与现有的 11 个海洋形象的产品进行融合，实现沉浸式演艺巡游的升级。通过海洋机甲战队、七萌团、美人鱼 Emily 自创 IP，做内容方面的深度发展。

戴斌：我们非常愿意看到海昌海洋公园把IP和空间场景营造进行有效结合。基于本地文脉新的产品，我想请问一下王炜王总，在旅游业发展过程中，我们是怎么思考文化战略的？

对谈嘉宾：王炜

扎根市场，向阳而生

王炜：我们需要挖掘旅客的需求，尤其是深层次的市场需求。由此，我们创研产品、深挖产品，让产品渗透进更深层次的市场。40多年前，春秋的业务不局限于企业组织的集体旅游，而是着眼于游客个人市场。在成立初期，春秋通过每周发一班承载1400多人的火车，创造了“火车跟着市场走”的发展契机。之后，春秋又包游轮、又包飞机，最多的时候一年内承包了六万架次飞机。有了这样的发展经验之后，我们提出了“春秋是飞机跟着市场走，人才跟着飞机走”的发展口号。在20世纪90年代，我们便将前面说的一年六万多个航班的飞机，1/3是从全国飞三亚，通过旅游的力量，人流带动了物流，物流带动了资金流，资金流又反哺了信息流，整个产业链建立起来，促使三亚乃至整个海南整体上有了大的变化。在春秋航空公司建立起来之后，虽然是航空公司，但是我们姓旅，航旅结合也好，旅航结合也好，我们继续围绕航和旅持续发力。我可以很自豪地说，在所有的航空公司里面我们是唯一一个文旅部领导的航空公司。

戴斌：昨天有一个消息，春秋航空的上座率和准点率在国内获得了两个第一，是这样吗？

王炜：是的，在整个市场复苏的过程中，春秋结合市场的需求不断创造新产品。我们的基因还是围绕着市场，春秋是一家民营企业，民营企业扎根于市场。我们是水泥地板上的小草，小草要扎根市场，深深扎根，向阳而生，阳在什么地方？还是市场。

戴斌：老百姓对旅游的需求。

王炜：对，确实是老百姓对旅游的需求。只有深挖这一点，我们才能知道市场在哪里。受疫情影响，我们国内游客出国旅游受阻，国内长线旅游有时也无法百分之百满足其旅游需求。我们只有深入挖掘本地旅游市场资源，通过导游讲解、资源挖掘、产品包装等方式促进本地微旅游的发展。比如，上海有永不拓宽的马路46条，我们围绕愚园路、武夷路、淮海路等这些马路，积极展示每栋建筑背后的一两百年的历史。

作为一个旅行社来说，我们春秋的服务方向，除了老百姓对美好生活的向往之外，还有吸引更多的海外游客到中国来旅游，这才是我们讲好中国故事的实际体现。

对谈嘉宾：任丁

美食＋康养：开拓老少皆宜的旅游市场

戴斌：这方面，我还想推荐另外一个城市、也是我蛮喜欢的一个城市——成都。成都除了有《成都》这样脍炙人口的歌曲，还有春熙路、锦里等特色街区。因此，任总，我想听听在整个四川旅游发展投资的过程中，我们对市场的关注点在哪里？

任丁：四川旅投集团成立于 2017 年上半年，我们通过全产业链布局，助推全省文化强省和旅游强省建设。刚才戴院长提出的这个问题，第一我们关注年轻人。旅游消费年轻人是主体，在年轻人消费中餐饮是重要的一部分。安逸酒店集团总经理是四川烹饪协会的会长，我们前几年在锦江宾馆举行了川菜技能大赛，集团内部也举办过川菜技能大赛，把川菜的品牌进一步打响。而且还要走出去。既通过川菜把游客吸引到成都来，而且也要让川菜走出去。疫情之前，每到周末，很多外地游客会专门打个飞机到成都来吃上一两个有特色的川菜、过个周末。

戴斌：听说，有人专门选川航的飞机出行，是因为川航的飞机上提供麻辣烫，餐饮对人的吸引力特别大。

任丁：是的。中国传统的饮食文化是非常雄厚的，老少皆宜。因此，我们集团也关注到了中老年的康养市场。大健康板块是我们重要的业务板块之一，一是与全国综合排名第二的华西医院合作，建立康复医院、康复酒店；二是与中医结合，我们建立了多个中医馆，中医熬的汤药现在也非常受大家关注和欢迎。此外，我们正在峨眉山打造太阳谷康养基地，占地面积将达到 22.4 万平方千米。

对于旅游文化，我非常赞同戴院长提出的“文化既要看过去的历史，还要看到未来的指引”的观点。四川是文化资源大省，也是文化大省，正在努力打造文化强省。未来，集团将积极推进四川省重点项目——天府国际动漫城的建设，发展二次元文化，以适应年轻人的市场需求。

戴斌：过去我们投资一个地方是看有没有资源，您有一座山，他有一座庙，我有一条河流，他有一片草地，这是资源。后来看你有没有资本，当地有没有能耐拿到一些更大的资源。可是我们今天越来越多的企业家在一起，是看我们有没有共同的商业思想和共同的价值观。

对于旅游集团20强这样的企业而言，我们学习党的二十大精神，就是要把国有企业、民营企业、中央企业、地方企业都集中到中央对我们旅游业的要求上，就是坚持“以文塑旅、以旅彰文，推进文化和旅游深度融合”。怎么去深度融合？上午胡和平部长专门做了一系列重要讲话。在我看来，我们对文化的理解包括社会主义先进文化，根植于民族复兴、人民幸福生活中国梦的美好生活的文化，这个千万要牢记。无论是做文化建设还是旅游发展，都是为了人民群众，为了父老乡亲美好生活的需要。

换个角度来说，只要我们产业的投资、项目的研发和人民对美好生活的需要结合起来，我们怎么可能会被一些眼前的困难所击倒？我一直在讲，旅游业要做阳光下的生意，至少对我们20强旅游集团的企业而言，应该有这样的雄心壮志。做阳光下的生意，把我们的价值观弘扬出去。在疫情期间我去企业调研，他们问我们现在怎么去定义自己？应该是美好生活的运营商，是美好生活的创造者。

我们要的是一种视野。今天的旅游者要有看到未来的能力。我想通过今天的对话，慢慢把我们旅游商业共同体建立起来。这个旅游商业共同体应该是以旅游集团20强为代表的一线旅游企业做基础支撑，这些人在一起，不仅仅是熟悉做个买卖做个生意，而是应该对国家的旅游业发展方略、指导思想，特别是商业价值观有重新塑造作用，我们每个人都是其中的一员。

我们这些人聚集起来，让新时代的旅游思想慢慢地清晰。这个思想是什么？让广大的人民群众有的游、游得起、玩得好、玩得放心。只要我们为了人民的旅游权利努力奋斗，中国旅游集团终有一天会成为世界旅游集团，让我们为这一天而努力奋斗。

主论坛一　市场变化与投资策略

2022 年 12 月 12 日下午，在中国旅游集团化论坛主论坛一，中国旅游研究院总统计师马仪亮与黄山旅游集团总裁陶平、赣州旅游投资集团董事长许志辉、凯撒集团董事长陈小兵、四季文旅控股集团董事长金健、广州公交集团客轮有限公司党委书记范志林、大连博涛文化联合创始人 COO 齐征，围绕市场变化与投资战略主题，进行了线上圆桌对话，现将主要观点分享如下。

马仪亮：感谢六位企业家，我们一起聊一聊市场变化与投资策略。刚刚洪清华总讲三年疫情，很多旅游企业困难特别大，这两天开会的困难最大的应该是陈小兵总，还有众信的冯滨总。出境游在疫情期间业务萎缩量非常大。比如凯撒虽然在疫情期间介入了免税，但是营收状况可能从原来的一年六七十亿元到现在只有两三亿元的水平，负债率从原来百分之五六十已经到 90% 多，应该说受到困难最大，而且也是最难的，一直在想方设法活下去、活得更好，是最值得我们尊敬的旅游人。

对谈嘉宾：陈小兵

积极准备出入境市场，积极调整产品结构

马仪亮：第一个问题交给陈小兵总。疫情对你们的影响应该说很明显，你们以后的投资过程中会不会有一些差异化或者多元化的打算？会不会把鸡蛋放到一个篮子里面，当然现在不是一个篮子，还有免税等其他业务，你们有什么样的想法？谢谢。

陈小兵：谢谢马博士。各位嘉宾，各位线上的朋友大家好。刚才马博士提到凯撒在疫情当中可能是受打击最大的企业，我非常认同。凯撒的管理团队在三年过程中非常努力，每次有小小的时间窗口，整个团队都会积极抓住。2021 年 5 月和 6 月，当时市场环境有所改善，那两个月我们光国内游的营收一度每个月达到三千万元的水平。当时整个团队很振奋。当然后来 8 月南京疫情以后，有很大影响。对于这三年过往受了多少打击以及有多少辛酸，不是今天我们主要探讨的话题，我们更多想展望未来。

刚才马博士提出凯撒未来会怎么做，基于我们对未来一段时间市场的看法，以及我们对市场的预测，这是我们采取任何策略的前提，简单做一个分享。我非常赞同刚才洪清华总对于未来 12 个月趋势的研判，我们也同样认为，未来 12 个月国内游仍然是旅游市场消费的主旋律，这是第一点判断。

第二，根据最近两三个月收到的市场相关信息和需求看，国际商务旅行会是国际旅游市场恢复的前奏，这也是比较确定的事情。凯撒还有十个人的团队在卡塔尔服务世界杯。我们接到很多去海外做商务旅行参加展会的各种各样的需求，前一段时间也看到浙江省万名企业家去海外商务洽谈访问的相关信息，作为一家做出境游为主的企业，作为一家以商务旅行起家的企业，我们确实接到很多相关的诉求。

第三，从政策引导层面看，我们认为入境游应该还会被积极鼓励，这应该也是我们旅游企业的机会。

第四，从近期对海外市场的调研能够看出，海外市场的恢复，特别是供应链的重新建立可能还需要一个重构的过程。现在有很多旅游要素都需要重新被整合，这点也需要一点时间。

第五，消费者需求的恢复可能会比想象中更快。从最近这十天航班恢复的速度以及旗下企业做铁路配餐服务客人的数量来看，每天基本都在以 5%~10% 的环比增长，到昨天为止，航班数量已经超过 7000 班，以这样的速度来恢复的话，市场需求恢复比我们想象的更快。

第六，现在看到一个很明显的市场信息，海外目的地实际上非常期待中国旅游市场恢复，很多国家今年采取了非常积极的态度，如新加坡、泰国、巴西、菲律宾等国家，他们现在都在以特别积极、特别快速的行动来争取中国的市场份额。我们认为，可能最先看到的是这些海外目的地在中国的落地推广活动，这也是我们未来做出境游前的热身。

第七，我个人看法，中国公民出境游市场的开放是一个循序渐进的过程。这个渐进的过程其实是一件好事。我们在 21 世纪前 15 年出境游一直保持复合年化 15% 的高速增长，持续了十几年。整个十几年的过程，其实也是中国公民赴海外目的地渐进式增长的过程。这样的局面可能不会导致整个出境游体量快速翻倍或者两倍三倍地增长，体量不会很快增长，但是客观上可能会为参与市场的主体盈利提供一个更好的环境。从这点来看，对于出境游市场或者对于出境游的投资机会而言，可能会是一个比较好的窗口期。

以上是对近期以及未来一年市场的预测。对于凯撒而言，在这三年当中我们一直在总结过往成功的特别是做得有待改良的经营方法，也在积极考虑，如果疫情过去，未来我们到底以什么样的姿态在市场上出现。最重要的是要把过去的经营短板补上，也要提高运营效率。同时，在这两三年之中积累的转型经验会在未来的时间继续保留。比如我们的产品结构可能不再会是单一地以出境为主，可能会以本地休闲游、周边游以及国内的康养旅居这样一个比较多元化、立体化，更符合用户需求，同时也更符合企业运营特点的组合产品结构来满足用户不断增长、不断提升的需求。以上就是我们凯撒集团跟各位嘉宾、线上朋友们做的一个分享，谢谢。

马仪亮：谢谢小兵总。刚才讲到下属的配餐公司的数据，包括航班的直飞数据都在稳步增长，每天都有 5%~10% 的增长。相信很多人听到以后也像我一样很振奋。不管是入境也好还是出境也好，可能政策像开关一样，说开就开，说关就关，程度有差异，但是需求还是需要花一点点时间，比如老百姓有没有谨慎的心态，可能需要花点时间了解。我相信旅行社行业确确实实比其他业态可能相对顺周期一点，不好的时候可能掉得很快，好的时候也可能恢复得很快。前三年小兵总这边相对困难大一点、多一点，以后在恢复的过程当中，因为是顺周期行业，希望跑得最快的也是凯撒，从出境游到国内游多元化产品部署，希望企业有更好更快的恢复和发展。

对谈嘉宾：陶平

资源整合与数字化实践

马仪亮：第二个问题想向陶平陶总了解一下。刚才洪清华总讲现在是存量的博弈时代，疫情三年黄山旅游可能不如凯撒跌得那么厉害，但是从营收上原来可能疫情之前大概 16 亿元，而且持续了好多年，进山人数三百多万，一直维持，相对来说游客增长到一个平台期，疫情开始又打了个折。黄山也是受疫情影响很大的。戴院长在无锡讲话，旅游的重点和重心放到城市中来，相对来说纯粹的目的地可能受影响还是比较大的。陶平总，您在遇到游客增长本身遇到平台期，疫情又对我们进一步打击的情况下，以后的发展策略、投资的策略会有一些新的部署吗？

陶平：非常荣幸参加这次的旅游集团论坛，同时在线上也跟很多老前辈老朋友见了面。疫情三年对我们黄山旅游集团无论说是打击也好还是冲击也好，都非常大。近三年的平均数，我们只能恢复到2019年的60%左右。刚才主持人说到16亿元是我们集团公司旗下上市公司的数据，要加上集团的其他业务。应该说虽然股份公司上市公司这块受到一定的影响，集团公司的其他业务包括旅游地产、城市旅游、美好生活等板块应该说还是有一定的发展。

前面几位专家对未来提出了一些非常好的想法，我也受益匪浅。站在这样一个新阶段，我们一直也在思考，黄山旅游下一步的方向在哪儿，企业集团的发展战略是什么。从2021年年底到2022年以来我们一直在思考，下一步重点在三个方面发力。

第一，按照中共黄山市委市政府的要求，2022年对国企进行改革，在改革过程中要求把其他国企里面涉旅板块全部整合到黄山旅游集团。通过这样一个整合，新的黄山旅游集团将在年底挂牌成立。在整合过程中，我们把所有市内的旅游区域的文旅资源板块全部整合起来。我们初步想通过这次整合搭建三个平台：一是资本运作的平台。要运用好上市公司的平台。二是资源整合的平台。大家知道在徽州大地有很多乡村，城市边上有很多休闲度假的板块，我们想通过一些整合把优质的景区、优质的资产全部整合进来。三是交流合作平台。下一步将针对黄山市现有的旅游发展情况，在城市休闲、度假休闲、运动康养、山地体育运动旅游、水上运动旅游等板块重点发力。我们也积极向今天在座的企业家发出邀请，我们愿意和各位企业家进行深度合作，打造新兴的业态和新兴的板块。同时，通过这次改革，我们的产业将聚焦到以上市公司为主的旅游景区板块，以城市休闲为主的城市休闲体验板块，以康养为主的康养板块，以旅游地产为主的旅游地产、旅游小镇、旅游文旅小镇板块，以山地运动旅游为主的山地运动旅游休闲板块等十大板块。这是我们今年做的第一项工作，首先把自己整合好，把集团公司整合好。

第二，近一年多来进行数字化实践。作为一个传统的山岳型景区，如何利用科技赋能，如何利用数字化，是我们当前黄山景区非常重要的课题。在数字化实践中，这一年多来我们主要做了以下几项工作。大家都知道，前段时间黄山旅游率先在全国发布了“迎客松”系列数字藏品，应该说在短短五六秒全部抢完。黄山旅游在全国率先尝试先游后付实践，受到广大游客欢迎。我们和蚂蚁集团合作，通过信用先游后付。我们做了以下几件事情：一是营造数字化生态。整合所有的景区。利用数字化赋能，利用互联网，我们和头部的网络企业成立了途马科技。途马科技的成立为我们数字化的发展奠定了非常好的基础。包括景区的数字化管理、疫情期间分时预约等手段，都是通过这个平台。二是搭建数字化平台。我们和蚂蚁集团合作，搭建了数字化平台，这个平台最重要的是承接目的地电商接入，意味着在各大网络平台上订票，它的线下服务全部都在我们目的地电商上。这几年目的地电商上的交易额达到将近 18 亿元。三是构筑数字化管理。在黄山风景区以及旗下的太平湖、花山世界，基本上实现了数字化管理，能够在游客蜂拥的时候进行实时预警。四是打造数字化场景。在传统景区改造提升的时候，花山谜窟原来是传统的观光景区，通过沉浸式科技赋能，我们把花山谜窟打造成沉浸式景区，2022 年试运营以来受到广大游客的好评。下一步将继续围绕数字化文旅积极加大探索。

第三，主动作为，融入大黄山。2022 年省委提出在皖南国际文化示范区加快发展核心文化区，这个核心文化区的概念就是大黄山区域。大黄山区域包括安庆、宣城、池州、黄山这四个市的范围。按照省委要求，在大黄山要成立市场化集团，设立 100 亿元的旅游发展基金，我们积极响应。我们认为，这也是黄山旅游集团走出去的重要步伐。

马仪亮：陶总，您讲到以黄山品牌中心作为流量入口，在其他的业务板块里面变现的商业体系。时间关系，我们把下面的话题交给其他嘉宾。

陶平：诚挚邀请各位同行、各位企业家到黄山旅游来指导。谢谢！

对谈嘉宾：许志辉

旅游投资，越冷越投，越冷越出门，越冷越坚持

马仪亮：我们把第三个问题交给许志辉许总。刚才吴国平总讲到一个问题，他们在投规模和体量的时候有专门的团队进行评估。我们赣旅主题公园、小镇、演艺都做，你们投资决策过程当中怎么考量和评估？

许志辉：感谢中国旅游研究院提供这次学习的宝贵机会，希望借此机会帮助我们一隅一企的发展，请教各位老师。刚才马博士提的这个问题特别好。我们的投资是这样考虑的，疫情期间整个市场的环境都不是太好。冬天总会过去，市场在变化，不变的是市场的需求、游客的需求。市场在变化，我们的初心不变。江西赣州旅投是市属的投资融资建设平台，我们在三年里越冷越投，越冷越出门，越冷越坚持，这是我们这几年的投资逻辑。

在项目投资方面我们有严格的风控举措，对市场的项目包括投资规模的大小、投资地域的选择、投资项目的甄选都有一套很严格的机制在把关。三年疫情期间，我们一共投了67亿元，主要包括主题乐园项目、民宿小镇项目，还有文化演艺项目，也希望我们在座的几位老师到我们赣州来旅游指导。谢谢大家！

对谈嘉宾：范志林

打造品牌、合资新平台和植入新业态

马仪亮：好的，谢谢许总。相信许总做业务板块规划的过程中，每个板块对当地居民需求深入的分析都做得非常充分和扎实。今天上午的一些主题在演讲过程当中我们也了解到了，文化和旅游的融合、各个业态的融合。很多时候讲旅游在哪个赛道上竞争，所有的赛道都在竞争，即便你不是这个旅游行业里的都在竞争。我们永远都在竞争同一个东西，就是时间，就是游客的时间。我就这么点时间，我又要去玩又要刷抖音视频，等等，怎么办？很多时候必须要融合在一起，希望让游客在一次游玩过程中达成社交、美食享受等各种各样的目的。我们把第四个话题交给广州公交集团的范书记。你们其实在做文旅融合、游船和旅游融合，包括发掘当地粤菜业态的过程当中，游客对你们的诉求你们觉得什么地方是比较特别的，可以跟大家分享的？

范志林：谢谢主持人！各位嘉宾好！我们多年来深耕珠江文旅，近几年我们也深刻感觉到整个市场需求端发生了比较深刻的变化，包括多层面的变化、多维度的变化、多层次的变化。如何进一步系统地分析、挖掘、细分这些市场需求的变化，是我们下一步要着力提供给供给端怎么调整投资的想法。近期根据需求的具体细分情况，珠江文旅在投资端着重就以下几方面来进行考虑。第一，努力打造品牌以及品牌力。现在广州“水上公交”、珠江文旅“珠水百年”这两个品牌是我们着力推动的。第二，投资方在拓展市场，打造融合合资的新型平台。目前在粤港澳大湾区的定位下，如何推动珠江水上文旅从江到海是我们目前在投资领域要考虑推动的重点方向。第三，植入新型业态方面，现在我们公司通过“一船一主题”“一码头一景区”推动珠江全域水上长廊，从这个业态来提升水上游的辐射力。第四，考虑跨界融合如何提升产品符合需求点的多种需求点的供给。目前，珠江游已经从之前的只满足基本旅游出行需求拓展到有早茶，有午点，有深夜经济，有网红经济，有水上国朝等，还包括一些研学，这些都是跨界的融合。这个点可以以更大的覆盖面提供给市场不同的需求。

我们主推的珠江游水上茶居，融合了珠江游以及广东人喝早茶这两个名片，实现了“1+1 ＞ 2”的效果。从目前的市场反馈情况来看，我们收到媒体、市民、政府多方面的好评。后疫情时代，在投资端如何精准找到切入新的疫情后的发展点，我们之前做的一点工作可能会对下一步提供一些复苏以及发展的实际意义。

对谈嘉宾：金健

以产品话语权和品牌 IP，获得更高溢价空间

马仪亮：范书记勾画了一幅从江到海的拓展的商业蓝图。说到各个产业的融合，我们四季文旅控股的董事长金健也有发言权。他一直做农文旅融合、融合业态体系，在这个赛道里面他是佼佼者，我们听听他的看法。

金健：今天谈市场变化、投资的变化，围绕这个话题来说，旅游集团不挣钱的原因主要是三方面，一是固定资产折旧和财务费用，二是营销费用，三是淡旺季，这三个报表基本都不好看。这轮疫情之后，这三个问题有了一定的缓解，现在短途游、周边游成为主流方向。近期我们的投资方向是农文旅和文商旅，农文旅在乡村。我们以前做旅游，旅游基本属于配套产品，我们没法自己做主。但是做农文旅的时候，农产品的品牌往往是我们旅游公司做出来的。我们做农文旅的投资核心是控制农产品的品牌 IP，这样后续旅游整个资产的议价空间很大。到了城市，我们民营企业想拿到核心不可再生的自然资源很难，想拿到文化资源也很难。现在很多存量资产欢迎我们去盘活。我们把文旅和商业结合之后，最大的投资回报除了正常的租金收入、业态收入之外，就是整个资产溢价。

以前我们老是拿运营权，我们相当于保姆，现在我们有机会拿到产权，并且是市中心的黄金资产。拿到资产之后，日常运营有利润，资产的溢价通过旅游持续地运作之后，可以得到享受。四季文旅创业的时候，主客共享，四季可游玩，就是做这件事。现在聚焦在城市里面做文旅商项目我特别在意去拿产权。

马仪亮：疫情对你来说还是一个机会。

金健：这是很好的机会，这时候没有竞争对手了。

对谈嘉宾：齐征

通过精细化、长效化和 IP 化抓住机会

马仪亮：这也给大家带来信心。我们最后请大连博涛文化的齐征总，几句话表达一下。刚刚金总也聊到，很多投资慢慢回归到居民常态化的生活空间，你们做熊洞街你们的考量是什么，或者说未来有什么打算。

齐征：疫情三年来我们是真正抓着机会了，我们集团的营收比 2019 年还多了 30%，其中一部分是来自新产品的研发和运营。随着熊洞街 6 月 18 日开业以来迎接了 50 万人，营收过千万。疫情给了我们新的机会，市场有几点重要变化。第一，精细化。项目逐渐从粗放型运作变成精细化运作，之前就要了解客户的需求、游客的购买能力，还有对当地和外来游客的划分。在设计方面省了很多成本，投资控制相对比较强。第二，长效化。很多项目推出网红项目，网红对应另外一个词“速冷”，怎么让网红变成长红？从设计体系、建设、运营、宣传、新媒体投放都做了体系化的建设，变成长效化的项目和文旅产品。第三，IP 化。现在一旦有项目要形成，一定要有爆款，一定要有 IP 化。熊北北就是这样一个 IP。为什么叫熊北北？有什么样的故事？它和研学怎么来做？从前期的人物设定到后期的包装运营，解决投资的变化，一定做小而精、小而美、短平快且持续盈利的文旅产品才能解决现在的问题。还有一点，之前解决不了的文旅问题或者用心可以解决。

马仪亮：刚刚六位企业家聊的过程当中有几个方面感受很深。第一个疫情三年虽然大家很困难，但是经营模式上大家可能让自己的企业管理效能提升了，经营的杠杆下降了，也是一个好的表现。有的地方包括金健总所说的有机会了，可以拿到资产的所有权，可能原来仅仅拿到运营权，也是一个机会。刚刚齐总也讲到，经过疫情我们精细化的小而精的运营模式可能更加能够抓住游客的需求。有几个方面听众印象也比较深刻。非常感谢各位嘉宾的精彩分享，谢谢大家！

主论坛二　产品研发与项目开发

2022 年 12 月 12 日下午，中国旅游研究院产业所所长杨宏浩主持了“主论坛二　产品研发与项目开发”圆桌对话环节，与华住集团总裁刘欣欣、同程旅游集团总经理吴剑、江西旅游集团董事长曾少雄、宁波市文旅集团总经理郑海江、绿地酒旅集团总经理李瑞忠、石基集团大中华区试运营副总裁胡世永，围绕企业产品研发、项目建设的亮点以及疫后新阶段产品研发和项目开发方向，进行了线上圆桌对话，现将主要观点分享如下。

杨宏浩：各位嘉宾，各位在线收看的朋友们下午好，非常高兴我们今天能够邀请到六位嘉宾与我们参加对话。现在疫情的走向已经比较明朗了，我相信旅游的需求在 2023 年的时候会迎来复苏。经过三年，我们好不容易逐渐适应了疫情下消费者的需求，下一阶段我们将面临要重新适应消费者的新需求。在这种情况下我们企业集团也应该实时调整供给侧策略，加强产品的研发项目建设方面的动作。我们主要围绕这两个方面做探讨，一是各位在产品的研发和项目的开发方面成功的经验、心得体会。二是大家很关注疫情放开后，市场需求变化的情况下，产品的研发和项目的建设该向哪个方向走？国家层面前几天开会已经定了一个调，“稳字当头，稳中求进”，希望在质的方面有有效的提升，在量的方面有合理的增长。我们对未来一段时间产品的研发和项目开发的走势做一个预判，有好的建议大家也可以提一下。

对谈嘉宾：刘欣欣

杨宏浩：我们首先请华住集团刘欣欣总裁做一下分享。

刘欣欣：从产品研发以及项目开发的维度，我们始终是围绕客户体验和产品质量进行。

今天华住所创造的产品将会继续沿着我们固有的方向，就是要为绝大多数的国民创造适合的产品，高质量肯定是这轮产品研发很重要的点。与此同时，我们也要结合有着 9 亿人的下沉市场，在保持品牌一致性的前提下，做适应当地市场的地域特色的内容，所以产品的一致性以及下沉市场的适应性会是我们在国民以及中档领域将要继续发力的点。

除了质量之外，华住的口号是“成就美好生活”，无论是精选酒店还是生活方式酒店，我们预测疫情以后将会产生巨大的客流量，是我们与本地旅游的结合点。比如花间堂，在过去三年全国开业酒店数量超过 100 家，背后除了华住在品牌管理维度积极向前，根本原动力就是客户的需求。

杨宏浩：我对你们的漫心酒店产品印象深刻。

刘欣欣：漫心最近也已经超过了 100 家。

杨宏浩：发展速度非常快。

刘欣欣：从项目开发维度，前面有一位嘉宾讲得特别好，就是效率领先。在过去 30 年里，在酒店领域，也许更多看的是面子，而今天是一个面子 + 里子共赢的时代。把基于客户体验的最佳颜值和效能融合在一起，这会是我们在项目开发中很重要的原则。因为只有有竞争力的产品才是市场需要的。

我们在整个疫情期间也完成了华住的千城万店布局，以及把中国当成全世界做。从产品设计来讲，“总有一款适合你”，我们产品还是围绕客户体验来进行研发的，客户始终是我们商业价值的根本和出发点。我们未来产品研发的趋势有三点：

第一，工业文化。我们未来很多产品的模块是可以进行工业化生产的。比如卫生间、床，是否以工业模块化生产，作为更容易让清洁师能打扫的产品，这一定是我们的方向。

第二，解构合作。在今天这样一个客户连接、技术高速发展的时代，没必要所有的模块都自己做，是否有模块可以通过合作、解构，互相之间赋能和合作。比如华住的酒店加上某一个知名品牌的餐饮，以及某一个具有强 IP 的儿童乐园模块等组成新的产品，这会是一个趋势。

第三，智能互联。现在我们已经以智能洗衣改变原来传统的洗衣模式。智能互联是未来产品的主流方向，大家可以共同探索。

项目开展方面我们也是围绕三个点做：

第一，我们要共同围绕在整个大旅游、大文旅生态环境下，互相借力和合力，整个行业在下一个三年甚至五年奔向更好未来的前提。

第二，存量激活，求质不求量。现有的产品如何做好改造，是否可以突破模块化的改造，实现真正的效率领先和客户体验高质化。

第三，产业互联网在今天将会来到，在这样的情况下轻连接未必是纯的OTA模式，也未必是软件公司的模式，它会是一个轻度的连接，以模块化进行赋能的方式。这背后不只是技术，也不只是SAAS，而是SAAS+，是技术+，加的是商业价值，加的是带来客户的能力，加的是带来效率的能力。谢谢主持人，我的分享就到这里。

杨宏浩：刘总刚刚提到工业模块化，和国际上的实验室经济的做法有一定的相通性。

对谈嘉宾：曾少雄

杨宏浩：江西旅游集团是综合性省级旅游集团，旗下业务板块很多，产品丰富，建设的项目也比较多。下面请江西旅游集团曾少雄董事长做分享。

曾少雄：非常感谢中国旅游研究院、中国旅游协会。江西旅游集团也有一套方法论，在产品研发上基于研究旅游消费者的消费行为的底层逻辑之上，考虑产品和消费的对象是 to G、to B 还是 to C，之后对标国际、国内竞品，最终研究我们的核心竞争力，这样产品在走向市场后才能够受到消费者的青睐。集团旗下一家温泉度假村，2019 年开业，按照这套方法论反复调试，2022 年旅游人次比 2021 年增加 27%，旅游收入比 2021 年增加了 15%，这也是这套方法论有效的重要的实践。

江西旅游集团 2022 年突破了 100 亿元的销售收入，比 2021 年有所增长，这得益于整个产业的布局和产品体系的构建。在产业布局方面我们聚焦旅游大消费，在吃、住、行、游、娱、购、养每一个要素都做了布局。在产品体系方面，在文创产品、旅游消费产品、生活消费品都做了深入的布局。我们主要做三件事，一是把外部的游客引进来消费，二是把本土的消费留下来，三是把旅游商品推向广阔的市场。

未来旅游集团三个主要发力方向，第一是数字文旅，近些年我们在数字文旅资产方面做了一定积累，主要是数字无接触型服务和数字交易平台。第二是周边游产品，比如前面提到的温泉度假村，我们还做了红色旅游板块。第三是旅游购物，游商共创，打造跨境电商，在保税区里，我们把数字文创、线下文创进行深入结合，打造 to G、to B、to C 的产品和服务体系。

杨宏浩：感谢曾总，曾总有一套很好的方法论。

对谈嘉宾：李瑞忠

杨宏浩：绿地集团以酒店为主，近年又加入了旅游领域的资产，是相对多元化的。请绿地酒旅集团李瑞忠总经理做一下分享。

李瑞忠：谢谢杨博士。尊敬的各位嘉宾你们好，跟前面各位发言嘉宾所在的自带产品创新基因不一样，我们酒店旅游主要是从资产管理起步的，很长一段时间里都是在直接使用行业里面的产品，直到我们推出自己的酒店品牌后才真正着手产品研发，经验相对有限。这两年我们进行了产品研发模式调整，跟各位分享交流一下。

在前期速度优先的发展战略下，我们的产品研发主要是执行层面的工作，研发过程比较像流水线作业，从产品规划到内容设计再到落地实施，分别由不同的专业团队自行完成，整个过程看似特别流畅，但是由于整体性和资源投入有限，多数产品的市场表现都不太好，造成了不少资源浪费。

这两年随着我们的发展战略重点从速度主导向效益主导转变，产品能力成了核心战略内容，产品研发工作被纳入整个集团的战略性工作系列，每个产品立项研发都由业务板块负责人亲自带头，成立项目小组统筹推进提供资源保障，并对产品效果负责。在这种新研发模式的推动下，我们的产品研发工作取得了一定的进步，成功推出了一系列市场认可的酒店旅游产品。

集团推出了一系列市场认可的酒店旅游产品，如亲子活动和文创产品组成的熊猫羊 Shaka IP 系列亲子产品，立足本地生活以户外冰雪运动和冰雪表演为特色的上海白玉兰国际冰雪节，近距离感受临港新城高端制造企业高、精、尖技术魅力的上海临港“幸福三港”工业研学产品，线上数字运营营销结合的江苏太仓郑和下西洋数字文创产品等。此外，企业要求团队做产品规划的时候要有客户需求的动态分析，在产品研发时遵从低成本试错和快速迭代的原则。

对开发方向的建议，我想从另外一个角度分享我的思考。过去三年旅游消费需求让企业的发展方式发生了深刻变化，精准市场细分、新兴技术应用、综合效益平衡，都已经成为酒店旅游产品和项目开发的基本原则。这些原则在实际应用中有一些偏差和误区。

最明显的是技术导向误区。在一些直接面向消费者的体验产品创新过程中，研发团队普遍存在技术崇拜心态，以为只有技术足够先进，数据足够多，产品就一定好卖。但现在的旅游酒店消费不仅仅满足于感官上的刺激，光靠视觉外观很难打动消费者，我认为酒店旅游产品的研发还是要回归到以人为中心的原点上，技术应该是产品的支撑点而不是牵引力。

其次是客户思维的误区。以客户为导向的产品开发已经成为行业的共识，所有产品规划报告里面都有大量的客户需求描述，这是好事情。但我发现不少产品在可行性分析中，把客户未来的需求视为确定的因素。我们做运营很清楚，现在旅游酒店消费变化越来越快，市场越来越细分，需求增长趋势越来越不确定。如果我们还抱着确定的客户需求思维做产品规划，未来的风险可想而知。所以我要求团队在做产品规划的时候要有客户需求的动态分析。在产品研发时遵从低成本试错和快速迭代的基本原则。

最后是爆款效益的误区。在新媒体刺激下越来越多企业用爆款思维打造产品，总想着产品一出来就能一飞冲天。根据我的观察，能够持续发展的爆款酒店旅游产品非常少，大多数好的产品都是慢慢养成的。相比爆款思维，酒店旅游产品的研发者和经营者更需要久久为功的气魄，把产品质量、品牌信任作为根本，在适当的时候尝试爆款，而不能为“爆款而爆款”。以上是我对未来发展的浅见。

杨宏浩：谢谢李总。贵集团从速度转向效益，产品也越来越丰富化、多元化。

对谈嘉宾：吴剑

杨宏浩：我们请同程旅游集团吴剑总经理分享。同程是 OTA，但是他们既有对产品的评判能力，也向线下延伸，开始介入酒店，还有旅游金融等方面的业务，吴总，您在发展的过程中有什么样的心得体会，跟我们分享一下。

吴剑：杨博士好，非常高兴参加这个会议。我们从两个角度考虑产品创新。一个是基于用户体验互联网产品的角度，一个是基于产业链上下游赋能的角度，我们既有线上又有线下。

过去一两年内，我们在互联网产品创新上基于三个比较关键的方向。

第一，消费本地化。戴院长也多次提到了就地休闲、主客共享，疫情的影响下，酒店板块的预订增量却非常快。刚刚过去的三季度，我们酒店的增幅有 26.9%，预订份额的收入已经超过了 40% 的份额。所以我们怎么去做酒店预订的产品创新呢？比如，基于本地的年轻消费群体，我们推出电竞房；和多家酒店达成共识，做了“宠物友好酒店”，给有宠物需求的年轻人、喜欢宠物一起出游的人提供空间；我们还有“考试房”“游戏房”；针对正在举行的世界杯，我们还会推出“世界杯房”。所以基于这种产品创新，我们看到本地休闲酒店的消费量还在不断地增长。另外，我们在公共交通、本地出行方面，同游客的玩乐需求做了一定结合，近两年推出了“城市通”小程序，覆盖80多个城市，用户超过2000万。

第二，注重产品年轻化。我们非常注重95后到10后这一批“Z世代”的消费者，他们是互联网的原住民。2022年，我们在整个OTA行业里，最先入局电竞，成为2022英雄联盟全球总决赛中国区官方合作伙伴。我们用这种符合年轻化心态的玩法做产品创新。我们还和酷狗、横店合作水上音乐节，2022年做了“乡村振兴数字藏品”。截止到2022年10月，我们的数字藏品已经有60多款，发行量超过1万件。

第三，技术赋能。近两年我们和湖南尝试合作了智慧车站，和大兴的机场、西安的机场、甘肃的机场、湖南的机场做了智能化的设备，跟酒店PMS的品牌如金天鹅、云掌柜合作，为中小酒店赋能。这就是我们在OTA线上领域的产品创新的方向。

我们这两年也做了一些线下尝试，比如乡村振兴。这两年在太湖湖畔投资了10亿元规模的乡村振兴项目——“零度暖春”。我们的乡村振兴项目跟线上做法不太一样，从四个“有”做尝试：第一，我们做有田园梦想的定位，让“Z世代”年轻人、亲子用户有梦想和我们一起共创。第二，要有玩法。在产品创新的前提下找到我们年轻人喜欢的一些玩法，比如徒步、露营、围炉夜话新产品。第三，要有共创，我们不仅要自己创造新产品，也要和新村民老村民一起共融共创。第四，要有调性，各个层级、人群，他们都希望产品能够符合他们这个时代的调性，所以我们追逐潮流的同时也要给我们的产品一些创新的调性。

杨宏浩：你们在O2O方面应该做得很好，同时又非常关注年轻人的消费趋势。

吴剑：三年后的解法已经不能完全依靠三年前的经验。

第一，对于产品本身来讲，产品的综合实力的竞争力已经是旅游企业之间竞争的必要因素，不仅仅是产品本身的创新能力，还包含服务、技术、创意、速度等的综合，产品竞争力是一种综合竞争力。

第二，从大众市场到分众、小众、定制，大家都在思考怎么样围绕客户做产品的变现和创新。但是对于我们的旅游集团化企业而言，我们应该从共性中间再找到一些标准，不是一味分众、小众。大众市场依然很重要，我们找到标准也是非常重要的。

第三，最近大家也在谈三年疫情后的变化，到底是消费升级还是消费降级？每个层级和每个消费力都对应着不同的产品和不同的需求，我们不用简单看消费升级还是消费降级，而是要看消费价值是否有创新的空间。

所以，每个企业找到自己适合的人群、适合的产品，匹配企业的战略发展，就能有自己最好的产品创新之路。

对谈嘉宾：胡世永

杨宏浩：第五位嘉宾是石基集团大中华区试运营副总裁胡世永。石基集团是一家上市公司，300 多亿市值，可能大家不太熟悉，他们是专门为旅游企业、酒店、零售等进行赋能的一家公司，我们请胡总做一下分享。

胡世永：谢谢宏浩，谢谢戴院长。石基作为服务整个旅游行业、整个大消费行业的 IT 服务商，最近五年，尤其是最近疫情三年发生了非常大的变化。首先我们最近五年大概投资了 30 亿元来完成整个石基在“十四五”乃至未来十年数字化转型的工作。

石基在整个数字化转型的工作核心点，第一点是在国际市场上单点突破。这个主要表现在酒店产品上，不管是餐饮 Hero 系统，还是前台 SEP 新一代产品，目前是以 SAAS 服务为核心，支撑整个酒店行业便利化、移动化、自助化。这部分的投资石基也是从 2015 年开始，最近五年的投资越来越大。经过七八年的发展，石基的餐饮系统目前已经在全球市场站稳了脚跟，在全球排名前十的大型酒店里有六家将石基的产品作为全球的标准，并进入各个行业。截止到 10 月，海外市场上餐饮系统的销售量开始和中国大陆销售量相媲美，企业投资第一阶段初见成效。

第二点，洲际、半岛等高端国际酒店集团已经把石基酒店前台系统 SAAS 新一代产品作为标准，并在全球推广。石基融合全球市场的需求和中国的需求，打造全新的产品，尤其是以全球产品为核心加入中国的手机端、自助服务等，这些目前在海外尤其是欧洲做得非常好。2022 年，海外疫情好转，人工短缺，客户需求简易方便，石基在这样的市场条件下抓住了机会，在全球市场做了扩张。

杨宏浩：胡总对石基的优势、产品做了分享。石基在和国际上的一些对手进行 PK 的时候，是不输于他们的，希望未来有更多的旅游集团可以使用他们的产品。

胡世永：听了刚才各位的分享，印象非常深刻，我非常认同欣欣总的求质不求量、绿地李总的动态调整策略。整个产业未来几年的质量发展远远要比数量的发展更重要。

具体到石基未来的发展也是这样，在质量上狠下功夫，给整个酒店包括整个旅游集团提供一站式解决方案，动态适应市场的发展，赋能行业发展。

对谈嘉宾：郑海江

杨宏浩：最后一位是宁波市文旅集团总经理郑海江。宁波文旅集团是刚刚组建的一家文旅集团，他们在短短的时间内资产超过百亿，请郑总分享一下怎么在这么短的时间内迅速做大。

郑海江：近年来，文旅行业疫情的冲击显而易见，宁波文旅集团与全国的其他同行一样面临巨大的挑战和困难，但是我们没有消极等待，而是主动出击，所谓不进则退。实际上我们的探索是幸运的。宁波文旅集团 2020 年 6 月成立，当时的注册资本是 25 亿元，到 2022 年年末我们资产总规模已经突破 100 亿元，营收超过 25 亿元，利润今年预计能够突破 2 亿元，可以说提前完成了“十四五”目标。

在这个过程中感受最深刻的就是四个字——“全面转型”。就产品的开发来讲，我们作为综合性的文旅集团更多的是在产业的布局和产业链的补链当中抢抓先机。我们做了四个全面推进。

第一，全面推进资本化运作。我们先后组建专业团队，探索文旅 + 金融发展模式，到目前成立了八支文旅产业基金，先后完成了对两家上市公司、一家预上市公司的实控，这样实现了集团资产的扩张。

第二，全面推进“结高亲”合作。一系列的产业布局当中，我们非常注重“开门办文旅”，与一些头部资源如中国电影集团、澳门南光集团合作，所以产业布局迅速，目前已形成六大产业板块。

第三，全面推进强品牌行动，主要是会展和影视。

第四，全面推进大项目的谋划。我们非常注重落地标志性重大项目，这两年已经建成了一些项目，正在谋划新的重大项目建设，比如数字文化产业园、“三江夜游”航线拓展、宁波湾建设等，希望在不久的将来有一些亮点呈现给大家。

杨宏浩：在 2022 年这样的情况下，贵集团营收达到 25 亿元，还有 2 亿元的利润，做得非常优秀。在市级旅游集团里面，你们很多经验还值得大家学习。你们第一阶段布局已经完成了，下一阶段必然还面临着产品的研发和项目的建设，您简单做一下分享。

郑海江：宁波文旅集团还是一支新军，还在起步阶段，下一步我们还是要积极谋划来推动四个“做”：做大规模、做强经营、做深融合、做优品牌，来推动高质量发展。特别在重大项目的谋划和落地上加以突破，努力打造一到两个有标杆性的项目。

当前我们正在推进九龙湖国际探索世界文旅项目，这是一个自主 IP 的项目，目标是打造成长三角旅、教、科、文综合目的地和沉浸式主动探索的旅游度假区。我们想秉持资源优先、开放合作、互利共赢的宗旨与外面合作，我们非常期待与强者携手，共同打造在华东地区乃至全国有影响的标杆性文旅项目。

杨宏浩：六位老总做了非常精彩的分享，我们祝愿你们在未来取得更加理想的成绩。谢谢大家！

主论坛三　旅游集团与目的地建设

2022 年 12 月 12 日下午，中国旅游研究院副院长唐晓云主持了“主论坛三　旅游集团与目的地建设”圆桌研讨环节，与中青旅党委书记、董事长倪阳平，南京旅游集团党委副书记、董事奚建平，山东文旅集团党委副书记、总经理丁艺，山西文旅集团董事长王文保，新疆文化旅游投资集团董事长王宏江，北京丰台文化旅游集团董事长杨蕊，深大智能董事长汪早荣，成都中科大旗软件股份有限公司董事长周道华就“旅游集团与目的地建设”进行探讨。现将主要观点分享如下。

对谈嘉宾：王文保

目的地建设是以需求为导向的产品、服务、文化和要素建设

唐晓云：各位嘉宾、各位业界同仁，下午好！主论坛三的主题是旅游集团与目的地建设。2022 年至 2023 年的这个冬春之交注定是不平凡的，党的二十大胜利召开，三年的疫情防控进入新阶段，如何在旅游领域贯彻中国式现代化、推进文化和旅游深度融合、服务好人民群众对美好生活的追求向往，对国家旅业第一方阵的旅游集团来说，是必须回应的时代命题。旅游目的地是人民美好生活的现实承载，在旅游业高质量发展过程中至关重要。在此先请教山西文旅集团王文保董事长，在这个大的宏观背景下、在当前旅游市场空间格局发生重大变化的情况下，您如何理解旅游集团服务旅游目的地的发展？

王文保：戴斌院长好！唐院长好！今天的话题是旅游集团与目的地建设。就如何看待目的地建设这一问题，结合集团这几年的实践，我概括为四句话：第一，目的地建设本身是一个品牌创建的过程；第二，目的地建设本身就是一个影响市场吸引力聚集的过程；第三，目的地建设是构建文化载体的过程；第四，目的地建设也是涉及旅游要素配置的过程。旅游企业在目的地建设时，既是要打造一个成熟的旅游产品目的地的目的导向过程，也是在品牌、影响力、要素配置、文化挖掘方面的构建的过程。

目的地建设是什么？如果简单来说，它是产品、是服务、是文化、是要素，更是投资行为。我们旅游业都在讲投资大、周期长等困难，因为目的地建设具备了需求或者市场的规律性要求。构建目的是什么？我们经常说，给消费者一个选择你的理由或者到你这里来的理由。给消费者满意、快捷、便捷的服务，这就是我对构建旅游目的地建设的认识。

如何构建目的地建设？在这样一个指导思想下有三点。

第一，挖掘主题要素，或者汇聚主题要素。一个目的地一定要有一个主题，我们这个目的地要展示什么、推广什么、宣传什么，给我们的消费者输入什么样的主题因素，这是构建目的地过程中必须要考虑的事情。策划比规划更重要，策划告诉我们要做什么，规划才是我们具体去做。事实上，很多时候做一个产品更多就是规划或者高起点规划。甚至在不知道是做茶杯还是做碗筷的时候，规划已经做出来了。因此，最后给市场定位的目的地主题是不鲜明的、模棱两可的、似是而非的。

第二，选择适合的展现方式或者优选呈现方式。这种呈现方式或者表达的方式一定是符合消费者需求和消费心理习惯的。我们是买方市场，产品好不好，目的地打造得成功与否，不在于我们提供者，更多在于市场的反馈。市场决定了我们这个产品的定位是否成功，这就决定了我们必须以消费者为主体来选择呈现方式。

第三，运用现代元素，或者融合现代科技。我们现在旅游的主导人群是 90 后。在大众游、观光游、深度游、体验游等过程中一定要选择适合的场景、适合的方式、适合的科技。你的展现方式、展陈手段，不仅包括目的地要素里的传统的吃、住、行、游、购、娱要符合现在的要素，而且不能以“我”为主，而应该以“他”为主，这个“他”是消费者。现在是买方市场，旅游产品的提供者很多，我们如何让众多消费者选择自家产品？给消费者一个来你这里的理由。你创建的旅游目的地，需要符合市场需求。越来越多的旅游业的从业者开始研究消费者心理，现在的主体人群是谁，他们的消费习惯是什么，他们的消费心理是什么，消费需求是什么。只有这样，我们才可能创建出比较成功的旅游产品。

狭义来讲，我理解我们目的地的建设是一个成熟的产品，是一个成功的产品。从企业讲，这个产品是盈利的，是赚钱的。广义来讲，借用习近平总书记

2020 年在山西大同视察调研时强调的那样，“让旅游成为人们感知中华文化、增强文化自信的过程”，这就是“以文塑旅、以旅彰文”的过程，是旅游集团在创建目的地过程中必须考虑的事情。以上，是我自己的一点思考，与各位同行共勉。

唐晓云：感谢王董事长！您用精辟的语言概括了新时代旅游集团对目的地建设的理解，目的地建设不仅是品牌打造、市场力提升，更是文化资源的深度挖掘和生产要素的重新配置，这个过程中非常重要的一点是要符合市场的需求。戴斌院长 11 月底在无锡召开的城市旅游发展论坛上提出，“当前的旅游工作重心要转移到城市中来”。城市是最重要的目的地，您能简要分享一个山西文旅集团在城市目的地建设中的成功案例吗？

王文保：我们有世界文化遗产平遥古城，我们有《又见平遥》的演出，同时也在打造平遥电影宫。最近，平遥文化园区成为国家夜经济文化示范区。平遥是一个符号，在挖掘文化元素的时候我们就计划把它打造成一个目的地，需要展示其主题——晋商元素、晋商精神等。除了传统的城墙建筑以外，又通过《又见平遥》这出戏展示着五百年前晋商精神的核心价值观以及对今天的启示。围绕如今年轻消费者的消费心态，我们从衣、食、住、行、游、购、娱方面布局了很多业态，为的是全方位地把华夏古文明传给现在的年轻人。

对谈嘉宾：丁艺

促进目的地经济和社会效益相协同，是国企应有的追求和担当

唐晓云：以市场需求为中心，挖掘文化内涵、以新要素构建城市品牌、打造产品和服务，是山西的成功经验。第二位有请山东文旅集团的丁艺总经理进行分享。丁艺总负责集团运营，您曾经提出“五个不投”，其中一个是“没有社会效益的产品不投”，这一点与中国式现代化内涵中促进共同富裕高度一致。请问丁总，在新时代背景下进行目的地的建设，山东文旅集团会如何践行、又有什么新的布局呢？

丁艺：尊敬的戴斌院长、晓云院长、各位嘉宾，下午好！很荣幸受邀参加 2022 年中国旅游集团化发展论坛，首先代表山东文旅集团向大会的成功举办表示祝贺。

刚才晓云院长提到我们的“五不投”，我们是非主业的不投、没有当期效益的不投、没有社会效率的不投、核心员工不跟投的不投、没有战略投资者的不投。这个当期文旅项目需要综合考虑社会效益和经济效益，每个投资主体的性质不同，决定了投资的好恶。作为山东的十强产业的领军企业，作为国有文旅集团，我们首先要把社会效益摆在前列。我举两个简单的例子来介绍下集团的发展战略。

其一，是城市旅游目的地打造。我们在济南大明湖畔有一处 5600 多平方米的房产。单纯从经济效益角度讲，把它作为商业综合体或者作为民宿可能收益更高。但是，我们在考虑到社会效益和经济效益匹配之后，就把它打造成了一个美术教育培训基地，融城市书房、会客厅、青年创客空间、特色餐饮、美术馆为一体的城市综合体，现在取得了良好的社会效益。效益是综合的衡量，这是国有企业的使命和担当。

其二，是按照国家的战略进军乡村振兴、海洋强国等领域。在乡村振兴方面，我们打造了泰山九女峰民宿和农产品大集，这是乡村振兴齐鲁样板的典型，受到国家多家媒体的宣传和报道。在这个过程中，我们把农民带富，把乡村的集体发展起来，这就不单单是集体的收益和经济效益问题。

简单概括两年多来集团在目的地建设方面的探索。非常重要的一点是协同和打造各方平台。我们打通景区、酒店等多个板块，组建成目前的山东文旅集团，把六家省属企业的文旅资源进行整合。目前，集团有 417 家酒店，其中包括五星级酒店 5 家，四星酒店 26 家、景区 12 家、3 家省级媒体、1 家具有多年旅游规划经验的省级旅游设计院——山东省旅游规划设计院。同时，还有体育、教育、高尔夫、投资、基金管理、文化艺术品交易所、影城院线等板块。集团整合的最终目标是协同化发展。如果没有集团整合而各自为战、各自为政，很容易失去集团发展的根本优势和目的，协同是我们今后很长一段时间的重点课题。

唐晓云：谢谢丁艺总！您刚才提到以文旅赋能乡村振兴，集团在乡村目的地建设方面有什么具体项目吗？

丁艺：山东文旅集团坚持把乡村振兴作为服务中心工作的重心，率先在省属企业中成立了专门的乡村振兴公司——山乡集团有限公司。山乡集团创建利益联结模式，实现村集体、村民、企业、政府等多方共建、共治、共融、共享，让村民切实增加收入。我们乡村赋能的项目覆盖了全国多地，从北部的吉林长白山到南部的海南临高，从西部的新疆喀什到东部山东的荣成文登都有布局。在乡村目的地振兴方面，我们主要从高端的民宿、农产品大集、乡村振兴研究院等几个方面切入，秉承做精品的目标打造样板工程，让老百姓从中受益。

对谈嘉宾：杨蕊

将博物馆 IP 引入旅游场景，以文旅融合赋能目的地发展

唐晓云：第三个问题我想请教丰台文化旅游投资集团董事长杨蕊女士。杨董事长还有一个身份是北京汽车博物馆馆长，想请教您作为一个广受儿童喜爱的博物馆馆长，您在博物馆如何赋能目的地建设？丰台文旅集团又如何规划呢？

杨蕊：特别感谢中国旅游研究院的邀请！我们是集团化企业的新军。北京汽车博物馆是国家一级博物馆，也是最具创新力的博物馆。我曾经在分享观点的时候特别提到，一个博物馆的馆长到企业做董事长，在我参加的几次全国论坛中还没有遇到过。进入企业后，我有一个观察，博物馆都是公益的事业单位，但旅游多数是产业化的。现在全国各地都在打造国际范、中国潮、烟火气，其实，这恰恰是把文化赋能旅游的一个特别好的契机。

如何把全国的博物馆文化资源当成内容的大 IP，引入到旅游产业里面，可能在未来会是一个非常大的中国课题。我个人感觉，目前这是割裂的，博物馆不能过度娱乐化是系统内部的一个结论。如何让博物馆的资源能够为旅游企业所用？我认为可以从“以文塑旅、以旅彰文”的角度推进，让文化来引领，比如把博物馆 IP 引入旅游场地，进入景区场地、进入酒店主题等。也就是说，我们的历史、我们的文明、我们的文化可以走进旅游产业的各个链条上。河南博物院、河南的传播系统与旅游所做的结合，就是非常好的一个案例。它让更多的事业单位真正赋能了旅游产业。同时，旅游产业也应该主动向文化部门申请，把文化 IP 和内容植入产业中。只有文化旅游全面融合之后，它才能会裂变出更多的效益。对于怎么讲好中国故事，如何让世界人听起来更亲民，感觉中国是一个可爱的、和平的形象，让我们的年轻人更多喜欢中国潮，则是我们文旅企业的时代使命和担当。

下一步，丰台文旅集团将创新文旅产业发展路径，将运营管理思维植入项目的方方面面：功能定位、空间布局、生态营造、投入产出、客群管理等。以“产、城、人、文、景”一体化运营，通过运营激活空间地标（景点），带动区域发展，改变产业生态，提升城市价值。

对谈嘉宾：汪早荣

以运营创新、技术创新赋能目的地数字化转型

唐晓云：谢谢杨蕊董事长！接下来，让我们有请浙江深大智能汪早荣董事长，请他谈一谈科技企业如何赋能旅游目的地建设这一话题。

汪早荣：尊敬的戴院长、唐院长好！今天用很短的时间跟大家汇报我们集团近两年在赋能旅游目的地建设方面的心得。

我们紧紧围绕旅游集团和目的地的数字化转型，在运营创新和技术创新两个方面持续投入，在这个过程中伴随着每个企业的数字化转型过程。无论疫情前还是疫情后，城市周边游和目的地之间的关联不可改变，比如城市和各大目的地之间的客源关系、城市周边的亲子游和周边游的数字化转型等，都需要从运营创新和技术创新两个方面去武装。我在 2019 年集团年会上提出，文旅集团的数字化转型有六个方面，即技术、管理、产品、营销、服务、人才。这几年，我们也是按照这样一个战略，持续在数字化转型领域为行业赋能。围绕这些业态升级和文旅集团数字化转型，我们把智游宝打造成行业的数字化操作系统。简单地讲，它就是行业数字化转型的数字中台，包括所有的业务体系和场景，在此过程中运营创新是驱动力，每一项技术改革要从 GMV、收益、利润的贡献上呈现出来。

我们和文旅企业深化合作，积极探索以目的地为中心的数字生态架构，以及实践行之有效的数字化建设和运营模式。伴随我们一起成长的一些企业，有两家比较典型。其一是中旅集团，2021 年，我们为它的景区投资板块打造了整个数字化平台，目前在沙坡头、德天、海泉湾等全国重要的目的地落地。其二是湖北文旅集团，为它搭建省级分时预约平台。目前已覆盖全省 400 多家景区，到 2022 年已经在神农架目的地平台上线“游湖北”二期，实际上它创新了一种模式——三级运营管控模式，从省级到地方再到下面的县域。此外，还有一些上市公司，比如黄山旅游股份和海昌文旅。

唐晓云：过去几年，深大智能在赋予景区和目的地数字化方面取得了亮眼的成绩。在目的地的数字化赋能过程中，您认为最重要的因素是什么呢？

汪早荣：首先就是人才，人才和管理是两个很重要的挑战。三年前开始，我们就和全国上百家旅游院校联合，从专业共建、课程共建、师资共建、校内外实践基地等多角度开展深入合作，实现产研一体化，通过执行导师、数字文旅教材、线上课程等方式，培养目的地的数字管理运营和管理人才，希望能解决目的地数字化面临的人才短板。

对谈嘉宾：周道华

以科技“轻资产”整合资源，助力旅游目的地振兴

唐晓云：非常感谢汪董事长！我们今天请到的另外一位科技企业代表是成都中科大旗周道华董事长。有请周董事长谈一谈您在赋能目的地数字化过程中的经验和心得。

周道华：非常感谢中国旅游研究院的邀请！尊敬的戴院长、唐院长，各位同仁，大家下午好！中科大旗在数字文旅行业里面深耕了 18 年，我们在赋能旅游集团和目的地建设方面做了一些尝试，特别在数字化转型方面有一些心得，我总结为三个关键词——搭平台、推应用、做运营。就搭平台来讲，旅游集团毫无疑问本身是一个平台，这个平台是资源整合平台，也是数字化平台。搭建数字化平台是中科大旗一直在尝试做的事情，通过面向文旅的数字生态系统，建成面向旅游目的地服务的一站式平台。从推应用和做运营来讲，文化和旅游本身就在旅游目的地方面有很多应用场景，我们把平台下面做的很多小应用体系、手机操作系统版权买回来，在应用市场上下载或者申请相关的应用，以满足我们旅游业务场景方面的应用需求，用这种方式赋能我们的文旅产业，在新的业务场景上服务游客。

我们认为，“旅游 + 科技”是旅游集团创新引领发展的助推器。“科技”是旅游目的地建设中的“轻资产”，它可以有效促进旅游集团的“数字化转型”，具有倍增效应。旅游集团的“数字化转型”要做到三点，首先是要有数字化理念，其次是要用好数字化工具，最后是搞好数字化运营，以提升旅游集团的管理效率、精准营销能力和为游客提供优质服务的水平。要以旅游集团的资源为基础、以数字化平台为核心、以生态合作伙伴为抓手，形成“共建共创共享共赢”的旅游目的地建设与运营的生态体系。

唐晓云：目的地旅游集团数字化是现代旅游业体系建设中一个重要的、必经的过程。还想请教您，咱们做了这么多平台和企业数字化项目，主要的用户是地方政府还是企业？

周道华：To G 和 to B 两部分都有，to G 面向政府部门，这两年 to B 面向文旅集团方面也做了很多尝试。我们用数字化的方式在推动乡村振兴方面做了尝试。比方说，剑门关旁边有一个双旗村，我们跟华侨城一起通过搭平台的方式，推动华侨城集团在剑门关的数字化转型，通过数字化转型，把剑门关的流量向双旗村去引。通过一年时间的运行，到访剑门关的游客中，已经有 9.8% 的游客会去到双旗村进行游览、消费。集团通过这种数字化的方式助力了乡村振兴。

对谈嘉宾：王宏江

聚焦开放、合作和共享，打造新疆世界级旅游目的地

唐晓云：感谢周董事长！下面有请新疆文旅集团的王宏江董事长，请您分享一下对旅游集团与目的地建设的看法。

王宏江：各位同仁、各位嘉宾，大家好！在我看来，在中国式现代化的推进过程中，我们区域的旅游集团还是要聚焦在“开放、合作和共享”三个方面。新疆文化旅游投资集团于 2019 年 12 月底成立，我们以文化润疆、旅游新疆为发展战略，肩负着把新疆做成一个大的旅游景区目的地的发展使命。在文化产业方面，我们在旅游资源开发和配套、健康和养老、文旅金融服务、科技信息服务、冰雪产业五大板块全面发力，充分发挥了产业集群的作用，通过系统谋划把新疆打造成世界级旅游目的地的发展格局。

集团抓住疫情期间产业大洗牌的机遇，加强了目的地资源整合。成功实现了对新疆最早成立的规模最大的顶尖景区资源的收购并购，实现了与地州县域景区区域联动、协调发展，促成了新疆第 17 个 5A 级景区江布拉克景区的创建，助推了新疆优质景区首次实现了大规模整合。新疆起步晚，很多景区资源都在政府手里，我们整合的效率还是比较高的。近三年来，我们已掌握了 5A 级那拉提景区、喀纳斯景区、葡萄沟景区和 4A 级坎儿井景区、库木塔格沙漠等优质的新疆特色文旅景区的经营权和运营权。通过引导社会资本投资开发，2023 年和 2024 年即将打造的第 18 个和第 19 个 AAAAA 级景区，即托木尔峰的天山大峡谷景区和龟兹历史文化景区。我们集团把 14 个地州的旅游项目串起来、连起来、环起来，以点带面，整合全新疆的核心资源，统一规划、统一开发、统一运营，形成区域大合作的模式，实现新疆文旅产业的规模化、集约化发展，发挥“1+1>2”的协同效应，擦亮了新疆文旅的名片。经过三年的探索，我们学习到很多省市的经验，但也发现，发展没有统一的模式，各个区域都不太一样，因此我们因地制宜，不断摸索，与时俱进，按照市场化和商业化的模式打造开放、共享平台。最后，在这里向大家发出邀请，欢迎与会的各位嘉宾到大美新疆来体验观光，让我们“新疆是个好地方”的名片响彻全世界。

唐晓云：感谢王董事长的分享。旅游集团是目的地建设的中坚力量。在刚才的分享中，我们看到了各大旅游集团的责任担当。在新的历史时期，旅游集团参与目的地建设不仅要有项目建设和资源整合，要引入科技、数据新生产要素形成新动能支撑，更要以文化和旅游的深度融合推进形成的目的地品牌力、产品和服务市场影响力，要在经济效益和社会效益中取得最优解。但归根结底，我们需要直面市场需求来构建新时期的目的地体系。感谢以上嘉宾的精彩分享，本环节就到这里。

2022 中国旅游集团 20 强名单发布

2022 年 12 月 12 日，由中国旅游研究院、中国旅游协会主办，开元旅业集团、祥源控股集团协办的“2022 中国旅游集团化发展论坛”成功召开，论坛公布了“2022 中国旅游集团 20 强”名单。

2022 中国旅游集团 20 强名单如下：

央企、华北、东北：中国旅游集团、华侨城集团、首旅集团、中青旅控股、美团网、河北旅游投资集团、山西省文化旅游投资控股集团

华东：锦江国际（集团）、复星旅游文化集团、携程集团、华住集团、上海春秋国际旅行社（集团）、上海景域驴妈妈集团、南京旅游集团、同程旅行集团、浙江省旅游投资集团、杭州商旅（运河集团）、开元旅业集团、祥源控股集团、安徽省旅游集团、黄山旅游集团、福建省旅游发展集团、山东文旅集团、江西旅游集团

华中、华南、西南、西北：湖北省文化旅游集团、广州岭南商旅投资集团、四川省旅游投资集团、明宇实业集团、陕西旅游集团

注：从 2009 年开始，中国旅游研究院与中国旅游协会联合发起中国旅游集团调查，迄今已连续开展 14 年。本年度中国旅游集团 20 强，继续根据企业申报、诚信背书的原则，按照营业收入这一单项指标衡量。